当代中国土地法若干重大问题研究

DANGDAI ZHONGGUO TUDIFA
RUOGAN ZHONGDA WENTI YANJIU

甘藏春

阮晏子　蔡卫华　刘佳星　张新平　李文谦

著

中国法制出版社
CHINA LEGAL PUBLISHING HOUSE

Preface | 前言

土地是人类赖以生存和发展的物质基础，是一切生产和存在的本源。土地作为稀缺的自然资源和生产资料，是人类赖以存在的基本生活载体，也折射出人类社会变迁的内在规律。自人类社会从狩猎采集时代进入农耕时代起，对土地利用的行为模式就发生了根本性变化。土地资源，成为民族、群体生产生活的物质基础；土地制度，成为贯穿国家治理、经济交往、家庭结构等重要社会关系的根本制度；土地问题，则成为事关一朝、一国兴衰成败的根本问题。一部人类文明史，在很大程度上，都是围绕人类的土地利用行为而展开。

工业时代开启了人类社会发展的新篇章，民众对于财产的积极追求成为社会规则主旨。伴随着追逐财产的热情，产生了对财产权利本质的深刻反思，人类的土地利用行为模式发生重大变化。土地的价值体系被重构，土地所承载的利益诉求被改变，土地之上的权利冲突变得尤为明显。土地问题呈现出全新的形式。

解决中国土地问题，实现土地政策目标，需要依靠土地法。1986年，制定出台了新中国的第一部《土地管理法》，1998年进行了全面修订，推动了我国土地管理制度的改革。实践证明，这是一部好法，是一部适合中国国情的法律。这些年来，关于土地问题的争论很多，这些争论对完善我国的土地制度很有益处，但是另外一方面也暴露了我国土地法学基础理论的薄弱。没有基础理论的突破，土地制度的改革是不可能取得成功的。30 多年过去了，中国法学理论取得了长足的发展，但土地法的基础理论并没有得到深入的探讨和发展。土地法是公法与私法的统一，土地法学作为一门交叉学科，涵盖了法学、政治学、经济学、管理学、社会学等诸多学科领域的内容。土地法学虽然在一些大学的土地管理专业中开设，但由于土地法在整个法学研究中长期处于弱势和边缘地位，土地法的基础理论并没有得到深入的探讨和发展，长期游离于主流法学研究之外。目前，国内的一些土地法研究成果，主要是针对一些热点问题进行的专项研究，如土地征收、土地财政、建设用地流转等，而专门的土地法基础理论的著作却凤毛麟角。在这种背景下，土地法学对基础理论的呼唤越来越迫切。解决中国土地问题，亟须对土地法的基础理论进行总结和创新，从法学理论上回答、研究解决土地问题的目标和价值取向，为纷繁复杂的土地问题“正本清源”，提供科学的应对策略。

2014 年，重庆国土资源可持续发展与创新研究会以《当代中国土地法重大理论问题》为题委托中国人民大学开展研究。我作为中国人民大学的兼职教授担任了该项目的负责人，组织我的学生阮晏子、蔡卫华、刘佳星、张新平、李文谦成立课题组进行了研究。课题采取的是集中讨论、分头执笔的方式，每一个专题，我都组织课题组进行了深入细致的讨论，然后课题组成员按照分工分头起草具体的文字报告。通过该课题的研究，主要回答了以下几个关键性的土地法理论问题：一是土地的本质属性是什么；二是人类在土地利用时表现出什么样的行为模式；三是土地法是怎样产生的，在人类历史进程中，推动土地法发展的内在规律是什么；四是土地法追求什么样的价值目标；五是现代土地法如何平衡公共权力与私人权利的边界（或者说如何处理土地问题上政府和市场的关系）。在回答这几个理论问题的基础上，对政府土地治理、土地权利体系、土地登记、土地征收、土地发展权、土地税收等问题进行了深入探讨。

本书是对这一课题研究成果的转化。其中，第一章土地法的基本理论问题，由我和阮晏子、蔡卫华、李文谦执笔；第二章土地权利与土地登记，由蔡卫华执笔；第三章现代土地法中政府的角色定位，由刘佳星执笔；第四章土地发展权，由张新平执笔；第五章土地征收，由阮晏子执笔；第六章土地税收，由刘佳星执笔，最后由我审核统稿完成。

希望通过本书的出版，对当代中国土地法的基础理论体系进行梳理，对一些土地法基础理论问题进行探讨，对理论界、实务界争论的一些重大土地问题进行分析。作为一家之言，肯定有许多不妥之处，希望读者批评，我们一起推动土地法基础理论的发展。

甘藏春

2019 年 2 月

Contents | 目 录

第一章 土地法的基本理论问题

第四章 土地发展权

第五章 土地征收

第一章

土地法的基本理论问题

本章试图回答土地法学的几个基本理论问题，法律概念下的土地，土地的本质属性究竟是什么？人类在利用土地的活动中表现出怎样的行为模式，这种行为模式对土地法将产生怎样的影响？几千年来，土地法在人类土地利用过程中如何产生，又大致经历了怎样的发展历程？在回答上述理论问题的基础上，进而探讨了土地法的调整对象、特点以及价值目标。

第一节 | 什么是土地

一、土地的法律概念

（一）土地概念的考证

1. 字面含义考证

土地的概念，追根溯源要从“土”字和“地”字谈起。早在公元121年，我国古书《说文解字》中释义：“土：地之吐生万物者也。二，象地之上、地之中。丨，物出形也。凡土之属皆从土”；“地：元气初分，轻清阳为天，重浊阴为地，万物所陈列也。从土，也声”①。“土”与“地”组合成土地。关于日常生活中“土地”的含义，综合《辞海》《辞源》《现代汉语词典》中的解释，主要有以下几个方面：（1）田地，如土地肥沃，土地改革。《周礼·地官司徒》：“乃经土地而井牧其田野。”（2）疆域，封疆，如我国土地广大，人口众多。《荀子·五霸》：“彼其人苟壹，则其土地且奚去，我而适它。”（3）土壤，《汉书·晁错传》：“审其土地之宜。”（4）领土，《孟子·尽心下》：“诸侯之宝三：土地、人民、政事。”（5）测量地界，以土圭测量地形。《周礼·夏官司马·土方氏》：“以土地相宅，而建邦国都鄙。”郑玄注：“土地，犹度地，知东西南北之深，而相其可居者。宅，居也。”（6）地面。（7）大地。（8）平地。（9）泥土。（10）国土。（11）陆地。（12）神名，古代迷信传说中管理一个小

---

① （汉）许慎撰：《说文解字》，中华书局影印，第286页。另参见（汉）许慎撰、（清）桂馥注：《说文解字义证》，中华书局印，第1197页；（汉）许慎撰、（清）段玉裁注：《说文解字注》，上海古籍出版社1981年版，第682页。

地面（区）的神，叫土地神或土地爷。[①] 可见土地的含义非常多，在不同的背景下有不同的含义。

2. 其他学科中的土地概念考证

土地不仅是生产资料，也是社会土地关系的客体。人们在利用土地这个生产资料时，一方面要依据土地的自然属性，合理利用土地，另一方面又产生了对土地的占有、使用、支配与收益等生产关系，土地的私法概念所要体现的就是土地的社会属性。土地的社会属性是以土地的自然属性为基础的，与土地的经济属性也密切不可分，研究土地的法律概念也同时需要对其他学科的土地概念加以了解和研究。

（1）自然科学中土地的概念

自然科学如地质学、生态学等学科中的土地概念主要着眼于土地的自然属性和自然组成范围。土地自然属性是土地所固有的，一般主要体现在四个方面，即土地位置的固定性或土地位置的不可移动性、面积有限性、土地质量差异性、存在的恒久性或者使用价值的永存性。自然科学关于土地的概念主要有以下四种观点：1）土地即土壤覆盖之地，亦即地球陆地表面疏松的物的表层部分，也就是可以用作农业耕种之地。2）土地即地球的纯陆地部分，不包括陆地中的水面。3）土地即陆地及其水面，亦即地球表面除海洋之外的陆地及其注河、湖泊、水库、池塘等陆地水面。4）土地即地球表面，亦即地球的陆地部分和海洋部分都包括在内。

自然科学一般认为第一种观点失之于过窄。其实，土壤只是具有肥力的土地。土壤是土地的组成部分之一，并不是土地的全部。土地的非土壤部分，不具有肥力，不能生长植物，但仍具有土地的基本功能，不能排除在土地之外。第四种观点，失之于过宽。陆地与海洋是地球的两个不同部

① 见《现代汉语词典》，商务印书馆 1980 年版，第 1152 页；《辞源》，商务印书馆 1979 年版，第 583 页；《辞海》，上海辞书出版社 1999 年版，第 1472 页。

分，具有不同的物质形态与功能。地球的海洋部分不具有土地的一系列功能，因此不应包括在土地范围之内。第二种观点认为土地是陆地中不包括水面的部分，这是狭义的土地，在某些特定的场合适用这种概念。通说认为第三种观点是比较确切的。陆地中的水面是经常变化的，它只是陆地的附属物，广义的土地应该包括陆地中的水面。①

（2）经济学中土地的概念

经济学中的土地概念主要体现的是土地的经济特性。其经济特性是以土地的自然特性为基础，在人类对土地的利用中产生的。查阅有关书籍②，可知土地的经济特性主要表现为土地供给的稀缺性，土地利用方式的相对分散性，土地用途变更的困难性，土地报酬递减的可能性，以及土地利用后果的社会性，土地投入的增值性，土地损失的补偿性，土地资本的储藏性等。

经济学中的土地，不仅注重土地的平面组成范围，而且认为土地是一个立体的、综合的概念，认为土地不仅包括地球表面，而且还包括空气、光、热等。例如，英国著名经济学家马歇尔（A. Marshall）认为："土地是指大自然为了帮助人类，在陆地、海上、空气、光和热各方面所赠与的物质和力量。"③ 美国土地经济学家伊利（R. T. Ely）认为："经济学家所使用的土地这个词，指的是自然的各种力量，或自然资源……经济学上的土地是侧重于大自然所赋予的东西。"④ 只要是大自然所给予的都是土地，土地的概念是广义的。

在国内的土地经济学著作或论文中，一般认为土地是综合体，如认为

---

① 毕宝德主编：《土地经济学》，人民大学出版社 2001 年版，第 2 页。

② 殷章甫：《土地经济学》，台湾五南图书出版股份有限责任公司 2004 版；毕宝德主编：《土地经济学》人民大学出版社 2001 年版；周诚：《土地经济学原理》，商务出版社 2003 年版；苏志超：《比较土地政策》，台湾五南图书出版股份有限责任公司 1999 年版。

③ ［英］马歇尔：《经济学原理》，商务印书馆 1964 年版，第 157 页。转引自殷章甫：《土地经济学》，台湾五南图书出版股份有限责任公司 2004 年版，第 3 页。

④ ［美］伊利等：《土地经济学原理》，商务印书馆 1982 年版，第 19 页。转引自毕宝德主编：《土地经济学》，人民大学出版社 2001 年版，第 3 页。

土地是由地球陆地部分一定高度和深度的岩石、矿藏、土壤、水文、大气和植被等要素构成的自然综合体，即陆地及其自然附属物。[①]有的认为土地是自然和历史的综合体，有的认为土地是自然和经济的综合体，有的甚至认为土地是地球表面一定幅度的四维空间及其中的自然物、经济物、社会物、时间物所组成的自然、经济、社会、历史综合体。这里的自然物包括气候、土壤、水文、地形、地质、动物、植物等要素，这里的经济物、社会物则指过去和现在人类活动对土地的种种结果和影响。[②]而在实践中一般是将其作为自然—经济的综合体。例如，原建设部2003年3月17日发布的《房地产业基本术语标准》就将土地定义为：地球表层的陆地部分及其以上、以下一定幅度空间范围内的全部环境要素，以及人类社会生产生活活动作用于窨的某些结果所组成的自然—经济综合体。2015年10月1日，原住房和城乡建设部发布的《房地产业基本术语标准》将土地定义为：地球表面一定高度和深度的土壤、岩石和相关水文、气候、植被等要素构成的自然综合体。

（3）国际法（政治学）上的土地概念

国际法上的土地概念主要体现的是其政治属性，土地指的是领土。确定的领土、永久的居民、政权组织和主权，构成国际法上国家的要素。《奥本海国际法》认为："当人民在他们自己的主权政府下定居在一块土地之上时，一个真正意义上的国家就产生了。"[③]在国际法上，土地指的是完全隶属于国家主权之下的地球空间部分，这一部分并不限于地球的表面，它不仅包括陆地和水域表面部分，而且还包括陆地和水域的上空和底土部分，由领陆、领水、领空和底层领土组成。它不仅仅是一个面积概念，从三维空间上看，它还是一个立体的概念。一国对另一国领海、领空或其底

---

① 毕宝德主编：《土地经济学》，人民大学出版社2001年版，第3页。

② 姜爱林：《土地的概念与特征》，载《国土资源科技管理》第17卷。

③ ［美］詹宁斯、瓦茨修订：《奥本海国际法》（第1卷第1分册），王铁崖等译，中国大百科全书出版社，第92页。转引自邵津主编：《国际法》，北京大学出版社、高等教育出版社2000年版，第35页。

土的侵犯，都是对该国领土的侵犯，该国完全有权依据国际法进行自卫。[①]由此可见，在国际法上，土地不是被当作一块块的土地来看待的，而是一个整体的不可分的概念，一个国家的土地只被看作一整块土地，其主体只能是国家。

可见，在不同的学科中，土地的概念不一致，自然科学上的土地概念注重的是土地的自然属性，因此只要在自然组成上属于土地的就被纳入土地的范畴；而经济学上的土地概念注重的是土地的效益和产出关系，因此其土地范围最广，土地的内涵也最为丰富；国际法（政治学）上的土地概念强调的是主权的观念，只要是国家主权范围所及均是该国土地。法律上的土地首先是物，只有具备物的特性才能成为法律上的土地。而一般来说私法的物是指“除人之身体外，凡能为人力所支配，独立满足人类社会生活需要的有体物及自然力而言”[②]，因此法律上的土地应该能为人力所控制，并且能满足人类需要，这决定了法律上的土地与自然科学、经济学以及国际法（政治学）上土地存在着区别，不能套用其他学科的土地概念。

3. 历史的角度进行考证

土地是万物之源，民生之本，在人类的生存、繁衍和发展中发挥着极其重要的作用，从古至今，从中到外，莫不重视对土地的占有、利用和保护。

（1）古代中国

“溥天之下，莫非王土，率土之滨，莫非王臣……”[③]反映的天下土地和农民都归周王所有的状况。这里所指的土地是广义的，是领土的概念。在奴隶制时期，我国实行土地公有制度，即土地国家所有，私人不拥有土地。国家先把土地分给各个诸侯，农民再从诸侯的手中租到土地，或直接

① 邵津主编:《国际法》，北京大学出版社、高等教育出版社 2000 年版，第 96 页。

② 王泽鉴:《民法总则》（增订版），中国政法大学 2001 年版，第 208 页。

③ 《诗经 · 小雅 · 北山》第二章。

为诸侯的奴隶，但无论是诸侯还是农民都没有处分土地的权利。因此土地的范围等同于领土。

后来随着社会的发展，春秋战国时，各国寻求变革图强，如秦商鞅变法“废井田，开阡陌”，土地开始由私人所有，开始了封建土地制度。后来还出现有占田制、均田制、屯田制、天朝田亩制等。“田”成为土地的代名词，土地大多指的是田，指的是人力可以耕作的农田。

从土地的范围来说，由于当时是自给自足的农业社会，由于生产力与生产工具的落后，人们对土地的利用极为有限，仅仅局限于土地表层，而且利用的范围较窄，仅仅局限于人力有能力开垦耕作的农田和建造屋舍，土地的定义是狭义的。

从土地的权利内涵来看，奴隶社会不存在土地的私人所有权，封建社会虽然出现了土地的私人所有权，但是在中国两千多年的封建社会，实行高度集中的权力制度，政治权力一直占有主导的位置。私人所有权的得失变更均由政治权力来决定。所有权在传统的观念中，不是人们财富的稳定象征，而是君主对臣民的一种恩赐。因此，土地的所有权是受到限制的，是不充分、不独立、不完全的。老百姓对土地没有权利的观念。

（2）古代罗马

古罗马虽然也是以农业为基础的社会，但因其商品交换比较活跃，商品经济非常发达，因而古罗马法便是以调整规范物的交换为基础而建立起来。当时，作为经济支柱的生产资料主要是不动产。不动产在罗马法上可以分作三类，其中最重要、最基础的一类就是土地，“包括耕地、住宅地、意大利土地、外省土地、公地和私地等，这是最基本的不动产”[①]。既然土地是最基本的不动产，自然是法律规范调整的重点，决定了法律必须对土地的占有加以保护。同时，土地的不可替代性和不可再生性使土地成为最重要的物，对土地处分权的保护成为罗马私法的核心使命。

① 周枏:《罗马法原论》(上册)，商务印书馆1994年版，第283页。

从土地的权利内涵来看，当时的政治比较民主，自由民政治地位较高，有独立的人格权，其享有的各项权利是充分的、完整的，因而对土地的观念是“谁拥有土地便拥有土地上下的无限空间”，土地所有权“上达天宇、下及地心”。[①]这样一种土地所有权绝对的权利观念直接影响到近代欧洲的民法，一直到今天。

（3）古代日耳曼

日耳曼人本是游牧民族，并不热心农耕，因此早期日耳曼人的土地习俗自然与以畜牧业为主的部落生活习性有关。至1世纪，日耳曼人逐渐定居下来，形成一个个的村庄，“每个日耳曼人的村庄都包括三类土地，即耕种的田亩、草地及未开垦而开放给大家的称为‘公地’的森林和荒地”[②]。因此在早期日耳曼人的观念中，土地首先指的是草地，后来才包括耕地、森林、荒地等。

在日耳曼法体系中，曾出现过马尔克公社土地所有制，大土地所有制，采邑制和农奴份地制等土地制度的形式。马尔克公社土地所有制实质是一种土地公有制度，由自由农民占有使用。这种制度主要源于日耳曼氏族制度。大土地所有制是日耳曼建国后的土地制度，具有封建土地所有制的特点，由国王、贵族、亲兵、教会等占有。而采邑制是承担一定义务的土地占有制度。农奴份地制是一种土地使用权制度。在这种制度下，农奴的人身被固定在其使用的土地上了，体现出一种自上而下分配土地权利的关系，自上而下形成人身依附的关系。因此，这是一种公法关系。日耳曼法土地制度的规定体现出国家对土地有最终支配力。[③]

由此可见，虽然在古代社会，人类的生产力水平普遍较低，利用土地的范围有限，但是中西方因为不同的法律文化传统，形成了不同的土地观

① 谢在全：《民法物权论》（上册），中国政法大学出版社1999年版，第186页。
② 李秀清：《日耳曼法研究》，商务印书馆2005年版，第232页。
③ 李秀清：《日耳曼法研究》，商务印书馆2005年版，第235页。

念，直接影响到今天中西方土地概念的差异。例如，我国目前公法上的土地如《土地管理法》实际调整的土地范围与古代封建社会土地的范围一致，仅仅指的是用于建设和耕作的土地，用于耕作的土地主要指的是耕地，也被称为“农田”。而西方国家，在古代，其土地就是一个完整的概念。我国随着经济体制改革的不断深入，市场经济日益繁荣，科学技术水平不断进步，早已不是刀耕火种的农业社会，但是我们对土地概念的认识还只是停留在农业社会对土地的认识，这与我国日益繁荣和发达的市场经济显的不相适应。

4. 其他国家或地区立法例中土地概念之考察

（1）成文法系国家或地区立法中的土地概念

逻辑学确定概念主要有两种方法，一种是通过确定事物的特性和本质即内涵的方式来确定概念，另外一种是以明确外延的方式来确定。考察其他国家和地区的民法典、土地法等相关的法律，发现这些法律条文中基本上没有像经济学那样通过确定土地的特性或者本质的方式来给土地下一个明确的概念，而只是在条文中蕴藏着土地的权利内涵或者只是通过明确土地的外延方式来确定土地的概念。有的甚至没有明确土地的外延而只是通过分类或者列举的方式对土地的概念间接地进行了一些解释性的说明。

1）从土地的外延来看，土地的范围广

俄罗斯和我国大陆地区一样，是通过对土地进行分类来界定土地的外延的，如根据俄罗斯《联邦土地法》第 7 条[①]的规定，土地不仅包括陆地，

① 俄罗斯《联邦土地法》第 7 条规定：“俄罗斯联邦土地的组成：1. 俄罗斯联邦土地按用途分为以下类别：（1）农用土地；（2）居民点土地；（3）工业、能源业、交通运输业、邮电通讯、无线电广播、电视广播、信息业使用的土地，保证航天活动的土地，国防、安全用的土地和其他专用土地；（4）受特别包括的地区和对象的土地；（5）林业用地；（6）水资源用地；（7）后备土地……”梁光明编著：《俄罗斯土地资源管理》，中国大地出版社 2003 年版，第 297 页。

而且包括水面。另外，有的国家则是通过规定不动产的概念而对土地间接加以规定，如根据柬埔寨《土地法》第 2 条[①]的规定，土地范围较窄，但也包括了林地、垦地、耕地、闲地、未耕地、滩涂；根据《意大利民法典》第 812 条[②]的规定，泉水、河流、树木、房屋和其他建筑物不属于土地的范畴。而根据《瑞士民法典》第 655 条[③]的规定，土地不仅包括不动产，而且包括权利、矿山等，土地的范围较广。

有的国家是通过描述土地的组成部分间接确定土地的概念。例如，根据《瑞士民法典》第 704 条[④]，泉、地下水为土地的组成部分；根据《德国民法典》第 94 条[⑤]、第 96 条[⑥]的规定附着于土地上建筑物，与土地尚未分离的出产物，播种的种子，栽种的植物，以及与土地所有权相关联的权利，都是土地的组成部分。只有为临时目的而将建筑物或者其他工作物附着于土地上的物不是土地的组成部分[⑦]。

① 柬埔寨《土地法》第 2 条规定："本法所称的不动产包括依其自然属性、用途和法律确定的不动产：依其自然属性确定的不动产指所有自然的土地，如：林地、垦地、耕地、闲地、未耕地、滩涂及附着于土地的不可移动的人造建筑和改良……"中华人民共和国驻柬埔寨大使馆经济商务参赞处网站，http：//cb.mofcom.gov.cn/aarticle/ddfg/tzzhch/200304/20030400080144.html，2015 年 4 月 13 日访问。

② 《意大利民法典》第 812 条第 1 款规定："土地、泉水、河流、树木、房屋和其他建筑物，即使是临时附着于土地的建筑物以及所有自然或人为的与土地结为一体的东西是不动产。"费安玲、丁玫、张宓译：《意大利民法典》，中国政法大学出版社 2004 年版，第 204 页。

③ 《瑞士民法典》第 655 条规定："土地所有权的标的物为土地。本法所指的土地为：①不动产；②不动产登记簿上已登记的独立且持续的权利；③矿山；④土地的共有部分等等。"殷生根、王燕译：《瑞士民法典》，中国政法大学出版社 1999 年版，第 182 页。

④ 《瑞士民法典》第 704 条："泉为土地的组成部分，并与其发源地相结合，始得为所有物。对他人土地上的泉的权利，以地役权在不动产登记簿登记后成立。地下水与泉有相同的地位。"

⑤ 《德国民法典》第 94 条第 1 项规定："附着于土地上的物，特别是建筑物，以及与土地尚未分离的出产物，属于土地的主要组成部分。种子自播种时起，植物自栽种时起，为土地的主要组成部分。"

⑥ 《德国民法典》第 96 条规定："与土地所有权相关联的权利，视为土地的组成部分。"

⑦ 《德国民法典》第 95 条第 1 项规定："为临时目的而将建筑物或者其他工作物附着于土地上的物，不属于土地的组成部分……"

2）从土地的权利内涵来看，所有权具有一定的绝对性

《瑞士民法典》第667条[①]、《日本民法典》第207条[②]、《法国民法典》第544条[③]、《德国民法典》第905条[④]等规定，可以看出受传统民法的影响，成文法系国家或地区的土地的所有权不仅及于地表，而且及于地上、地下的一定空间，使土地不失其功用，而能尽其利，但是土地所有权也不是完全绝对的，都受到法令上之限制。

除了所有权之外，土地上的权利还具有多样性。例如，按照《日本不动产登记法》第1条的规定，需要登记的权利包括所有权、地上权、永佃权、地役权、抵押权、承租权、采石权等。按照《韩国不动产登记法》第2条的规定，需要登记的权利包括所有权、地上权、地役权、传贯权、抵押权、租赁权等权利。

（2）英美法系国家的土地概念

在英美法系国家，虽然很少有关于土地的成文法，但是在其关于财产法的书籍中经常体现的是这样的观念，即"附属于土壤的任何东西都是土地的构成部分"，如"种子或植物之类的小树在其播种或种植于土地之前，是作为单独的动产客体而存在，但在其播种或者种植于土地之中并成为土地的一部分时，就丧失其独立性了"，"庄稼、水果或树之类的客体，虽然其本身被认为是物，并且一旦脱离土壤时也成为单独的动产，但在其脱离

---

① 《瑞士民法典》第667条规定："只要行使权利有利益可言，土地所有权及于地面上方之空间及地面下方之地身。除法律保留的限制外，土地所有权及于全部建筑物、植物及泉水。"

② 《日本民法典》第207条规定："土地所有权于法令限制的范围内，及于土地的上下。"王书江译：《日本民法典》，中国法制出版社2000年版，第40页。

③ 《法国民法典》第544条规定："所有权是对于物有绝对无限制地使用、收益及处分的权利，但法令所禁止的使用不在此限。"李浩培、吴传颐、孙鸣岗译：《拿破仑民法典（法国民法典）》，商务印书馆1979年版，第72页。

④ 《德国民法典》第905条规定："土地所有权人的权利扩及于地面上的空间和地面下的地层。但所有权人不得禁止他人在排除干涉与所有权人无利害关系的高空和地层中所进行的干涉。"郑冲、贾红梅译：《德国民法典》，法律出版社1999年版，第213页。

之前，仍为土地的构成部分”，此外“房屋和其他建筑必然是它们建筑于其上的土地的组成部分……”[①]

除了在有关财产法的论著中可以了解英美法系关于土地的概念之外，另外一个途径就是可以在专业的法律辞典中查询到土地的法律意义。在英文中，land 为土地，但 land 为何意？不少辞典中都对 land 的法律含义进行了解释。根据《新加坡法律英汉词典》[②]《元照英美法词典》[③]《汉译简明英国法律辞典》[④]《牛津法律大辞典》[⑤] 的解释，在一般意义上，土地是指地球的表面，但是在法律上，土地是由地表、地表上空以及地表下部所组成

① ［英］F. H. 劳森、B. 拉登：《财产法（第二版）》，施天涛、梅慎实、孔祥俊译，中国大百科全书出版社 1998 年版，第 20 页。

② 《新加坡法律英汉词典》规定：“Land，土地、地产、房地产、地产权益，它包括地上的空间，地下的泥土，生长在土地的植物，建在地上的建筑物、固定设施，土地附属物及土地的权益。”沈茂树编：《新加坡法律英汉词典》，法讯出版社 1999 年版，第 294 页。

③ 《元照英美法词典》规定：“Land：1. 土地，在一般意义上，该词是指地球的表面，但是在法律上，它包括地表上面与下面的任何东西——甚至包括空气、液体和建筑物。作为一个法律概念，土地是由地表、地表上空以及地表下部所组成的一个立体的空间，以及在其中生长或永久附着的任何东西。它具有两重特征：一方面，它是不可移动的，从而与动产相区别；另外一方面，它又是不可破坏的，空间的内容可以在物理上被分割、破坏或消耗，但空间本身却是不可改变的，这正是土地在法律上的意义。一般而言，土地的所有权包括地上的天空与地下直至地心处，正如法律格言所述：‘土地所有权，上达天空，下至地心。’但是，地下矿物层可以被出卖或出租，甚至可以为地表所有人以外的人所有，而且现代立法又多规定，飞行器飞经所有人的土地上空不构成非法侵入。2. 地产权、不动产权益。”薛波主编：《元照英美法词典》，法律出版社 2003 年版，第 777 页。

④ 《汉译简明英国法律辞典》规定：“Land 土地，一般不单指耕地、牧地、树林、荒野、水流等，但连房屋及房屋附带的建筑物、园林和一切永久、有实质的东西都包括在内。依 1925 年的物业法法例的规定，土地有更广泛的定义，它包括任何租借保有的土地，可继承的有体和无体的财产等等。”余文景编译：《汉译简明英国法律辞典》，香港大愧出版公司出版 1973 年版，第 162 页。

⑤ 《牛津法律大辞典》规定：“土地（land）地球表面坚实而干燥的部分，但也包括穿越土地的小溪和封闭或半封闭的水域。土地是经济生产的重要因素，是一种作为财富源泉或财富蕴藏的经济资产，占有土地，在许多情况下成为社会的、政治的和经济的权力的源泉和尊贵地位的象征。从法律上讲，土地通常包括土地上的树木和农作物，也包括建造于土地之上并永久附着于土地的建筑物。”［英］戴维 · M. 沃克：《牛津法律大辞典》，北京社会与科技发展研究所组织翻译，光明日报出版社 1988 年版，第 512 页。

的一个立体的空间，以及在其中生长或永久附着的任何东西。它包括地上的空间，地下的泥土，生长在土地的植物，建在地上的建筑物、固定设施，土地附属物及土地的权益等。

（3）对其他国家和地区土地概念的评论

1）从外延上看，土地所包括的范围逐渐等同于不动产

土地属于不动产，而且是最重要的不动产，这是由土地的位置不可移动的自然属性所决定的。这些国家和地区基本将自然上属于土地组成的部分都纳入了土地的范畴。不仅耕地是土地，草地、林地等也是土地，不仅土壤是土地的组成部分，而且泉、地下水也是土地的组成部分（如《瑞士民法典》第 704 条的规定）。有的国家甚至将建筑物、与土地尚未分离的出产物、播种的种子、栽种的植物、与土地所有权相关联的权利等也纳入土地的范畴（如《德国民法典》第 94 条、第 96 条的规定）。严格来说，建筑物、与土地尚未分离的出产物、播种的种子、栽种的植物从自然属性上来说，不属于土地，而是属于不动产。还有的国家甚至明文规定土地为不动产、不动产登记簿上已登记的独立且持续的权利、矿山等（如《瑞士民法典》第 655 条）。土地的外延甚至比不动产的外延还要大，土地的内涵比不动产的内涵还要丰富。

2）从土地的权利内涵来看，土地所有权绝对逐步受到限制

受传统民法中所有权绝对观念的影响，在《瑞士民法典》《日本民法典》《法国民法典》《德国民法典》中，土地的范围不仅包括地面，而且包括地上、地下。在传统民法理念下，一个人可以尽其所好地修建任意高的楼房，挖掘任意深的矿藏，但随着社会的发展，土地的利用方式的多样化，土地权利受到一定的限制，如飞机的出现，地下管道的铺设，要求对土地的所有权进行一定的限制。因此各国法律中无一例外地规定法律有限制的除外。

各国法律限制的最多的是地下矿产。从自然性质或物理构成上看，矿产是土地的一个组成部分，这是毫无疑问的。但大多数国家从国家公共利益或者战略利益角度出发，将矿产排除在土地的范畴之外，如法国《民法

典》第 552 条[1]规定等，将矿产从土地中分离出来，由其他的法律予以调整和规范。

由此可见，法律学科是从权利义务的角度研究一切事物，这决定了法律概念与仅从客观角度研究事物的自然科学不同，也与注重效益和产出关系的经济学概念不同，它虽然是对客观的物下定义，但反映的是人与人之间的社会关系，因而体现了人类高度的抽象能力和拟制技术，因此，在法律上，既可以将自然属性不属于土地的房屋、权利等客体纳入土地的概念，也可将自然属性属于土地的矿产排除在土地的概念之外。

（二）我国法律中的土地概念

1. 我国法律中土地概念的沿革

我国法律中没有对土地进行明确定义，但土地的含义却隐藏在具体的条文之中。通过对条文的解读，可以从语意上追寻分析出土地所包含的意义。我国土地在不同的历史阶段，内涵、外延均不相同，主要经历了如下发展过程。

（1）新中国成立后到 20 世纪 80 年代中期，土地禁止流转，土地权利内涵单一

新中国成立后，我国在土地法律制度上，向苏俄学习[2]，通过土地改革，将城市、农村的土地逐步归为公有。土地成为社会主义公有财产的

---

① 《法国民法典》第 552 条规定："土地的所有权，即意味着包括地上所有权与地下所有权。土地所有权人得于其地上进行其认为合适的任何栽种与建筑，但'役权与地役权'编所规定的例外，不在其限。土地所有权人得于其地下进行其认为合适的任何建筑与发掘，并从此种发掘中得到土地可提供的所有产物；但有关矿产的法律与条例以及有关治安之法律与条例规定的变更限制，应予遵守。"《法国民法典》，罗结珍译，中国法制出版社 1999 年版，第 173 页。

② 《苏俄民法典》（1922 年 10 月 31 日全俄中央执行委员会通过，1923 年 1 月 1 日起施行）第 21 条规定："土地是国家的财产，私人对于土地只有使用权，不能作为流转的客体。"第 53 条第 1 款规定："土地、矿藏、森林、水流、公用铁路和铁路车辆，都是归国家所有的物。"《世界著名法典选编·民法卷》，中国民主法制出版社 1998 年版，第 1018 页。

重要组成部分，是国家和集体财产所有权客体的重要内容，不能进行任何流转和处分。这样土地退出了私法范畴，仅仅被当作自然资源，体现出来的主要是其自然属性。例如，根据我国1954年《宪法》第6条第2款①、1982年《宪法》第9条第1款的规定②，矿藏、水流、森林、山岭、草原、荒地、滩涂等都被定位为自然资源，所有的主体特定，不属于国家所有，便属于集体所有。

另外根据1982年《宪法》第10条第4款③的规定，土地使用者不能对土地进行任何形式的处分，土地的财产价值属性没有得到体现。土地的权利内涵单一，仅仅只是存在所有权，不存在其他形式的土地权利。

在这一时期，由于国家对土地实行公有，土地不能买卖，土地权利不能流通。土地只能由国家调配使用，因此土地的财产价值无法显现，大家对土地的权利观念淡薄。

（2）20世纪80年代中期到20世纪90年代中期，土地外延狭窄，土地的财产价值属性开始显现

从1986年颁布的《民法通则》第74条④的语义上可以看出，此条将土地和森林、山岭、草原、荒地、滩涂等相提并论，没有将林地、山岭、草原、荒地、滩涂等作为土地的组成部分。后来《物权法》第58条第1项⑤沿用了《民法通则》中的这一规定。

---

① 1954年《宪法》第6条第2款规定："矿藏，水流，由法律规定为国有的森林、荒地和其他资源，都属于全民所有。"

② 1982年《宪法》第9条第1款规定："矿藏、水流、森林、山岭、草原、荒地、滩涂等自然资源，都属于国家所有，即全民所有；由法律规定属于集体所有的森林和山岭、草原、荒地、滩涂除外。"

③ 1982年《宪法》第10条第4款规定："任何组织或者个人不得侵占、买卖、出租或者以其他形式非法转让土地。"

④ 《民法通则》第74条规定："劳动群众集体组织的财产属于劳动群众集体所有，包括：（一）法律规定为集体所有的土地和森林、山岭、草原、荒地、滩涂等；……"

⑤ 《物权法》第58条规定："集体所有的不动产和动产包括：（一）法律规定属于集体所有的土地和森林、山岭、草原、荒地、滩涂；……"

具有一般常识的人都知道，荒地、草地、林地都是土地的组成部分。从概念上来说，荒地、草地、林地是种概念，而土地是属概念，两者之间是种属关系。为什么《民法通则》将两者相提并论呢？经分析发现有其客观历史原因。早在《民法通则》①颁布之前，《森林法》②《草原法》③《渔业法》④就已经颁布实施，林地、草地、水面已经分别由这三部法律规范和调整，另外再加上当时进行改革开放的时间不长，大家的民事权利观念不强，行政管理的观念占据着主导地位，因此，《民法通则》没有将林地、草地、水面纳入土地的范畴进行调整和规范。

至于《土地管理法》，更是在《民法通则》之后才被颁布。⑤另外在此法中不仅没有对土地的概念作出明确的规定，而且根据1986年《土地管理法》第9条第3款⑥的规定，在对林地、草原、水面、滩涂进行确权时，应按照《森林法》、《草原法》和《渔业法》的有关规定办理。可见，1986年《土地管理法》所调整和规范的土地范围较窄，不包括林地、草原、水面、滩涂等。

随着经济的发展，对土地的利用程度加大，实践中土地交换、转让的现象日益频繁，再加上1988年《宪法》第10条第4款的修改⑦，土

① 《民法通则》于1986年4月12日经第六届全国人民代表大会第四次会议通过，1987年1月1日开始实施。

② 《森林法》于1984年9月20日经第六届全国人民代表大会常务委员会第七次会议通过。其中《森林法（试行）》1979年2月23日就已经第五届全国人民代表大会常务委员会第六次会议原则通过。

③ 《草原法》1985年6月18日经第六届全国人民代表大会常务委员会第十一次会议通过。

④ 《渔业法》于1986年1月20日经第六届全国人民代表大会常务委员会第十四次会议通过。

⑤ 《土地管理法》于1986年6月25日才经第六届全国人民代表大会常务委员会第十六次会议通过，自1987年1月1日起施行。

⑥ 1986年《土地管理法》第9条第3款规定："确认林地、草原的所有权或者使用权，确认水面、滩涂的养殖使用权，分别依照《森林法》、《草原法》和《渔业法》的有关规定办理。"

⑦ 1988年宪法修正案将《宪法》第10条第4款修改为："任何组织或个人不得侵占、买卖或者以其他形式非法转让土地。土地的使用权可以依照法律的规定转让。"

地使用权可以与所有权相分离，可以依法转让，土地的财产价值属性日益显现。

在这一段时期，由于我国进行改革开放，商品交换日益活跃，经济不断发展，客观上需要土地进入市场，土地的价值不断显现，特别是1988年宪法修正案将土地的两权分离，土地的财产价值为法律所确定。

（3）20世纪90年代以后，土地外延逐步扩大，权利内涵不断丰富

从国务院1991年1月4日发布的《土地管理法实施条例》第3条①关于“林地、草地、山岭、荒地、滩涂、河滩地以及其他土地”的表述中可以看出，该条例中土地的范围明确包括林地、草地、山岭、荒地、滩涂、河滩地等。1995年6月30日通过的《担保法》第34条②也认可荒地是土地的一种类型。

1998年修订后的《土地管理法》第4条③按照土地的用途，将土地分为包括耕地、林地、草地、农田水利用地、养殖水面等直接用于农业生产的农用地；包括城乡住宅和公共设施用地、工矿用地、交通水利设施用地、旅游用地、军事设施用地等用于建造建筑物、构筑物的建设用地；以及未利用地。这是迄今为止，我国法律中对土地范围所作的最广义的

① 国务院1991年1月4日发布的《土地管理法实施条例》（于1999年1月1日被新条例废止）第3条规定：“下列土地属于全民所有即国家所有：……（三）国家未确定为集体所有的林地、草地、山岭、荒地、滩涂、河滩地以及其他土地。”

② 1995年6月30日第八届全国人民代表大会常务委员会第十四次会议通过的《担保法》第34条第1款规定：“下列财产可以抵押：……（五）抵押人依法承包并经发包方同意抵押的荒山、荒沟、荒丘、荒滩等荒地的土地使用权；……”

③ 1998年8月29日第九届全国人民代表大会常务委员会第四次会议修订通过，1999年1月1日起施行的《土地管理法》第4条第2款、第3款规定：“国家编制土地利用总体规划，规定土地用途，将土地分为农用地、建设用地和未利用地。严格限制农用地转为建设用地，控制建设用地总量，对耕地实行特殊保护。前款所称农用地是指直接用于农业生产的土地，包括耕地、林地、草地、农田水利用地、养殖水面等；建设用地是指建造建筑物、构筑物的土地，包括城乡住宅和公共设施用地、工矿用地、交通水利设施用地、旅游用地、军事设施用地等；未利用地是指农用地和建设用地以外的土地。”

界定。虽然《土地管理法》实际上调整和规范的土地范围没有那么广[①]，但是这是我国首次从法律的角度明确承认土地的外延不仅包括陆地，而且还包括水面。

土地权利的内涵也日益丰富，如1990年5月19日发布实施的《城镇国有土地使用权出让和转让暂行条例》规定国有土地使用权不仅可以转让，而且还可以出租、抵押等；1999年1月1日起施行的《土地管理法》规定国有土地使用权不仅可以租赁，而且还可以作价出资或者入股等。土地的权利体系不断健全，不仅有土地所有权、土地使用权，而且还出现抵押权、出租权等他项权利。

除了外延范围不断扩大，权利内涵不断丰富之外，土地概念还由平面向立体发展。

①立法上，逐步承认建筑物是土地的附着物

在我国，由于土地和房屋由不同的行政部门管理，因此实践中对土地与地上建筑物是什么关系，究竟是“房随地走”还是“地随房走”，一直存在较大的争议。类似的争议也反映在我国的相关立法之中。

1990年5月19日发布施行的《城镇国有土地使用权出让和转让暂行条例》第23条[②]、第24条[③]、第25条[④]表述的是“地上建筑物、其他附着

---

① 现行《土地管理法》第11条第4款仍然规定：“确认林地、草原的所有权或者使用权，确认水面、滩涂的养殖使用权，分别依照《中华人民共和国森林法》、《中华人民共和国草原法》和《中华人民共和国渔业法》的有关规定办理。”

② 《城镇国有土地使用权出让和转让暂行条例》第23条规定：“土地使用权转让时，其地上建筑物、其他附着物所有权随之转让。”

③ 《城镇国有土地使用权出让和转让暂行条例》第24条规定：“地上建筑物、其他附着物的所有人或者共有人，享有该建筑物、附着物使用范围内的土地使用权。土地使用者转让地上建筑物、其他附着物所有权时，其使用范围内的土地使用权随之转让，但地上建筑物、其他附着物作为动产转让的除外。”

④ 《城镇国有土地使用权出让和转让暂行条例》第25条规定：“土地使用权和地上建筑物、其他附着物所有权转让，应当依照规定办理过户登记。土地使用权和地上建筑物、其他附着物所有权分割转让的，应当经市、县人民政府土地管理部门和房产管理部门批准，并依照规定办理过户登记。”

物”，按照语义，地上建筑物是土地附着物的一种。而国务院 1991 年 1 月 4 日发布的《土地管理法实施条例》第 6 条[①]的表述则是“转让地上建筑物、附着物等”，按照语义来说，此条中的建筑物不是土地的附着物。1995 年 6 月 30 日通过的《担保法》第 92 条[②]是将房屋、林木等定位为地上定着物。1999 年 1 月 1 日起施行的《土地管理法实施条例》第 6 条[③]表述的则是“地上建筑物、构筑物等附着物”，可以看出，此条将地上建筑物、构筑物等明确表述为土地的附着物。

可见，虽然土地与地上建筑物之间的关系存在较大的争议，但我国的立法实践已经逐步承认了建筑物是土地的附着物。附着物离开了被附着之物将无法独立存在，地上建筑物离开了土地也将无法独立存在，这是一个简单的常识，但是在我国法律中明文加以规定，却经历了一个长期的过程。这大概是因为在改革开放之前，土地不能流转，价值无法体现，显现出来的更多的是房屋的价值，但是随着经济的发展，土地价值的不断显现，土地的价值超过了房屋的价值，土地和房屋的关系才逐渐回归正常。

②实践中逐渐出现了空间权

随着我国经济发展和城市化水平的不断提高，人口增长迅猛、城市交通拥挤等一系列社会问题凸显，尤其是我国粗放型的城市发展模式使城市范围在地表上迅速扩张，与土地资源稀缺的矛盾更加突出。合理利用空间

---

① 国务院 1991 年 1 月 4 日发布的《土地管理法实施条例》（1999 年 1 月 1 日被新条例废止）第 6 条规定：“依法改变土地的所有权、使用权，或者因依法买卖、转让地上建筑物、附着物等而使土地使用权转移的，必须向县级以上地方人民政府土地管理部门申请土地所有权、使用权变更登记，由县级以上地方人民政府更换土地证书。依法买卖、转让地上建筑物和附着物的，依照国家有关规定办理过户登记手续。”

② 1995 年 6 月 30 日第八届全国人民代表大会常务委员会第十四次会议通过的《担保法》第 92 条规定：“本法所称不动产是指土地以及房屋、林木等地上定着物。本法所称动产是指不动产以外的物。”

③ 1998 年 12 月 24 日国务院第十二次常务会议通过，1999 年 1 月 1 日起施行的《土地管理法实施条例》第 6 条规定：“依法改变土地所有权、使用权的，因依法转让地上建筑物、构筑物等附着物导致土地使用权转移的，必须向土地所在地的县级以上人民政府土地行政主管部门提出土地变更登记申请……”

成为城市可持续发展的迫切需要，我国借助于先进的建筑技术开发利用空间的事实已非罕见：大城市中立交桥、高架桥增多，立体停车场已经出现，地下铁路不断扩展。例如，上海的人民广场充分利用地下空间建设地下车库、商业街，地表则用于绿化；北京西单地下文化广场的建立也体现了对土地立体空间的利用。[①]这就是为大多数国家立法和判例所确立的空间权，主要是指权利人对地表之上的空中或者地表之下的地中一定范围的空间所享有的权利。[②]

关于空间权，在《物权法》出台之前，我国的法律法规中基本没有涉及，但有一些法律法规和规章等对规范空间的利用作出了规定，如《中华人民共和国人民防空法》[③]，上海市颁布的一些地方性法规如《上海市城市规划条例》[④]《上海市民防条例》[⑤]《上海市民防工程管理办法》[⑥]等，对平战结合的原则以及地下开发应当考虑防灾需要等做出了规定，但这些规定需要细化才具备可操作性；原建设部令发布的《城市地下空间开发利用管理规定》[⑦]专章规定了城市地下空间的规划、工程建设及工程管理，

① 王卫国、王广华主编：《中国土地权利的法制建设》，中国政法大学出版社 2002 年版，第 156 页。

② 王卫国、王广华主编：《中国土地权利的法制建设》，中国政法大学出版社 2002 年版，第 149 页。

③ 《中华人民共和国人民防空法》经 1996 年 10 月 29 日第八届全国人民代表大会常务委员会第二十二次会议通过，1996 年 10 月 29 日中华人民共和国主席令第 78 号公布，自 1997 年 1 月 1 日起施行。2009 年修改。

④ 《上海市城市规划条例》经 1995 年 6 月 16 日上海市第十届人民代表大会常务委员会第十九次会议通过，根据 1997 年 5 月 27 日上海市第十届人民代表大会常务委员会第三十六次会议《关于修改〈上海市城市规划条例〉的决定》修改。

⑤ 《上海市民防条例》经 1999 年 6 月 1 日上海市第十一届人民代表大会常务委员会第十次会议通过，根据 2003 年 6 月 26 日上海市第十二届人民代表大会常务委员会第五次会议《关于修改〈上海市民防条例〉的决定》修改。2015 年第二次修改。

⑥ 《上海市民防工程管理办法》经 1993 年 5 月 19 日上海市人民政府第 36 号令发布，1997 年 12 月 14 日经修改后以上海市人民政府第 53 号令重新发布，自 1998 年 1 月 1 日起施行。

⑦ 《城市地下空间开发利用管理规定》1997 年 10 月 27 日建设部令第 58 号发布，2001 年 11 月 20 日根据建设部《关于修改〈城市地下空间开发利用管理规定〉的决定》修改。

为加强对城市地下空间开发利用的管理，合理开发城市地下空间资源提供了依据。

关于空间权的最明确规定是原国土资源部给广东省国土资源厅《关于地下建筑物土地确权登记发证有关问题的复函》[①]，根据此函，离开地面一定深度单独建造，不能与地上建筑物连为一体的地下建筑物，其土地权利可确定为土地使用权（地下）。此函得到原国务院法制办的认可，在实践操作中，解决了不少实际问题，在实践中收到了很好的效果。[②]但由于此函最多只能算是规范性文件，法律层级太低，需要进一步提升才能发挥更大的效用。

2007年3月通过的《物权法》对土地的立体使用作出了明确规定，第136条规定“建设用地使用权可以在土地的地表、地上或者地下分别设立。新设立的建设用地使用权，不得损害已设立的用益物权”，并且在第138条要求建设用地出让合同应当约定“建筑物、构筑物及其附属设施占用的空间”，从基本法的角度明确土地为立体空间。

③矿产被排除在土地的组成之外

1996年8月29日第八届全国人民代表大会常务委员会第二十一次会议修改通过，自1997年1月1日起施行《矿产资源法》第3条第1款明确规定：“矿产资源属于国家所有，由国务院行使国家对矿产资源的所有

---

① 国土资源部2000年8月15日给广东省国土资源厅《关于地下建筑物土地确权登记发证有关问题的复函》（国土资厅函〔2000〕171号）。此函规定：“1.凡是与地上建筑物连为一体的地下建筑物，其土地权利可以确定为土地使用权。具体登记时，将地下建筑物的建筑面积计入整体建筑总面积，然后按权利人拥有的地下建筑面积占整体建筑面积的比例分摊地面上的土地面积。2.离开地面一定深度单独建造，不能与地上建筑物连为一体的地下建筑物。其土地权利可确定为土地使用权（地下）。具体登记时，其土地面积为地下建筑物垂直投影面积，并在备注栏说明相应地上土地使用权的特征。土地使用权（地下）在不违反地下建筑物规定的用途、使用条件的前提下，可以进行出租、转让和抵押。”

② 北京市国土资源局2005年3月30日发布的《关于在京中央国家机关住宅用地土地登记的处理意见》第3条，以及重庆市国土房管局2004年11月发布的《重庆市土地房屋权属登记操作规程（试行）》第7条对地下建筑物的登记也是按照国土资源部的复函内容加以规定的。

权。地表或者地下的矿产资源的国家所有权，不因其所依附的土地的所有权或者使用权的不同而改变。”由此可见，虽然矿产在自然属性上属于土地的一个组成部分，但是在法律上，矿产不属于土地的组成部分，被排除在土地范围之外。

2. 对我国法律中有关土地规定的评论

（1）从外延上来看，土地的范围越来越广

土地由和森林、山岭、草原、荒地、滩涂等相提并论，森林、山岭、草原、荒地、滩涂等不是土地的组成部分，逐渐发展成为林地、草地、山岭、荒地、滩涂、河滩地等成为土地的组成部分，最后在《土地管理法》中土地的外延达到最大。土地不仅包括农用地、建设用地，而且还包括未利用地。土地的平面外延逐渐完整，土地的概念逐渐准确。

土地的概念出现立体化趋势。不仅立法实践中逐步承认了建筑物是土地的附着物，而且在现实生活中还出现了空间权，并得到国家一些文件的认可，土地概念的外延逐渐由平面发展为立体。土地的外延越来越广，越来越完整。

（2）从内涵上来看，土地权利种类越来越丰富

我国土地财产价值属性不断显化。土地最开始只是纯粹的自然资源，所有权只是属于国家和农民集体经济组织，不允许进行任何形式的转让，发展成为国有土地使用权从国家土地所有权中分离出来，可以被依法处分。土地可以由国家通过无偿划拨或者有偿出让的方式给国家机关、企业、自然人等民事主体使用，使用权人可以转让、出租、抵押国有土地使用权等。集体所有的土地的使用权也从所有权中分离出来，农用地可以由农民取得承包经营权，乡镇企业等可以取得集体建设用地使用权等。土地的权利内涵日益丰富。

（3）我国现行法律中的土地属于公法意义上的土地

新中国成立后，实行的是高度集中的计划经济体制，对包括土地在内的一切物都是从行政管理的角度出发，造成我国的土地由不同的法律调

整，如林地由《森林法》调整①、草原由《草原法》调整②，农村承包的土地由《农村土地承包经营法》调整③等，因此造成法律上土地概念的支离破碎，即使对土地外延规定最完整的《土地管理法》也是从土地用途管理的角度对土地分类的，强调的是土地的公法性质。

《物权法》中之所以将土地与林地、草地、荒地等相提并论，沿用的就是我国公法上的土地概念，立法者之所以如此设计，主要是考虑了目前行政管理的现状。

（三）土地的法律概念

任何概念都有内涵和外延，概念的内涵是指概念所反映的事物的特性或本质；概念的外延是指反映在概念中的一个个、一类类的事物。因此下概念也有两种方法，一种是通过确定事物的特性和本质即内涵的方式来确定概念，另外一种是以明确外延的方式来确定。通过对土地字面意义的分析，并从其他学科、历史上以及其他国家和地区法律中土地概念的角度加以考证，我们认为土地法上的土地应为民事权利主体在法律规定的地球陆地表面上下一定空间所享有的各种权益综合的载体。具体来说，土地的法律概念应包括以下内容。

1. 从土地的权利主体上看，法律上的土地特别是私法上的土地的拥有者或者使用者应为民事主体，与政治学上的土地的主体为国家不同。政治学或国际法上的土地是一个整体的概念，一个国家主权所及的土地包括位于其他国家境内的飞地，都被视为一块土地，行使其主权的只能是国家，

---

① 见《森林法》第 2 条：在中华人民共和国领域内从事森林、林木的培育种植、采伐利用和森林、林木、林地的经营管理活动，都必须遵守本法。

② 见《草原法》第 2 条：在中华人民共和国领域内从事草原规划、保护、建设、利用和管理活动，适用本法。本法所称草原，是指天然草原和人工草地。

③ 见《农村土地承包法》第 2 条：本法所称农村土地，是指农民集体所有和国家所有依法由农民集体使用的耕地、林地、草地，以及其他依法用于农业的土地。

不能是任何其他的组织或者个人。而私法上的土地根据其具体的四至而被划分为具体的一块块的土地，拥有或者使用土地者可以是个体，可以是国家，也可以是集体或者个人，但都属于平等的民事主体。

2. 从外延上看，土地不仅包括地球表面，而且包括地上、地下的一定空间，包括地上的建筑物、与土地尚未分离的出产物等。首先，私法上的土地应包括地球上的一切表面，其中包括水面，因为如前所述，水面是不断变化的，是土地的附属物，因此包括在土地的范围内。由于海洋的表面也属于水面，因此，地球的海洋部分也应属于土地范围。其次，法律上的土地不仅是平面的，而且是立体的，应及于土地上下的一定空间。土地上的一切未与土地相分离的出产物、在土地上建造的建筑物、定着物等以及蕴藏在土地之中的矿产，都应该是土地的组成部分。但是由于每个国家的国情、思想观念、法律传统等不一样，对土地的具体组成以及具体及于土地上下的空间范围，存在不同的认识，各国法律规定以及限制的程度可以不一样。最后，法律上土地的外延包括农用地、建设用地和未利用地等所有用途的土地，即在理论上可采用我国《土地管理法》规定的土地分类标准。土地的外延应该是一个完整的科学的外延，而不应该将某些土地如林地、草地从土地的概念中分裂出来。

3. 从土地的权利内涵上来看，土地具体表现为各种土地权利。因对土地占有、使用、收益、处分的权能不同，土地应体现为所有权、使用权、抵押权等各种权利的载体。

二、土地的属性

（一）自然属性

土地的自然属性是指土地本身固有的，并且是人类难以改变的属性，总的来看，土地的自然属性主要表现为总体数量上的有限性，土地位置的固定性，质量上的差异性以及土地的功能永久性。

1. 土地总体数量的有限性

土地是大自然的产物，相对于人类数量的不断增加而言，人类脚下的土地数量是不会增长的。这具体表现在：一是从宏观的角度来看，土地总量是一个固定的数量，其绝对数量在短期之内不会发生巨大的变化。二是土地面积的自然增减和人工增减都是极其有限的，无法寻找出大量扩展土地使用空间的方法。三是从空间角度看，土地总体数量的有限性表现在一宗土地上可利用的地上与地下空间是有限的。四是同一宗土地之上可利用物质的数量也是有限的。

2. 土地位置的固定性

一是土地具有固定的空间位置，是不可能发生空间移动的。这也就意味着一块土地在经纬网上的位置是绝对固定的。二是各块土地之间的相对位置是固定的。人类只能通过改善交通条件来缩短土地之间的距离。三是附属于该空间位置的温度、湿度等条件共同构成了土地的自然地理位置。这就要求人们必须就地利用土地。四是土地位置的固定性造成了土地价格具有明显的地域性。

3. 土地质量上的差异性

一是土地质量的差异性是普遍存在的。这种差异性不仅存在于一个国家或一个地区的范围之内，“即使在一个基层单位内也同样存在着”①。二是不同的时空差异造成了土地的基本物质组成的环境因素上存在差异，这造成了土地质量上的差异。土地质量的差异性随着其用途不同具有不同的判断标准。人们在使用土地的过程中要各取所需。三是土地的差异性导致的使用方式的不同。土地的自然差异性是土地级差生产力的基础。土地的自然差异性，要求人们因地制宜地合理利用各类土地资源，确定土地利用的合理结构与方式，以取得土地利用最佳综合效益。四是土地质量的差异性

① 毕宝德：《土地经济学》，中国人民大学出版社 2001 年版。

将一直存在且不断扩大。由于土地自身的条件如地质、地貌、土壤、植被、水文等以及相应的气候条件如光照、温度、雨量等的差异，土地质量的巨大自然差异性将一直存在。随着生产力水平的提高和人类对土地利用范围的增大，这种差异性也将逐步地扩大。

4. 土地功能上的永久性

土地功能上的永久性按照功能的区分可以表现为不同的形态。一是土地可以反复耕种，在同一块农田上，只要气候、土质、肥力允许，只要方法科学，可以永无止境地使用下去。二是对城市土地而言，土地可以永久性地支撑土地上的建筑物和构筑物。三是土地功能上的永久性体现在，土地的生产功能和支撑功能在任何情况之下都不可能被改变。四是土地的这一自然特性，为人类合理利用和保护土地提出了客观的要求与可能。土地作为一种生产要素，“只要处理得当，土地就会不断改良”[①]。在合理使用和保护的条件下，农用土地的肥力可以不断提高，非农用土地可以反复利用，永无尽期。这已为人类发展的长期历史所充分证明。

（二）经济属性

土地的经济属性是以土地的自然属性为基础和前提的，主要指在土地利用中所出现的各种与经济明显有关的属性。它主要包括土地的供给稀缺性，土地的报酬递减性和土地利用方式的相对固定性。

1. 土地的供给稀缺性

随着经济社会的不断发展，人类对于土地的需求不断扩大，而可供人类利用的土地又是有限的，因而产生了土地供给的稀缺性问题，并且这种稀缺性伴随着经济的发展表现的愈发强烈。一是土地供给的稀缺性集中表现在土地供给总量与土地的需求总量的矛盾上。二是由于土地位置的固定性和质量的差异性导致的某些地区和某种用途的土地供给存在稀缺，前者

① 《马克思恩格斯全集》第 25 卷，人民出版社 1974 年版，第 886 页。

集中以城镇地区和经济文化发达以及人口密集地区表现较为明显，后者以农业用地较为明显。三是土地供给的稀缺性表现为对科技的过度依赖。有一些土地由于交通运输不便，土地所在的自然环境条件较差，以目前来看利用这些土地是无法产生利润的，所以这部分土地只能被视为潜在的供应土地，只有在科学技术有较大的发展之后，人类才能够通过使用这部分土地产生利润。由此可见，土地的供给限度严重地依赖于科学技术的进步。由于土地稀缺性日益增强，土地供求矛盾日益尖锐化，一系列土地经济问题随之产生。土地供给的稀缺性问题是土地所有权垄断和土地经营垄断现象不断出现的根本原因。

2. 土地的报酬递减性

“土地报酬递减规律”是指当人们在同一块土地上不断地追加投入人力、物力和财力，以求某产品不断增加时，最终会出现其产出物的增加低于人们在这块土地上投入物的增加。这一经济现象在土地的利用方面表现出极强的规律性。土地报酬递减规律在农业用地的土地利用中表现得最为明显。正如马克思所说的那样，首先，农业生产不能像工业生产那样随意增加效率相同的生产工具的数量，即肥沃程度相同的土地数量。其次，由于人口逐渐增加，人们就开始经营劣等地，或者在原有土地上进行新的投资，这新的投资的收益比原始投资的收益就相应地减少。

正是由于“土地报酬递减规律”的存在，在技术不变的条件下对单位面积土地的投入超过一定限度，就会产生报酬递减的后果。这就要求人们在利用土地增加投入时，必须寻找在一定技术、经济条件下投资的适合度，确定适当的投资结构，并不断改进技术，以便提高土地利用的经济效果，防止出现土地报酬递减的现象。

造成土地的报酬递减的原因是有多方面的，由于土地资源的有限性，我国在发展新型城镇化过程中，每年都有大量的农业用地改变用途，人口的增加和人民生活水平的提高迫使人们在有限的土地上更加集约地发展。然而土地的使用程度存在着一个边界，超过这个边界就会不可避免地发生土地的报酬递减。我们只有通过科学技术的不断进步以及土地管理制度的不断改进以期延缓土地报酬的边际点，来达到以较少的投入取得较多产出的最终目的。

3. 土地利用方式的相对固定性

一是土地利用方式的分散性。由于土地位置的固定性和土地位置的差异性，人们对土地只能通过因地制宜的方式分别加以利用。这一大前提就决定了土地利用的方向只能是分散的。这一特点在农业用地上表现得极为明显。不同的土地情况造成了不同土地上农业产出成果的多样性。因此，农业生产只能是根据土地的质量状况及土地实际的环境情况分散地进行空间利用。

二是土地的利用方式变更成本过高。出于物尽其用的考虑，一宗土地往往被人们赋予多种用途。然而，土地利用方式的改变往往囿于多种自然和社会的原因而难以实现。土地利用要受到自然条件的限制。自然条件的限制是土地利用方式转变的重要阻碍力量。土地利用方式变动造成的经济成本过高。在农业生产中，由于农作物生长周期较长，农作物生长周期没有结束时，改种其他作物或将农业用地变更为建筑用地或者其他用地都将使得原有的人力和资本投入毁于一旦。农业用地中的林业用地的多年生植物生长周期更长，需要投入的人力和资本更多，任意改变土地用途所造成的经济损失将会更大。在建筑用地和其他用地之上的建筑物及其他设施的使用周期往往较长，如果在建筑物或者构筑物建成之后随意地改变土地利用的方向，其导致的变更成本将是不可估量的。

三是土地利用方式的变动影响的复杂性。土地利用的相对稳定性是由土地自身位置的固定性所决定的。所以，土地利用方式的变动，不仅影响本区域内的自然生态环境和经济效益，而且必然影响到邻近地区甚至整个国家和社会的生态环境和经济效益，并且将产生巨大的社会后果。例如，一块土地上建设一座有污染的工厂，污染的范围是整个区域。土地利用方式的改变将导致整个社会体系共同为其担负变动成本，对自然和社会的影响更是难以估量的。

（三）法律属性

土地本身也是一个权利的集合体。土地上所体现的是各种不同类型的权利义务关系。具体而言，土地的法律属性主要体现为其上权利的不同特性。

1. 所有权的绝对性

所有权是以规定“全面的物的支配权能为内容的权利”①。首先，所有权对标的物而言是一般性的具有普遍意义的完全支配权。也即对标的物为占有、使用、收益、处分等全面的且一般意义上的支配权。作为这种普遍意义上的支配权，所有权是一切他物权的源泉。其次，所有权伴随着土地存在的始终，其绝对性表现为一种恒久存在的状态。其存在不许预定存在的期限，所有人长年放置不为所有物之使用收益，其所有权不因时间的流逝而归于消灭。最后，所有权的绝对性表现在其对于标的物具有统一的支配力，并不仅仅局限于标的物的使用、收益、处分等权能上的简单集合，实质上所有权是可以统一行使并对世绝对的权利。由此可知，所有权是土地之中的基础性权利。在《民法通则》、《物权法》以及《土地管理法》中也规定所有权人可以占有收益使用处分不动产。作为最基本的不动产，所有权对于土地而言拥有绝对性质的权利属性。

2. 权能的可分离性

“所有权权能分离构成他物权，这种现象是社会经济生活复杂化在法律上的表现。”② 从目前来看，我国已经建立了比较完备的社会主义市场经济体制，有关于土地的各种经济活动越来越多样化和复杂化。因此，土地的所有权和使用权的分离是民法财产产权制度不断完善的必然，也是中国特色土地交易体系和交易方式发展的必然要求。

---

① 史尚宽:《物权法论》，中国政法大学出版社 2000 年版，第 61 页。

② 李国强:《权能分离论的解构与他物权体系的再构成》，载《法商研究》2010 年第 1 期。

具体而言，土地所有权权能的分离是指在不影响土地所有权本身存在的前提之下，从所有权权能中分出一部分构成新的他物权。“分离出的所有权权能构成的他物权是相对独立的，也是具有排他性的，可以对抗第三人，甚至可以对抗所有权人的不法侵害。”①

土地所有权与土地使用权的分离是建立在土地公有制的经济基础以及改革开放以来基层人民的不断摸索的基础之上的。在土地公有制一统天下严禁交易的大背景下，随着对土地的利用越来越频繁，单一的所有权已经不适应经济社会的高速发展和快速变化，因此从土地所有权中逐渐分离出土地使用权等权利。1978 年 12 月，安徽凤阳小岗村 18 户农民将集体耕地承包到户，以及 1987 年 12 月深圳敲响的土地公开拍卖第一槌，分别在集体农用地和国有建设用地上开始了使用权与所有权分离的实践。1988 年宪法修正案专门对此进行了修改，以根本大法的形式固化了这一分离。目前中央已经明确提出要在坚持农村土地集体所有的前提下，促使承包权和经营权分离，形成所有权、承包权、经营权三权分置、经营权流转的格局。

3. 种类的多样性

随着经济社会发展，土地不仅出现了立体利用，而且土地上的权利种类越来越多。土地上的权利不仅有所有权，还有使用权等权利。“以罗马法为主要渊源的大陆法系民法中，土地的权利体系可以分为：自物权、他物权和类物权。”② 而根据我国目前的现行法，土地所有权被分为国家土地所有权和集体土地所有权，土地使用权根据用途不同被分为建设用地使用权和农用地使用权，根据权属性质不同又被分为国有土地使用权和集体土地使用权等。目前，我国已经形成了以土地所有权、使用权为主干的土地

---

① 李永福：《所有权与经营权分离问题的比较法学思考》，载《北京社会科学》1989 年第 1 期。

② 江平主编：《中国土地立法研究》，中国政法大学出版社 1999 年版，第 201 页。

权利体系。具体可参见本书第二章第一节关于以《土地管理法》为核心的法律群规定的土地权利体系的附图（图 2.1）。

（四）生态属性

归根到底，土地是自然界不可分离的一部分，土地的生态属性即是土地在自然环境中受到人类影响并反作用于人类的一种基本属性。

1. 土地的支撑属性

不论对于生产还是生活而言，土地的最显而易见的作用就是物理上的支撑作用。土地对于其上的建筑物、构筑物和动植物的物理支撑为自然系统和社会系统的正常运行提供了基本的条件。所以，土地的支撑属性是土地最基本最原始的属性。

2. 土地的供给属性

土地的本质属性是将其自身的生产能力转化为人类可利用功能的一种属性。土地利用其自身的自然条件为整个生物圈提供着产品。同时，土地可以生产出人类需要的植物和动物产品。

3. 土地的环境属性

土地是人类社会可持续发展的基础，提供了人类获得一切必要生存物质的基本条件。因此，保证土地所包含的一切环境系统的安全性和可持续性发展是人类社会发展的基本前提。“根据人类对土地生态系统的入侵程度和改造程度，土地的环境属性在不同的土地类型上有不同的表现，按照人类改造的深入程度从浅至深可以排序为自然土地、自然保护区用地、休养与休闲用地、农业用地、居住与工矿用地、废弃地与污染地等。”[①]在不同的土地类型之中表现出土地不同的环境属性。

土地的生态属性还表现为土地具有自我净化的功能。人类对土地环境的破坏程度随着人类对土地的开发而不断地加强。这种开发的最终结果就

① 梁留科等:《土地生态分类系统研究》，载《水土保持学报》2003 年第 5 期。

是废弃地和污染地的大量出现。土地可以将污染物质在土壤内部通过稀释和分解作用逐步降低污染物浓度，减少有毒物质对土壤的不利影响。通过沉淀和吸附作用对污染物质施加物理和化学影响，使其变为难以被动、植物利用的状态，最终退出生物小循环并脱离食物链。土地可以通过生物性和化学性的降解作用，催化污染物使其成为近似无毒性乃至对土壤有利的物质，如腐殖质。

三、土地分类

（一）土地分类标准

土地分类由于目的不同，存在不同的分类标准。

1. 土地自然分类标准，主要依据土地的自然属性的相同性和差异性对土地进行分类。一般按地貌、土壤、植被为具体标志进行分类。其目的是揭示土地类型的分异和演替规律，遵循土地构成要素的自然规律，最佳、最有效地挖掘土地生产力。

2. 土地评价分类标准，主要依据一些评价指标的相同性和差异性对土地进行分类。一般按土地生产力水平、土地质量、土地生产潜力、土地适宜性等为具体标志进行分类。也称为土地的经济特性分类。其分类的主要依据是土地的自然属性和社会经济属性，其目的是开展土地条件调查和适宜性调查服务，为实现土地资源最佳配置服务。

3. 土地综合分类标准，主要依据土地的自然特性和社会经济特性、管理特性及其他因素对土地进行综合分类。土地利用分类是土地综合分类的主要形式。土地利用分类一般按土地利用现状的土地覆盖特征、土地利用方式、土地用途、土地经营特点、土地利用效果等为具体标志进行分类。其目的是了解土地利用现状，反映国家各项管理措施的执行情况和效果，为国家和地区宏观管理和调控服务。

在这三种分类中，土地利用分类即土地综合分类是在土地资源管理中应用最广、全覆盖的基础分类。掌握土地利用现状是国家制定国民经济计划和有关政策，发挥土地资源在经济社会发展中的宏观调控作用，加强土地管理，合理利用土地资源，切实保护耕地的重要基础。

（二）《土地管理法》将土地分为三大类的原因

按照1998年修订的《土地管理法》第4条规定，将土地根据用途分为农用地、建设用地和未利用地三大类。其中，农用地是指直接用于农业生产的土地，包括耕地、林地、草地、农田水利用地、养殖水面等；建设用地是指建造建筑物、构筑物的土地，包括城乡住宅和公共设施用地、工矿用地、交通水利设施用地、旅游用地、军事设施用地等；未利用地是指农用地和建设用地以外的土地。

以上分类的标准主要是根据土地的用途。将土地作这样的分类是国家实行土地用途管制制度的需要，主要目的是限制农用地转为建设用地，特别是要对耕地实行重点保护。以土地分类为基础，国家建立了相应的制度来实施用途管制。

一是土地规划制度。各级人民政府应当依据国民经济和社会发展规划、国土整治和资源环境保护的要求、土地供给能力以及各项建设对土地的需求，组织编制土地利用总体规划，规定土地用途，将土地分为农用地、建设用地和未利用地三大类。地方各级人民政府编制的土地利用总体规划中的建设用地总量不得超过上一级土地利用总体规划确定的控制指标，耕地保有量不得低于上一级土地利用总体规划确定的控制指标。省、自治区、直辖市人民政府编制的土地利用总体规划，应当确保本行政区域内耕地总量不减少。县级和乡（镇）土地利用总体规划应当根据需要，划定基本农田保护区、土地开垦区、建设用地区和禁止开垦区等；其中，乡（镇）土地利用总体规划还应当根据土地使用条件，确定每一块土地的用途。

二是土地计划制度。各级人民政府应当加强土地利用计划管理，实行建设用地总量控制。土地利用年度计划，根据国民经济和社会发展计划、国家产业政策、土地利用总体规划以及建设用地和土地利用的实际状况编制。土地利用年度计划的编制审批程序与土地利用总体规划的编制审批程序相同，一经审批下达，必须严格执行。省、自治区、直辖市人民政府应当将土地利用年度计划的执行情况列为国民经济和社会发展计划执行情况的内容，向同级人民代表大会报告。土地利用年度计划应当包括下列内容：（1）农用地转用计划指标；（2）耕地保有量计划指标；（3）土地开发整理计划指标。

三是农转用审批制度。明确规定了农用地转为建设用地的批准权限。根据土地用途管制的要求，建设用地必须符合土地利用总体规划所确定的用途，并且严格限制农用地转为建设用地，控制建设用地总量。因此，本法规定：建设占用土地，涉及农用地转为建设用地的．应当办理农用地转用审批手续。省、自治区、直辖市人民政府批准的道路、管线工程和大型基础设施建设项目、国务院批准的建设项目占用土地，涉及农用地转为建设用地的，由国务院批准。在土地利用总体规划确定的城市和村庄、集镇建设用地规模范围内，为实施该规划而将农用地转为建设用地的，按土地利用年度计划分批次由原批准土地利用总体规划的机关批准。前述以外的建设项目占用土地，涉及农用地转为建设用地的，由省、自治区、直辖市人民政府批准。

四是耕地占补平衡制度。国家实行占用耕地补偿制度。非农业建设经批准占用耕地的，按照"占多少，垦多少"的原则，由占用耕地的单位负责开垦与所占用耕地的数量和质量相当的耕地；没有条件开垦或者开垦的耕地不符合要求的，应当按照省、自治区、直辖市的规定缴纳耕地开垦费，专款用于开垦新的耕地。省、自治区、直辖市人民政府应当严格执行土地利用总体规划和土地利用年度计划，采取措施，确保本行政区域内耕地总量不减少；耕地总量减少的，由国务院责令在规定期限内组织开垦与所减少耕地的数量与质量相当的耕地，并由国务院土地行政主管部门会同农业行政主管部门验收。个别省、直辖市确因土地后备资源匮乏，新增建设用地后，新开垦耕地的数量不足以补偿所占用耕地的数量的，必须报经国务院批准减免本行政区域内开垦耕地的数量，进行易地开垦。

（三）我国土地利用分类的历史沿革

1. 1984年《土地利用现状调查技术规程》中制定的“土地利用现状分类及含义”

1984年，国务院部署开展了第一次全国土地利用现状调查（简称土地详查）。为了规范调查成果，全国农业区划办组织八个部委（农牧渔业部、国家计委、林业部、城乡建设环境保护部、国家统计局、水利电力部、国家测绘局和国家海洋局）共同制定《土地利用现状调查技术规程》，制定了土地利用现状分类及其含义。这套分类体系采用两级分类，一级按土地利用特点和主导功能分为8类，耕地、园地、林地、牧草地、居民点及工矿用地、交通用地、水域及未利用土地；二级按土地利用的主导产品或具体功能分为46类，并可按实际情况进行三、四级分类。

该土地利用现状分类从1984年颁布开始，一直沿用到2001年12月，侧重于农用土地，对城镇用地的划分较为简略。土地详查和土地变更调查就是采用土地利用现状分类。

2. 1989年《城镇地籍调查规程》中制定的“城镇土地分类及含义”

为了满足城镇地籍调查的要求，1989年9月，原国家土地管理局发布了《城镇地籍调查规程》，制定了城镇土地分类及其含义。《城镇地籍调查规程》按照土地用途的差异，将城镇土地分为商业金融、工业仓储、市政、公共建筑、住宅、交通、特殊用地、水域、农用地及其他用地10个一级类，24个二级类。原国家建设部也于1991年颁布了《城市用地分类与规划建设用地标准》，依据是土地使用主要性质，采用三层次分类体系，共分10个大类，46个中类，73个小类。城镇土地分类用于城镇地籍调查和土地登记。《城镇地籍调查规程》从 1989 年发布开始，一直沿用到 2001 年 12 月（虽然规程 1993 年进行了修改，但分类未变）。

上述两个土地分类标准是两套标准，没有把城乡统一起来，但基本满足了当时土地管理及社会经济发展的需要。

3. 2002 年 1 月 1 日《全国土地分类（试行）》

1998 年 8 月 29 日第九届全国人民代表大会常务委员会第四次会议修订了《土地管理法》，于 1999 年 1 月 1 日施行。按照 1998 年修订的《土地管理法》，我国实行用途管制制度，土地按照用途被分为农用地、建设用地和未利用地三大类。

原国土资源部成立以后，为了满足土地用途管理的需要，科学实施全国土地和城乡地政统一管理，在研究、分析"土地利用现状分类及其含义"和"城镇土地分类及含义"的基础上，按照《土地管理法》所规定的三大类，制定了城乡统一的"全国土地分类"，自 2002 年 1 月 1 日起，在全国范围试行，包括《全国土地分类（试行）》和《全国土地分类（过渡期间适用）》。

（1）《全国土地分类（试行）》。主要采用三级分类。其中一级分为农用地、建设用地和未利用地 3 类，也就是《土地管理法》的三大类。二级分为耕地、园地、林地、牧草地、其他农用地、商服用地、工矿仓储用地、公用设施用地、公共建筑用地、住宅用地、交通运输用地、水利设施用地、特殊用地、未利用土地和其他土地 15 类；三级细分为 71 类。《全国土地分类（试行）》是城乡一体化的土地分类，适用于城镇和村庄大比例尺地籍调查。其制定与实施对我国土地管理实践和科学研究工作产生了重要的意义，基本满足了土地管理及社会经济发展的需要，为完成我国土地利用现状调查和城镇地籍调查、土地登记和统计等工作发挥了重要作用。

（2）《全国土地分类（过渡期间适用）》。针对全国城镇与村庄地籍调查尚未全面完成的情况及小比例尺现状调查中建设用地内部不调查实际情况，原国土资源部在《全国土地分类（试行）》基础上，制定了《全国土地分类（过渡期间适用）》。采用三级分类，其中农用地和未利用地部分与《全国土地分类（试行）》完全相同，建设用地部分进行了适当归并，将商服用地、工矿仓储用地、公用设施用地、公共建筑用地、住宅用地、特殊用地6个二级类和交通运输用地中的三级类街巷，合并为居民点及工矿用地，作为二级类，在其下划分城市、建制镇、农村居民点、独立工矿、盐田和特殊用地6个三级类。适用于土地变更调查、土地更新调查和土地规划修编等工作。

4. 2007年8月10日《土地利用现状分类》（GB/T 21010-2007）国家标准

由于历史原因，长期以来，我国的土地资源分类标准很不统一，国土、农业、林业、建设、水利、交通等部门，按照各自的职能分工和管理需求，分别建立了不同的土地调查、统计分类体系。由于各部门的分类体系不同，对同一地类的认定、调查、统计结果往往相差很大，特别是一些专业调查不是全覆盖调查，使得部分土地面积被不同部门重复统计到不同的地类中，造成土地调查统计重复、数出多门、口径不一、数据矛盾，导致了各部门对土地资源的利用、规划、开发等不一致，甚至矛盾。这一方面严重制约了国土资源统一规范管理，另一方面也导致国家难以全面、系统、准确掌握全国土地资源利用现状，使国家和各级政府难以据此进行科学管理和决策，给国家宏观管理科学决策带来了诸多不利影响。因此《国务院关于深化改革严格土地管理的决定》（国发〔2004〕28号）规定“国土资源部要会同有关部门抓紧建立和完善统一的土地分类、调查、登记和统计制度，启动新一轮土地调查，保证土地数据的真实性”，按照这一要求，为了实施全国土地和城乡地政统一管理，科学划分土地利用类型，明确土地利用各类型含义，统一土地调查、统计分类标准，合理规划和利用土地，国家质量监督检验检疫总局、国家标准化管理委员会于2007年8月10日发布了《土地利用现状分类》（GB/T 21010-2007）国家标准，标志着我国土地利用现状分类第一次拥有了全国统一的国家标准。第二次全国土地调查分类即以该标准为依据。

该标准采用土地综合分类方法，依据土地的自然属性、覆盖特征、利用方式、土地用途、经营特点及管理特性等因素，对城乡用地进行统一分类。分类遵循科学性、实用性、开放性、继承性原则，采用二级分类体系，一级类 12 个，二级类 57 个。一级类设定依据土地用途和利用方式，考虑到农、林、水、交通等有关部门需求，设定耕地、园地、林地、草地、水域、交通运输用地。依据土地利用方式和经营特点，考虑到城市管理等有关部门的需求，设定商服、工矿仓储、住宅用地、公共管理与公共服务用地。为了保证地类的完整性，对上述一级类中未包含的地类，设定其他土地。二级类是依据自然属性、覆盖特征、用途和经营目的等方面的土地利用差异，对一级类进行具体细化。

为保证标准的科学性和合理性，该标准打破了原有的三大类分类体系。但为了保持历史的延续性，在分类设定时考虑了二级类与三大类的对应关系，可通过二级地类的归并，形成管理需要的三大类数据，这样既保证了《土地利用现状分类》国家标准的科学性，又可满足土地资源管理的需要。

5. 2017 年 11 月 1 日《土地利用现状分类》（GB/T　21010–2017）国家标准

2017 年 11 月 1 日，国家质检总局、国家标准化管理委员会批准发布实施《土地利用现状分类》国家标准（GB/T　21010–2017）（以下简称“新版土地分类”）。党的十九大报告指出“建设生态文明是中华民族永续发展的千年大计”，并提出“推进绿色发展理念”和“强化湿地保护和恢复”的工作要求。此次“新版土地分类”为了突出生态文明建设和生态用地保护需求，加强了对湿地的保护力度，将具有湿地功能的沼泽地、河流水面、湖泊水面、坑塘水面、沿海滩涂、内陆滩涂、水田、盐田等二级地类归类为湿地大类，能够实现通过统计获得湿地数据的目的，充分发挥土地调查成果对生态文明建设的基础支撑作用。“新版土地分类”尽可能维持了原有的分类框架，保持了类型内涵和分类体系总格局稳定，有效保证了调查数据的继承和衔接性。通过增加“湿地”大类归类表，在原“三大类”归类上进行突破，更彰显了对生态保护工作的重视。“新版土地分类”中通过细化二级地类、增加“湿地”归类表的方式，实现了土地分类与《湿地分类》（GB/T 24708-2009）相衔接，可最大限度避免部门数据由于分类及统计口径差别造成数据冲突。

“新版土地分类”代替 GB/T 21010-2007 土地利用现状分类，与 GB/T 21010-2007 相比，除编辑性修改外主要技术变化如下：（1）范围增加了“审批、供应、整治、执法”等内容。（2）删去了“规范性引用文件”一章。（3）总则中增加了“生态文明建设”“保证不重不漏，不设复合用途”等内容。（4）二级类数量变更为 73 个，二级类改用两位阿拉伯数字编码。（5）完善了“耕地”“林地”“公共管理与公共服务用地”“特殊用地”“交通运输用地”“水域及水利设施用地”等一级类的含义。（6）完善了“水浇地”“灌木林地”“天然牧草地”“其他草地”“商务金融用地”“其他商服用地”“工业用地”“采矿用地”“仓储用地”“城镇住宅用地”“公园与绿地”“监教场所用地”“风景名胜设施用地”“公路用地”“农村道路”“机场用地”“港口码头用地”“河流水面”“沼泽”“空闲地”“设施农用地”“田坎”等二级类的含义。（7）原“公共设施用地”名称整为“公用设施用地”。（8）将原“有林地”细分为“乔木林地”“竹林地”“红树林地”“森林沼泽”；将原“批发零售用地”细分为“零售商业用地”和“批发市场用地”；将原“住宿饮用地”细分为“餐饮用地”和“旅馆用地”；将原“科教用地”细分为“教育用地”和“科研用地”；将原“医卫慈善用地”细分为“医疗卫生用地”和“社会福利用地”将原“文体娱乐用地”细分为“文化设施用地”“体育用地地”和“娱乐用地”；将原“铁路用地”细分为“铁路用地”和“轨道交通用地”；将原“街巷用地”细分为“城镇村道路用地”和“交通服务场站用地”；将原“裸地”细分为“裸土地”和“裸岩石砾地”。（9）增设了“橡胶园”“灌丛沼泽”“沼泽草地”“盐田”，分别从“其他园地”“灌木林地”“天然牧草地”“采矿用地”中分离出来。（10）附录A中，将“水库水面”从“建设用地”调整到“农用地”中，增加附录B“湿地”归类表。

（四）现行土地利用分类标准

详见《土地利用现状分类》（GB/T　21010–2017）。

第二节 ┃ 土地法视角下土地的本质属性：公私交融性

在第一节中，我们梳理了当前学界对于土地属性的主要观点。这些观点从不同侧面对土地的特性进行了界定，这些特性对于理解和构建土地法规则具有重要作用。但是，我们认为，这些观点没有解决一个根本问题，就是土地法，特别是现代土地法，究竟应当如何看待“土地”，或者说土地的本质属性究竟是什么？

对土地本质属性的不同认识，决定了理解土地制度的基本立场。一种观点认为土地与其他一般商品或者私人物品没有区别，他们认为土地能像其他商品一样进行自由买卖与使用，只要界定产权，市场将会自动进行有效的资源配置，任何形式的土地用途管制、数量限制都是对自由权利的严重侵犯。这种观点在经济学界比较普遍。另一种极端的观点是把土地视为人类共同拥有的一种资源，其使用应该完全被公共机构所控制。还有一种折中的观点则认为，土地同时具有商品和资源属性，应该由私人所拥有，但其使用要有益于社会。我们认为，在土地法视角下，土地是一种同时具有公共性和私人性的特殊物品，我们将这种特性称为公私交融性，土地的双重属性和“土地人”的双重属性一起，共同决定了土地法的精神内涵与具体规则。

一、土地的公共性

（一）公共性的基础理论

当今中国人文社会科学的各个领域，包括经济学、哲学、伦理学、法学、社会学、政治学等，都从不同侧面、在不同程度上关注“公共性”。例如，经济学关心“公共产品”，哲学、伦理学关心“公共性”的价值，法学注重公共权力与个人权利的关系，社会学关心社会公共领域的构建，行政学强调政府公共政策、公共行政。基于对公共性的关注，公共经济学、公共哲学、公共管理学、公共行政学等一些新兴学科正在兴起。随着理论界对“公共性”概念的不断探讨，公共性逐渐具有了一般理论范式的意义，已然成为描述现代公共政策乃至政府活动基本性质和行为归属的一个重要分析工具。[①] 许多我们常用的概念，如公共事务、公共政策、公共问题、公共权力、公共利益、公共产品、公共选择、公共管理、公共服务、公共领域等，不过是公共性这一基本范式在不同领域的具体表象。虽然公共性概念如此重要，但它却拥有一张“普罗透斯”般的面孔。理论界从不同的侧面去观察它、研究它，得出各种不同的观点，但远未得出一个准确的概念来概括公共性的所有内涵。给公共性下一个准确的定义非常困难。

从公共物品的角度来看，所谓公共物品就是指那些不能完全为某个人单独享有，而且往往某个人的享有并不影响其他人享有的物品。对于这样的物品，个人既不愿意去生产，更不愿意去购买，但一旦存在这样的物品，人们就可以方便地去分享。因此，这种非排他非竞争的可共享性即为公共性。

从公共需要的角度看，公共性在客观上是由于社会对一些问题的解决存在共同的需要，因而国家及其政府为了巩固自身的统治不能不去解决这些问题，从而显示出公共性特征。也就是说，公共性是由社会的公共需要所决定的，缘起于公共需要。也有观点从公共需要的角度来论述公共物品，认为非排他非竞争性不是公共物品的本质，满足公共需要才是公共物品的本质。

① 将公共性作为理论范式和分析工具的观点，详见孙柏瑛、公共性：《政府财政活动的价值基础》，载《中国行政管理》2001 年第 1 期；陈潭、公共性：《公共政策分析的一般范式》，载《湖南师范大学社会科学学报》2002 年第 4 期；郭湛、王维国：《公共性的样态与内涵》，载《哲学研究》2009 年第 8 期。

从公共选择的角度看，公共性是指人们共同谋划、协商，通过公共决策机制形成共识，并由公共机构负责执行。

有学者综合公共性的不同侧面，将公共性概括为："公共性从根本上讲，是人的平等问题，是同样的人共同生活在共同的世界上，共同面对和解决公共的问题，建设共有的家园。这种公共性在人与人之间具体体现为：（1）共在性，共处性，共和性；（2）公有性，公用性，公利性；（3）共通性，共谋性，共识性；（4）公意性，公义性，公理性；（5）公开性，公平性，公正性，等等。"[①] 这一观点对于认识土地的公共性具有重要的启发。

（二）土地的公共性特征

我们认为，土地的公共性特征是指，人类共同生活在稀缺的土地之上，土地的分配与利用关乎人类共同体的共同命运，人们的土地利用行为相互依赖并可能相互侵扰，这使得土地不再是一种简单的私人物品或者商品，土地问题也不再是一个简单的私人问题，而是一个复杂的公共问题。具体而言，土地的公共性特征主要表现为六个方面。

一是资源的稀缺性。土地具有位置不可移动、面积不可增加、区位与禀赋不同的客观自然属性。在人类早期，土地资源丰富，随着人口的增长与流动，不可移动、不可增加的土地逐步显现出其稀缺性。人类为了争夺稀缺的土地资源，冲突不断，甚至战争连绵。人类的历史在某种程度上就是一部土地争夺的历史。

二是需求的共同性。土地是人类社会安身立命之基础，承载整个人类共同的生活。人类作为整体，个人作为个体，都依赖和需要土地。土地，或者说地球，是人类共同的财富，任何一个个体或者团体，都无权通过任何方式独占全部。这种需求的共同性，决定了土地在很多时候，都与公共利益密切相关。需求的共同性与资源的稀缺性，是土地公共性的根本源泉。

---

① 郭湛、王维国：《公共性的样态与内涵》，载《哲学研究》2009年第8期。

三是利用的外部性。工业化、城镇化以来，土地开发利用表现出明显的正、负外部性特征。一方面，基础设施的完善，人口的聚集，可能使得城市土地所有者在没有任何额外付出的情况下，享受了巨额的土地增值，土地开发利用的社会收益出现外溢，即为正的外部性。另一方面，工业的污染、林立的高楼、商业区的拥堵，可能又对其他土地所有人的权利构成伤害，即为负的外部性。正、负外部性的出现和加剧，是导致所有权绝对向所有权限制转变，出现财产权社会化的重要原因。土地问题，哪怕是私人所有的土地，其利用都不再仅仅是私人的问题。

四是规划的整体性。城市发展的历史和规划理论表明，城市是一个功能有机统一的整体，通过分区管制来实现。整体性意味着不可还原性，即不可还原为单个个体利益的简单相加。城市像一个生命体，各个部分之间必须互相配合、协调，方可具有生命力和活力。这意味着，私人土地，并不能像衣服、食物那样，完全遵循私人的意志，必须接受整体利益的考量与限制。

五是影响的全局性。土地是财富之母，土地分配是否公平，直接关乎一个国家、社会能否和谐稳定的全局。现代社会中，土地利用是否科学、合理，还直接关乎经济能否可持续发展的全局。土地问题的重要性，怎么强调都不为过。

六是市场的局限性。主要表现为市场失灵和市场缺陷两个方面。一方面，在用途管制和分区管制制度下，土地具有强的自然垄断属性，供给弹性系数低甚至接近 0。区位好的土地不会因为需求的增加而增加，导致其价格不断上涨。因此，土地市场不是一个完全竞争的自由市场，存在市场失灵的倾向。另一方面，土地自由买卖导致的土地兼并问题，一直是导致贫富分化不断加大、社会矛盾不断尖锐的重要原因。因此，土地自由市场又存在市场缺陷。市场的局限性为公共性介入提供了合法性和合理性基础，换句话说，由于市场自身并不能很好地解决土地问题，使得土地的公共性特征进一步凸显。

这六个方面特性的强烈程度，共同决定了土地公共性的程度，资源越稀缺、共同需求越强烈、外部性与全局影响越大、市场局限越强，土地的公共性越强。值得注意的是，以上六个方面是一个整体，共同构成了土地的公共性本质，并不能单独存在。资源稀缺并为人类共同需求的物品很多，衣食住行，无不如此，但这些物品并非都具有公共性，只有那些构成人类生活基础，并且不能完全由市场加以解决的需求，才具有公共性。此外，虽然土地具有上述公共性特征，但并意味着土地等于公共物品，而是表征着土地对于人类共同体的重要意义。因此，有关土地问题的公共政策、法律制度，不能像看待私人物品那样去看待土地问题。解决土地问题，必须关注土地的公共性特征。具体而言，一是必须关注土地权利、增值收益分配的公平性，这是土地公共性特征的必然要求，关乎社会结构的稳定。二是必须关注土地利用活动过程的公共性。有关规划、征地等重大土地利用活动，决策过程必须公开，通过协商、共谋达成共识。三是必须重视土地法发展的“逆向调节”规律。生产力越发达，土地开发利用活动对于人类整体利益、长远利益的破坏可能就越大。

二、土地的私人性特征

土地的私人性特征是指，除了那些不能被独占的公有土地之外，土地在占有使用上呈现出明显的排他性和竞争性特点。根据新制度经济学或者产权经济学的观点，任何用于生产经营或者开发利用的土地，只有清晰地界定产权，包括所有权或者稳定的使用权，才能形成有效的社会激励，引导产权人的劳动创造，从而使得土地开发利用活动具有经济效率。界定产权，就是一个私人化的过程。土地的私人性特征意味着，一方面，政府不能无限制地介入土地利用活动。对于市场机制能够完成的事项，应当交由市场来配置。另一方面，政府在提供与土地有关的公共物品或者公共服务时，需要充分利用市场手段和机制，以提高供给的效率，如国有土地使用权出让与转让，土地开发权分配，等等。

第三节 土地法视角下人类土地利用的行为模式——基于土地人假设

法律是通过规范人类行为进而调整社会关系的规范。对人类土地利用的行为模式进行分析，有助于我们深层次把握土地法律制度。对此，我们提出了土地人假设的理论，试图在理论上阐述人类面对土地，他有什么需求，会如何思考，又会如何行动。我们发现，与土地公私交融的双重属性一样的是，土地人同样具有公私交融的双重属性，具体表现为土地人呈现出“经济人”与“社会人”相交融的特点。在“私”的层面，土地人按照“经济人”的行为模式行动；在“公”的层面，土地人按照“社会人”的行为模式行动。这种双重属性，是人在土地问题上表现出来的一体两面，不可分割，任何只基于一个侧面的研究，都容易失之偏颇，进而得出较为偏见的政策主张。

一、土地人作为经济人的行为模式

（一）经济学上的“经济人”假设及其演变

亚当·斯密在《国富论》中并没有直接使用“经济人”这一术语，但一般认为，斯密的思想奠定了“经济人”假设的基础。斯密主要是从生产者角度来研究人类的经济行动，因而“利益最大化”又被称为“利润最大化”。

根据斯密的论述，“经济人”假设主要包含三个基本的命题：一是“自利动机”，每个人都在追求自身的利益，希望过着尽可能安逸的生活。这是人类经济行为的根本动机和逻辑起点。二是“理性行为”，“经济人”是理性的，他能够根据市场情况、自身处境和自身利益之所在作出理性判断，从而使所追求的利益尽可能最大化。三是“促进公共利益”。斯密关于“经济人”假设最突出的贡献在于论证了，只要有良好的法律制度，生产者追求自身利益最大化的自由行动，将会“在看不见的手”的指引下，无意识、卓有成效地增加社会的公共利益。

古典经济学主要从成本—收益角度解释了生产者的经济行动，但没有从理论上对消费者的经济行动作出解释。随着资本主义经过上百年的发展，竞争加剧，供求矛盾日益突出，经济危机不断。供求矛盾反映出生产与消费的脱节，仅关注生产者的经济行动无法解决现实矛盾，因此经济学开始重视需求，研究人们的消费和欲望。19 世纪 70 年代，经济学的分析工具发生了一场巨变——边际革命，从而使得经济学开始步入新古典经济学时期。新古典经济学将消费者在内的经济主体全部纳入经济学解释的范畴。消费者选择某种商品不是为了利润最大化，而是为了获得快乐和满足——效用最大化。经济学就是“研究以最小的代价，取得最大快乐”的学问。在这一假设的基础上，经济学开始从生产者的利润最大化和消费者的效用最大化两个方面去研究供应和需求，以达到市场均衡。

古典经济学和新古典经济学的“经济人”假设都主要限于经济活动领域。20 世纪五六十年代以来，新古典经济学的分析工具开始“侵入”其他社会科学领域，并无往而不胜，被称为“经济学帝国主义”。一是以布坎南为代表的公共选择学派，将“经济人”假设扩展到政治领域，认为人的政治行为同样受到“自利动机”的支配，政治市场上的选民、政治家都是理性人，他们同样追求个人利益最大化。二是以加里·贝克尔为代表的非市场行为经济分析学派，运用“经济人”假设分析了人类所有的行为，包括家庭、婚姻生育、犯罪、种族等传统上属于社会学等其他人文社会学科的课题统统纳入经济学的研究领域。三是以波斯纳为代表的法律经济学派，将所有法律制度纳入新古典经济学“成本—收益”分析工具的考量之下。

虽然“经济人”假设经历了不断完善和修正的过程，但其理论内核并没有发生变化。那就是，经济人假设强调，在给定的条件下，人类会在目的与手段之间进行理性选择，力图通过最低的成本与付出，获得自身最大的收益。虽然这一努力由于各种条件的限制不一定能够实现，但人总是在向这个方向努力，在其能够寻找到的实现其目的的手段中，人类会进行比较，并选择成本更低、收益更高的路径。这一行为模式被经济学家归纳为自利原则和利益最大化原则。

（二）土地人作为经济人，在土地问题上如何思考与行动

土地是经济活动最重要的生产要素，也是最宝贵的财富。人类在土地利用活动过程中，表现出明显的“经济人”特征。不同的利益主体（如地主、租地农场主、自耕农、佃农、政府、氏族共同体、集体、开发商、工厂等），不同的历史时期（如原始文明、农业文明、工业文明等），不同的资源环境条件（如生产力水平、土地资源稀缺程度等），土地人作为“经济人”可能呈现出不同的利益诉求与行为方式，但从根本上来讲，都会像“经济人”那样行动，至少会受到“经济人”行为模式的影响。具体而言，土地利用活动中，土地人总是追求以最少的投入获取最多的土地利用收益。土地利用的利益最大化诉求，大体可以分为以下五种类型。

一是提高单产。通过增加单位土地的劳动、资金、技术等要素投入，增加土地单位产出或者收益。在采集狩猎时代，土地人只能被动地接受大自然的馈赠，并不能主动地利用土地进行生产，因此提高单产事实上仅仅是简单地增加劳动。受体力的约束，这种投入的增加非常有限。进入农业文明时期，土地人除了增加劳动投入之外，不断发明的农业技术，铁制农具、牛、犁、培肥等，一步步提高了农业种植的单位产出。在工业文明时期，人类掌握了越来越先进的技术，公司、金融、证券等制度的发明又让人类能够集中更多的资金、人力进行生产，资金与技术的结合，在工业、

农业等生产领域全面提高了土地利用的效率。

二是增加数量。土地是财富的源泉，同时又是人类最重要的物质财富。人类对土地的追逐，贯穿了人类的整个文明史。土地人通过战争、掠夺、购买、兼并、开荒等各种方式增加占有土地的数量，以增加收益。这个过程可能是和平的，也可能是血腥的。

三是变更用途。人类进入工业文明之后，城市得以飞速发展。人口的聚集、工厂的污染、交通的拥堵，使得分区管制和用途管制逐步得以确立。土地的不同用途代表了不同的土地开发权和发展机会，导致土地的收益和价格相差非常悬殊，如何获得更高价值的用途，成为城市化过程中土地人竞相追逐的目标。土地开发权问题，也成为现代土地法面临的重大课题之一。

四是土地投机。土地作为最重要的不动产，除非发生战争、地震、洪水等不可抗因素，随着经济的发展，土地的价格将不断上涨。因此，土地以及房屋具有重要的财富保值增值功能，使其成为天然的最佳投机品种，有的人囤积居奇，并不利用土地从事生产，坐等价格上涨，获取投机收益。

五是消极怠工与搭便车。前四种行为都是在明确产权的基础上追求正的土地收益。土地人作为经济人，还有一种行为，就是在产权不明确的情况下的消极怠工与“搭便车”。井田制中公田的荒芜，人民公社的失败，就因为缺乏经济激励与监督的困难，农民作为经济人，选择消极怠工、出工不出力。公地悲剧中，则是由于产权不清，大量“搭便车”行为导致土地资源被过度利用。

（三）土地人作为经济人对土地法的启示

土地人的经济分析，对土地法具有重要的意义。土地制度的设计，要充分正视并尊重土地人追逐经济利益的本性，以促进经济社会的发展；同时又要注意防止逐利行动带来的破坏和冲突。一方面，土地人之间的利益追求，存在大量的矛盾、冲突；另一方面，每个人追求自身利益的最大化，并不一定带来社会整体利益的最大化，博弈论甚至还告诉我们如果不合作博弈，个人利益也不能最大化。因此，我们认为，土地人作为经济人对土地法最重要的启示就是，土地法是用来引导、调和土地人在土地利用行为中的利益追求和冲突，激励那些与社会整体利益相一致的利益追求，遏制那些背离、损害社会整体利益的行为。

土地法律制度对于作为经济人的土地人，具有以下几个方面的功能：一是建立土地产权制度，形成对土地人的经济激励，激发土地人的创造活力，促进经济增长；二是建立完善土地市场机制，为市场交易主体提供明确的预期，降低市场主体获取信息的成本与谈判成本，从而降低土地利用活动的交易费用，促进土地利用的效率；三是纠正负的外部性，让那些土地利用行为中负的外部性，内化为行为主体的成本，从而避免损害社会整体利益；四是遏制投机，让土地回归利用。土地由于不可移动、不可增加的属性，无论是农业社会还是工业社会，土地都是最重要的财富，容易成为天然的投机对象。投机在一定程度上有利于繁荣土地市场，让土地价值得以体现。但投机过度，将严重损害经济活力。总的来说，土地人作为经济人，与土地法的效率价值紧密相关，但经济分析不解决规范性问题，不能给“有效率的土地利用行为导致的不平等应当如何处理”这样的问题提供答案。这就需要我们引入社会科学中另一支分析人类行为的工具，即“社会人”假设。

二、土地人作为社会人的行为模式

（一）“社会人”假设的基本观点

与经济人假设不同，社会人假设并没有一个统一、清晰的界定，不同的学科和思想家从不同角度对于社会人假设有着不同的认识。例如，马克思认为，社会属性是人的本质属性，人的本质是“一切社会关系的总和”，人“不是处在某种幻想的与世隔绝、离群索居状态的人，而是处在一定条件下进行的现实的、可以通过经验观察到的发展过程中的人”。因此，任何人的动机和行为都离不开他们所处的社会条件和历史，现实中的个人，只能在“一定的物质的、不受他们任意支配的界限、前提和条件下能动地表现自己”，人“只有在集体中才可能有个人自由”。在管理学中，梅奥通过霍桑实验，揭示了人是有思想、有感情、有人格的活生生的“社会人”，人不是机器和动物。作为一个复杂的社会成员，金钱和物质虽然对其积极性的产生具有重要影响，但是起决定因素的不是物质报酬，而是职工在工作中发展起来的人际关系。因此，对于管理者而言，这一理论要求管理者不仅要关注职工在经济方面和物质方面的需求，更重要的是关注职工在社会方面和心理方面的需求。新经济社会学也认为，人不会像游离于社会联系之外的原子那样进行决策和行动，而只能在当下社会结构、社会关系中作出符合自己主观目的的行为选择，“经济行为是嵌入社会行为中的”。社群主义也强调，人的很多行为并不是有意识的理性自主行为，而是按照特定社会文化规范“无意识”地行动；同时人只有在共同体中才能找到情感的归宿，避免出现个体的焦虑。

虽然社会人假设没有统一的界定，但总体来看，与“经济人”假设从人的个体理性自利决策出发分析人类行为不同，“社会人”假设强调社会整体对于个体行为的决定和影响作用，以及个体对于社会整体的责任。

（二）土地人作为社会人，在土地问题上如何思考与行动

我们认为，土地人作为经济人，会不断追逐土地的经济收益，但同时土地人并不是一个个孤立的个体，他们共同生活在这片土地之上、社会之中，互相依赖、分工协作，遵循共同体的文化规范与价值准则，并对共同体成员负有某种程度的道义责任。土地人作为社会人，呈现出三个方面的特征。

一是共在性与情感依赖。土地是人类赖以生存的空间基础，人类共在

于这片土地，在土地的开发利用活动中，形成不同类型、大小不一的共同体或者社群。一方面，这些共同体或社群是人类生存的基石，离开了这些共同体与社群，人类将无法存在；另一方面，它们更是人类情感的依归，人类并不仅仅是精于理性计算的经济动物，也是感性的社会动物，只有在共同体或社群之中，人类才不会感到迷茫、孤单与彷徨。社群主义对自由主义的批判，在某种程度上可以看作“社会人”对“经济人”缺陷的弥合。

二是伦理性与社会约束。人类共同生活于共同体之中的基本事实，决定了土地人对土地的利用，需要受到共同体价值、伦理、文化、制度规范的约束（如宗族成员对于土地的优先购买权、分区管制等制度安排），并不能随心所欲。

三是平等性与道义责任。人类由于体力、智力、受教育机会、勤奋程度、继承、社会地位等各种先天或者后天条件的差异，在土地利用过程中，必然出现巨大的不平等。农业社会之中，这种不平等最终表现为严重的土地兼并。工业社会到来，城市中这种不平等更多地表现为占有房地产数量和获得土地增值收益的数量。人类几千年的文明史表明，这种不平等累积到一定程度，如果没有一套理性的制度加以调节，必然出现血淋淋的残杀与动乱。因此，土地人对于土地利用产生的收益，对于共同体成员具有某种程度的责任（如乡绅阶层对于乡邻的帮扶、土地用途转变带来的土地增值收益的分配应当兼顾各方利益主体）。

（三）土地人作为社会人对土地法的启示

土地人作为社会人，对于土地法同样有重要的意义。土地法不仅要关注土地利用的经济效率，也要关注社会公平与和谐。具体而言，社会人假设对土地制度设计提出了以下要求：一是私权限制。必须对土地私有与兼并进行某种程度的限制，避免激化社会矛盾。二是平均地权。在农业文明时期或者农村，国家有义务保证每个农民能够拥有安身立命的基本生产空间；在城市，国家有责任实现“住有所居”。三是地利共享。土地利用带来的不平等结果进行适当的再分配，城市发展带来的土地增值收益应当惠及全体国民。

总之，土地与土地人的公私交融性，决定了土地法也呈现出公私交融性。用一个公式表示，土地法 = 公法管制 + 私权保护。这使得土地法与传统民法、行政法相比，呈现出显著的公法私法混合法的特征。

第四节 | 土地法的产生与发展规律

回顾历史才能展望未来，研究人类历史进程中土地法发展的规律，不仅能够帮助我们解释过去，更有利于我们把握未来。土地是人类生存不可或缺之基本要素，国计民生之所系。人类发展的全部历史，与土地有密切的关系，可以说土地承载了整个人类的文明史。土地在自然属性上具有不可增加、位置不可移动的特性，肥沃程度、区位优劣差别较大。有的地方人多地少，有的地方人少地多；有的土地肥沃，有的土地贫瘠；有的土地区位好，有的土地区位劣。这些自然特性决定了人类在土地占有、使用、收益上存在天然的不平衡，这种不平衡带来的冲突与妥协，贯穿人类发展的始终，推动了土地法的产生和发展。根据人类生产方式的不同，历史学家将人类文明大体划分为三个阶段，一是以狩猎和采集为标志的原始文明时期；二是以农业种植和养殖为标志的农业文明时期；三是工业革命以来，以机械化大生产为标志的工业文明时期。在原始文明时期，土地法开始萌芽；进入农业文明后，以国家的出现为标志，实在法意义上的土地法正式产生；人类迈入工业文明后，土地法发生了质变。

一、土地法的产生与发展

在原始文明和农业文明时期，土地始终是人类获取生活资源的唯一源泉。原始文明时期，为应对艰苦的自然条件，人类以天然的血缘为纽带，以土地为生产空间结成共同体——部落或者部落联盟。为争夺狩猎、采集的空间，部落之间不断发生争执，虽然这时没有土地私有权，但对外却逐渐形成了部落所有的观念。人类进入农业文明后，农业种植、养殖对人类的土地利用方式发生了根本的变化，人类不再需要时刻迁移以寻找更好的自然资源，人类开始需要固定、肥沃的土地来承载他们的生产方式，这使得人类对土地的产权要求日益突出。同时，由于不断的部落战争，人类不断结成更大的共同体，最终产生了国家。国家制定土地分配、利用的规则，一方面缓解土地占有不均衡带来的社会危机问题，另一方面通过强制力惩处非法掠夺、占有土地产权的行为，保护土地产权。

在氏族部落时代，土地法就已经开始萌芽，主要表现为习惯法，土地属于部落成员共同所有，但在占有使用上，随着农业种植技术的发展，土地经历了共同占有使用，到以家庭为单位平均分配并占有使用的过程。这种习惯法仅仅在部落内部有效。进入国家政权时代，土地法具有了强制性，开始成为实证主义意义上真正的法律。土地法不仅要维护统治阶级的土地利益，也必须保证被统治阶级最低限度的土地权利，以避免社会崩溃。

在农业文明时期，土地是人类最大、最可靠的财富和最基本的生产资料。为了占有土地财富，权贵阶层不停地进行土地兼并，以至于富者田连阡陌，贫者穷无立锥。土地兼并产生大量失地农民，弱者沦为乞丐流民，强者变为盗贼流寇，实为政治上、社会上一切不安定、不和谐的最根本原因。回顾中国两千多年来的朝代兴亡历史，中国一直在治乱、分合中周而复始，除了外敌入侵，失地农民叛乱是最直接原因。每一个朝代初期，无不从土地分配入手，均田地，休养生息，安抚流民。但由于封建君主专制的内在缺陷，以及国家土地管理技术手段的匮乏，封建王朝对于中后期的土地兼并无能为力。在这一时期，土地法主要解决两个方面的问题，一是土地分配问题；二是土地税收问题。

随着工业社会的到来，人类掌握了力量、规模越来越强大的机器，人类两百年来创造的经济规模，比过去几千年还多得多。农业在国民经济中的比重大大降低，但工业化、城镇化大大加快了人类对土地利用的速度和强度，土地价值急剧提升，土地对于人类的重要性并没有降低反而更加提高。为了满足人类日益膨胀的欲望，人类开始掠夺性地开发自然资源。这一时期的土地问题发生了三个主要的变化：一是土地肥沃程度的重要性下降，土地区位和土地用途的重要性上升；二是大机械的掌握，使得人类对土地资源的破坏越来越大；三是土地利用的外部性越来越大，城市建设、工业开发，使得土地利用的正、负外部性问题突出。为了应对这种变化，土地法发生了三个突出变化：一是鼓励开发利用向规划与用途管制转变；二是土地权利由所有权绝对的个人本位向所有权限制的社会本位转变；三是土地收益的分配机制的核心由土地直接产出（农业税）分配向土地发展权分配转变。

二、土地法的发展规律

纵观人类发展历史，土地法的发展呈现出三条重要规律。

一是在土地分配问题上，平均地权的思想贯穿始终，在不同的时期，平均地权表现为不同的制度方式。中国古代，平均地权的思想主要通过“均田制”“授田制”体现出来，即国家根据人口和土地资源状况，公平授予每个农民一定面积的土地进行耕作。国家在公开制度层面反对土地兼并，但由于缺乏相应的管理手段，且对特权阶层无力约束，每个朝代初期实行的均田努力，最终都被土地兼并所破坏，最终导致社会的动荡与农民起义。民国时期，孙中山先生提出“规定地价、照价纳税、照价收买、涨价归公”的平均地权的思想，主要想通过经济手段实现土地的公平分配，但由于特权阶层的阻碍，这一思想在民国时期并未得以实现。新中国成立后，中国共产党实行了彻底的土地革命，没收地主阶级土地，并平均分配给农民，之后为避免再次出现土地兼并和剥削，开始了合作化、人民公社运动，将土地收归集体所有实行集体耕种。改革开放以后，在坚持集体所有的前提下，将土地平均承包给农民耕种。土地制度简史的回顾，我们可以发现，凡是实行平均地权的历史时期，社会整体上都呈现出和谐稳定的局面；相反，背离平均地权思想，社会就会产生矛盾，如不能有效调节，必将出现社会动荡。这一条规律，到目前为止仍然发挥着作用。

值得注意的是，在农业文明时期和农村社会，平均地权主要关注土地的实物分配，包括土地数量和土地肥沃程度。但随着城镇化、工业化的推进，决定土地价值的，不再是土地的肥沃程度，而是土地的区位和用途，这集中表现为土地发展权。因此，如何公平地分配土地发展权，是现代土地法平均地权思想关注的核心问题。

二是在土地利用问题上，人类生产力水平的进步与土地法管制程度呈现出反比例的“逆向调节”的规律。即随着生产力的发展，土地法对于人类土地利用行为由鼓励逐步转向限制，并逐步严格限制程度。在人类社会的早期，生产力极端低下而土地资源极大丰富，在整个农业文明时期，人类的耕种技术虽然取得了较大进步，但由于体力的局限性，人类对于土地的破坏依然很小。因此，工业文明之前，土地法一直都是大力鼓励土地人对于土地的开发利用，一般通过赋予所有权、减免赋税等方式来奖励农民的开荒垦殖。人类进入工业文明之后，蒸汽机的发明以及后来电力、内燃机的发明，人类掌握了成千上万倍于肌肉力量的能力，挥舞着强大而有力的机械，开垦土地、挖掘矿产、修建高楼、建设工厂，这些活动极大地改变了地球的自然生态系统。人类沉迷于自己征服自然的力量之中，茫然不知这种征服会带来大自然的报复。随着这些高强度开发利用活动带来的种种环境、社会问题的暴露，人类开始反思，土地法开始限制人类的土地开发利用活动，分区管制、环境影响评价、用途管制等种种措施被发明出来。

三是在个人利益与社会利益的优先问题上，土地法从个人本位优先逐步转向社会本位优先。在狩猎采集文明和农业文明时期，土地法鼓励个人积极开发利用土地。由于生产力低下，除了通行等相邻关系，个体土地利用之间几乎互不影响。土地法虽然也关注个人对共同体的义务，维护共同体的稳定，如共同体成员对于本族成员土地的优先购买权，但这种关注并没有及于整个社会。在资本主义早期，为了打破封建主义的束缚，资产阶级高举自由之大旗，建立了以所有权绝对和契约自由为核心的土地法律制度，同时，以手工工场为主的生产方式对土地的破坏也非常有限，负的外部性问题尚未凸显。因此，这一阶段的土地法以个人利益为本位，强调个人对于土地等财产的绝对权利。工业革命后，机械化大生产逐步确立，自由资本主义在一百年左右的时间内迅速过渡到垄断资本主义，土地利用的负外部性日益突出，市场主体的力量对比发生巨大变化，变得不再平等。与“逆向调节”规律同步，土地法从个人本位优先逐步转向社会本位优先，财产权绝对的观念逐渐被财产权限制的观念所取代，强调起点平等的契约自由的观念逐渐吸纳结果平等的要求。

土地法发展的上述规律，究其内在原因，推动土地法发展的动力来源于土地与土地人公私对立统一的矛盾，这种公私对立统一具体表现为人地关系失调的矛盾，主要表现为两个方面：一是不断增长的人口及占有土地欲望（私）与有限的土地资源（公）之间的矛盾，这一矛盾决定了土地分配制度的发展；换句话说，土地是全体人民共同需要的基本资源，但同时又容易被那些处于优势地位的社会阶层所独占，这种矛盾决定了必须设计出平均地权的土地制度限制土地私有。二是人类日益增长的土地利用能力（私）与有限的土地承载能力（公）之间的矛盾，这一矛盾决定了土地利用制度的发展。

三、中国土地问题的特殊性与土地法研究的出发点

中国土地问题的特殊性是研究中国土地法最重要的出发点。具体表现为三个方面：一是土地所有制的特殊性。宪法确定了土地国家所有和集体所有的土地公有制，这是土地法研究的底线。突破这一底线的改革和建议，在实践中不可能得到采纳。二是当前发展阶段的特殊性。中国正处在社会转型的特殊时期，工业化、城镇化加速推进，经济体制和政府管理方式正在朝着完善的市场经济体制和建设法治政府转变的过程中，土地法研究要努力与这个进程相协调。三是土地属性及土地国情的特殊性。一方面，土

地作为重要的生产要素，需要遵循市场经济的一般规则；另一方面，土地具有不可再生性、公共性和社会性，在利用市场机制配置土地资源时，还必须考虑公平、社会稳定等公共政策问题。土地法不仅要考虑私法保护，还要考虑公法管制。同时，中国人多地少、分布不均的基本国情，决定了土地供应与粮食安全、工业化、城镇化、生态保护之间存在巨大的缺口，是一个紧约束关系，并且这种矛盾越来越突出。土地法研究必须紧紧围绕这一国情展开。

第五节 土地法的调整对象与特点

一、土地法的调整对象：土地利用关系

长期以来，我国土地法曾集中精力于土地所有权的分配和保护。在社会主义革命、改造和探索时期，土地问题主要是政治问题，不论土地农民私有还是交归合作社统一使用，到“三级所有、队为基础”集体所有制，都有着深刻的阶级斗争和政治革命的时代烙印。相当长的时间里中国基本上注重所有权，不太注重土地所有权之外的权利，因为当时的中国革命问题主要是解决土地所有制的问题。计划经济的局限性也使人们长期以来没有意识到市场交易的必要性和深刻影响。改革开放后，土地作为生产资料的经济功能日益凸显。单纯固定所有者的物权保护方式已经不能适应现代经济社会化、高效化的物权使用要求。实际上，在任何制度下，利用是财产价值实现的唯一途径。从实质意义上考察，所有权的归属意义也不单纯为归属本身，而在于对物的使用，即“因利用而归属”。失去利用的终极目的，归属便无任何意义，而归属只是财产利用在历史阶段中的特殊表现。

从归属到利用，是近代物权观念向现代物权观念演进的重要标志。在现代社会，表征归属的所有权绝对自由的观念遭到“扬弃”，法学理论更为重视对表征利用的使用权的保护。正如梁慧星教授所言，为了实现“土地所有权的现代化”理想和保护土地的利用者，资本主义法遂对用益权予以保护，并赋予用益权以对抗土地所有权的效力，其结果使土地所有权成为土地用益权的侍女。这种为了适应资本的运动法则并促进土地有效利用，而强化土地利用权，以求得地尽其力的现象，民法史上称为“土地所有权向土地用益权之让步”。

现阶段，我国正面临着传统大陆法系同样的困境，即以土地归属构筑了阻碍互相利用的藩篱。我国现代土地法应以调整土地利用关系为核心，集中精力于促进资源的有效配置和充分利用。因此，我们认为，土地法是调整人类在土地利用过程中形成的各种社会关系的总和，土地利用行为是土地法的调整对象。

1. 土地法的历史始终围绕人类的土地利用行为展开。没有人类的利用活动，土地只是单纯的物体。当人类在生活、生产实践中发生了土地买卖关系，就出现了土地所有权制度。当土地所有者想保留所有权而给他人使用土地时，就出现了使用权与所有权的分离，产生了地上权。之后，对相邻地块的通行、排水等地役权也出现了，于是土地产权体系逐步建立和发展起来了。土地权利的主干形成之后，其他土地权利（如攀登权、观光权、放牧权、渔业权等准物权）也逐渐丰富起来，各种权利形成了一个权利树。人类土地权利的形成过程就是人类土地利用的进展过程，土地利用的强度越大，土地产权体系就越细。人类开始城市化和工业化进程后，土地利用中出现了公共利益问题、环境保护问题、用地规划问题和农地保护问题，现代土地法也随之形成了。

2. 土地利用行为是现代土地法的核心。综观各国土地法，有的有成文法，有的则散落在各个法律条文中（如规划法、登记法、物权法等），但都是围绕土地利用行为展开的，在这个基础上才会有一系列鼓励和规范人类土地利用行为的规定。

3. 土地利用行为是土地法区别于其他法律的重要标志。土地问题比较复杂，涉及宪法、物权法等多部法律，是否以人类土地利用行为为调整对象就成为界定土地法的标准。在人类利用土地上，主体是人类，对象是土地，客体是人类利用土地中形成的社会关系。依附在土地利用行为上有三层关系：一是人人关系，土地所有和分配关系，主要体现在物权法、民法、土地税法上；二是人地关系，主要是人类利用土地的基本规则，比如是充分利用土地还是保护土地等；三是私法权利和政府管制的关系，人类在土地利用过程中逐渐引入了政府管制的措施，个人私权和政府管制之间形成了一种新型关系。

二、土地法的特点

（一）社会自然双重关系的结合

土地法调整的土地利用关系有两个层次。

第一层次是人地关系，人地关系在土地法中的作用主要是解决立法目标和立法价值问题，这是土地法中最优先解决的问题和最高目标。土地法律制度经历了从鼓励充分利用到限制利用的漫长过程。早期，人们认为土地是财富之母，所有的法律制度都是鼓励充分利用土地资源，物权制度、准物权制度和交易制度都是围绕充分利用土地创造财富这个核心进行的。到了现代，在鼓励充分利用的基础上，开始出现保护耕地和限制城市用地，20 世纪 70 年代后又提出生态保护，这个限制土地利用的进程到现在还没有结束。比如，荷兰围海造田已经有几百年的历史，20 世纪 70 年代之后把生态保护放在首位，就开始退田还海。工业化城市化带来的土地过度利用和环境问题深化了人类对土地利用的认识，永续利用成为土地法的最高价值。

现阶段我国土地法的总体立法目标是保护耕地，全部制度设计都围绕这个中心展开。但我国目前处在农地保护向生态保护过渡阶段，总体上的国家战略政策还是要保证现代化城市化进程，鼓励推进对土地的充分利用。这就造成了立法思想上保发展和保资源的两难困境，这可以说是制度设计的缺陷。既然工业化和城市化发展进程在现阶段是不可逆转的，土地制度目标的设计应当是反周期的，就是防止工业化城市化进程中侵占农地，这样才有法律管制的必要，否则放任实行土地完全自由利用，土地法的制定也就没有意义了。

第二层次是人人关系，即土地利用过程中发生的人与人之间的相互关系。土地利用中的人人关系主要是交换分配关系，这是土地法律制度最古老、最基本的制度，其调整经历了两大转变。

一是单一的所有权保护向多层次多体系的权利保护转变。我国过去只是强调保护所有权，所有权有绝对的中心地位，随着人类土地利用进程的演进，对在所有权基础上形成的用益物权和准物权的保护更为具体。比如宪法规定城市土地归国家所有，但国家所有权没有行使主体，1998 年修订《土地管理法》提出由国务院代表国家行使国有土地所有权，但土地实际的控制权在市县政府，造成了行政管理中法律规定和实践操作的脱节。所以在收取新增建设用地有偿使用费时，规定中央和地方政府土地出让收益的分配比例，就是在一定程度上体现国家的土地所有者权利。从土地交换分配关系来看，单一的所有制主体是不能建立交换关系的，只是具有分配关系，市场经济要求产权主体多元化才能进行交易，所以西方认为公有制和市场经济不能对接。我国提出要发展社会主义市场经济，实行企业所有权（后演进为法人财产权）和经营权的分离，我们对土地制度也提出类似的改革，提出了土地所有权和使用权分离。宪法规定了土地不能买卖、出租，意味着土地所有权不能转移，但土地使用权是可以转移的，我们用自己的方法解决了这个难题。其实，我国土地使用权的含义就类似于罗马法中的地上权。另一方面，多层次多体系的物权体系在我国还未完全建立。我国处在所有权保护还不成熟的阶段，特别是对集体土地所有权的保护不充分，动摇了中国历史上形成的最基本的集体土地所有权制度。例如，原来有“三级所有、队为基础”集体土地所有制度，但现在的法律、文件中基本没有队（村民小组）这级权利主体了。尽管我国已经出台了《物权法》，但是多层次多体系的物权体系始终还未形成。

二是利益分配从完全的所有者权益向所有者与社会共享转变。土地权益分配早期基本是围绕土地权利人展开的，有多少权利就有多少权益。近代特别是 20 世纪 30 年代以后，在法理层面发生了重大变革，所有者权利受到限制，主要表现是所有者权利不是绝对的，在土地上表现最充分的就是土地增值收益的归属。从世界范围看，增值收益普遍归国家所有，这是亚当·斯密时期已经解决的问题。比如在欧洲，土地用途改变很少有争论，将农地变成建设用地的过程中，增值收益通过税收来调节分配，整个社会利益处于平衡的状态，并由此产生了调节收益分配关系的法律，比如土地税法、土地登记法。

（二）公法和私法的结合

公法和私法是现代法律体系的基本分类。德国学者基尔克说："公法和私法的区别，是今日整个法律秩序的基础。"私法是调整平等主体之间关系的，主要是民法、商法；公法调整权力关系，是自上而下的管理和被管理的关系。在传统法治国家，私法领域以意思自治为最高原则和精髓，不主张国家公权力的介入，如合同关系、婚姻关系。20世纪之后，随着城市化工业化进程的加快，社会关系复杂程度提高，相互之间的影响也更为深远，某些私人的自由意志妨害了公共利益，为了寻求个人利益和社会利益之间的平衡点，国家公权力开始介入私法领域，这就是所谓的西方国家私法公法化的道路。

在我国，土地法是公法和私法的结合，"土地权利 = 私法权利 + 公法管制"的公式阐明了当代资源立法发展中公私法结合的重大趋势。从历史看，在计划经济时期，受到苏联法律体系的影响，我国一直强调政府管制的，很长时间不承认公法和私法的划分。20世纪90年代，伴随市场经济的发展才开始有了对公私法划分的系统研究和讨论。我国现行的土地法体系中最主要的是土地管理法，主要规定政府部门的权利设定和行使，只有《宪法》《物权法》中散见一些关于土地权利的概括规定。解决我国目前土地立法中公私法失衡问题，就是正确处理土地行政管理法规和土地民事法规的关系，走公法私法化的道路。当前，要解决耕地保护、土地资源的可持续利用等一些重大的问题，除必须依靠政府行政权力的行使和行政管理活动外，还可以通过合理地构建土地物权及其流通的私法关系，调动广大开发利用土地资源的单位和个人的积极性。成熟的土地法体系应当既包括国家权力对土地的配置和管理，如地籍、土地登记、土地税收、土地权利限制等；也包括对公民、法人和其他组织土地财产权的确立和保护，如地权设定及划分、共有物之处分、土地流转的规定等。

在现代社会立法兼顾自治与管制目标的背景下，公法和私法呈现融合的趋势。但融合并不是完全一致，也不能否认公法和私法的基本界限，这就是立法上需要解决的公法和私法的衔接问题。公私法的衔接问题最典型地发生在行政法和民法领域，比如，在土地立法中，立法者在构建市场交易规则时，必须同时考虑到土地的“准公共物品”特性，建立国家的监督和管制机制，实现自治和管制两种目标在立法技术上的接轨。尽管人们对公私法衔接的目标是赞同的，但是立法技术上的衔接并不总是有效，特别是在公私法的目标冲突比较激烈时如何平衡两者之间的关系，需要做进一步的细化分析。如前所述，我国的土地法体系以作为行政法规的土地管理法为核心的，当土地民事法规的规定与行政法规发生冲突时，产生了类似于刑法研究中的“法律竞合”问题。《民法通则》《物权法》中关于土地权利的规定相当于土地法体系中的“一般法”，土地管理法相当于土地法体系的“特殊法”。按照特殊法优于一般法的原则，在法律适用总出现法律竞合时，要适用特殊法，才能符合立法者制定特殊法的本意。

（三）权利义务一体化

什么是权利，什么是义务？

权利和义务是相对的。霍布豪斯曾经这样写道：“同一种权益，对于应得者便叫作权利；对于应付者则叫作义务。”权利与义务相分离，是一切私有制社会所共有的特征。不过，这种分离的性质与程度在奴隶制社会、封建制社会和资本主义社会里又有很大区别。它随着人类社会的不断进步而不断改变自己的形态。权利与义务由完全分离逐步走向统一，是人类社会文明不断发展与提高的一个重要标志。[①]

在现代社会，权利和义务越来越不可分割。马克思说，没有无义务的权利，也没有无权利的义务。权利和义务的辩证统一存在不同的情形：（1）对某一主体是权利，对相对主体就是义务（承担不侵犯权利主体权利的义务）；（2）主体享有某些权利，相应地承担某些义务，比如国家保障公民的安全，公民有纳税、服兵役等义务；（3）在某些特定情形下，主体享有的权利同时也是他应尽的义务，比如我国宪法规定的公民的劳动权、受教育权，同时也是公民的义务。

土地法中的权利义务具有特殊性，土地权利既不是完全的财产权也不是完全的社会权，它同时兼具权利内容和义务内容。最典型的是土地的使用权，如果将其视为完全的财产权，则土地可以依照使用者的意志自由支配，自主地占有、使用。但现实的情况是，土地的"准公共物品"属性和土地利用的社会性决定了国家要设定土地使用的条件（如规定用途、容积率等），并且使用者有按照国家规定的条件使用的义务。不仅不按规定条件使用土地是违法的，不使用土地（闲置）也是违法的。所以，土地使用权并不是单纯的财产权利，可以同时视为附具了特定的义务，具有权利义务一体化的属性。

（四）实体法兼程序法

实体法和程序法的划分从来都不是绝对的。实体法确定权利义务关系，程序法制定实现权利义务关系的规则、方式。正如马克思曾经指出的："审判程序和法两者的关系如此密切，就像植物的外形和植物的联系，动物的外形和血肉的联系一样。审判程序和法律应该具有同样的精神，因为审判程序只是法律的生命形式，因而也是法律内在生命的表现。"土地法

---

① 李步云、杨松才：《权利与义务的辩证统一》，载《广东社会科学》2003 年第 4 期。

体系不仅应包括土地利用主体有关权利义务的规定，也要有土地权利行使的程序性规定，而且两者往往体现在同一部法律之中。土地法体系中实体性的规定为多，贯穿了土地权利确定、取得、处分的全过程以及土地管理的各个阶段；程序性的规定在各部法律中均有涉及，主要集中在土地规划编制和修改、农用地转用审批、土地征收、土地登记等方面。

第六节 | 土地法的价值目标

价值，在哲学上表征的是客体对于主体的有用性。价值目标是法的灵魂，是用来评价法律对于人类意义的基本标准。我们认为，土地法的价值目标包括四个方面：公平、效率、可持续与秩序。

一、土地的公平利用

正义是法的核心价值，是法的实质和宗旨，社会正义“包括两个基本方面：首先是社会各种资源、社会合作的利益和负担的分配方面的正义；其次是社会争端和冲突的解决方面的正义。前者可谓实体正义，后者可谓形式正义或诉讼正义”[①]。公平关注的是法的分配正义问题。根据分配基础的不同，公平主要分为起点公平、结果公平、以起点公平为基础兼顾结果公平。

起点公平原则又称为机会公平原则，反对按照个人的社会等级身份和血缘来分配基本权利和义务，强调每个人应站在同一起跑线上自由竞争，根据个人的能力大小和努力程度来进行分配。这一原则认为，任何基于社会出生、家庭背景、血缘关系等社会偶然因素进行社会分配的制度安排都不具有正当性，人们应当在机会公平基础上通过个人天赋和努力来获得社会分配的较大份额。亨利·梅因所讲的“身份到契约的运动”，在本质上就是破除封建特权，建立自由竞争的起点公平制度。起点公平对于个人能力形成强大的激励，是保证社会效率的重要推进器。当然，机会公平并不

① 张文显：《法哲学范畴研究》，中国政法大学出版社 2001 年版，第 203 页。

完全是为了基于效率，而是因为如果机会不公平开放，那些被排除在外的人们就会认为自己受到了不公正待遇，即使他们可能并不能取得成功。然而，由于个人能力的先天差异，起点公平必然导致结果的不平等。这种结果的不平等又会因为家庭、教育等因素进一步放大，形成贫富悬殊、两极分化。起点公平反对的封建特权，会演变成另一种特权——经济特权。

结果公平原则，强调结果的无差别平等，不仅反对封建特权带来的身份不平等，也反对因为起点公平带来的结果不平等。有人下决心要消除这种社会的痼疾。首先是解决贫富不均的问题。由于受生产力的限制，不可能让穷人立刻变富，消灭差距只能是消灭富人，强行瓜分他们的财产，甚至剥夺他们的生命，以抵偿过去的罪过，其结果必然造就一个贫穷的社会。因此，过分强调结果公平，将重创个人的奋斗与努力，禁锢社会发展的活力，更为重要的是可能造成对个人自由和权利的极大伤害。

以起点公平为基础兼顾结果公平，首先强调起点的公平平等，反对任何形式的特权限制，以激发社会活力；同时，对于起点公平导致的结果不平等，实行某种程度的再分配，以保证处于社会分配最不利境地的个体，也能过上有尊严的生活。“要想维持每一社会成员的尊严，必须有一种起码的生存条件——最低限度的营养水平、医疗保健和其他生活必需品。饥饿与尊严不相容。”[①] 以起点公平为基础兼顾结果公平原则，是资本主义在总结数百年的社会矛盾和阶级冲突中总结出来的社会分配原则，具体办法是完善社会基本保障制度。这一原则，罗尔斯在《正义论》中从纯理论的角度给予了证明。

罗尔斯认为，人类不可能仅靠自己的努力而独自生存，必须进行社会合作，构建一个人类联合体来共同生活。人类的社会合作会产生更多的利益，每个人都喜欢在这个利益蛋糕中分享更大的份额，这样就产生了利益

① ［美］阿瑟·奥肯：《平等与效率》，王忠民、黄清译，四川人民出版社 1988 年版，第 21 页。

的冲突，需要一系列原则来指导利益的分配。这些所需要的原则就是社会正义的原则，用来构建基本的社会制度以对各种基本权利（利益）和义务（负担）进行适当的分配（即分配正义问题）。但是，每个人因为家庭出生、天赋、教育背景、阶级地位、就业等各种先天或者后天因素的不同，会有不同的正义观和利益诉求，很难对利益分配达成共识。因此，罗尔斯通过引入“无知之幕”的概念来界定一个平等的“原初状态”，并通过假想人类共同体在原初状态下理性地订立社会契约（即契约论的论证进路，而不是目的论的论证进路），来决定分配正义的基本原则。罗尔斯认为，在“无知之幕”和“最大最小值规则”的作用下，人们会排除功利主义、平均主义、自由主义、利己主义、至善论、直觉主义等正义原则，而选择这样两个原则作为正义的基本原则：第一原则：平等的自由原则。这一原则用于确定和保障公民的基本权利。罗尔斯认为，每个人平等地拥有最基本的自由权利，包括政治自由（选举和被选举的权利）及言论和集会自由、良心的自由和思想的自由、依法不受任意逮捕和剥夺财产的自由，等等。这些基本的自由权利不得因为任何他人的利益和社会功利目的被侵害或者交换。第二原则：机会公平与差别原则。这一原则用于处理收入、财富、权力、公职等的分配问题。罗尔斯认为，一个正义的社会也可能出现社会的和经济的不平等，但必须是在满足机会公平和差别原则前提下的不平等才能被认为是正义的：一是机会公平原则，即获取社会地位、公共职务、财富等的机会必须公平地向所有人开放。二是差别原则，即任何不平等的利益分配都要符合最少受惠者的最大利益，或者说最好的最坏结果。该原则要求一个正义的社会应当对弱者（最少受惠者）进行适当倾斜和照顾。在罗尔斯看来，对弱者进行倾斜和照顾的原因，一方面是因为在家庭制存在的情况下，根本无法完全排除社会因素对分配的影响，机会公平原则只能不完全地实行，自然能力的发展和取得成果的范围受到各种社会条件和阶级乃至家庭幸福的影响。因此，“保障那些具有同样天资的人在受教育和取得成功方面的机会平等在实践上是不可能的”。另一方面，更为关键的是，罗尔斯认为自然资质是遗传基因的随机选择的结果，“允许分配份额由自然抓阄的结果决定，从道德观点看同样是任意的、非常任性专横的。正如没有理由允许通过历史和社会的机会来确定收入和财富分配一样，也没有理由让天资的自然分配来确定这种分配”。他强调，要平等地把每一个人看作一个道德人来对待，绝不可根据人们的社会或者自然运气来衡量他们在社会合作中利益和负担的份额。

土地是人类最基本的生产和生活资料，如何公平地分配有限的土地资源，不仅直接关系个人的生存与发展，更关系到国家的长治久安。我们认为，公平正义在土地法的价值目标中主要表现为两个方面。

一是在实体标准上坚持平均地权的原则。平均地权的概念由孙中山先生所创，其在《中国同盟会革命方略》中阐述了“平均地权”的含义：“当改良社会经济组织，核定天下地价。其现有之地价，仍属原主所有；其革命后社会改良进步之增价，则归于国家，为国民所共享。”规定地价、照价课税、照价收买、涨价归公是孙中山平均地权思想的四大支柱。平均地权概念可以在更广泛的意义上来表征土地法的公平价值：第一，土地资源本身的分配要公平，保障最广大人民群众，特别是农民基本的生活需要。在以农业为主的发展阶段，这一思想要求扶持自耕农，限制土地私有与兼并。第二，土地收益的分配要公平，社会进步、经济发展带来的土地增值收益，要为国民所共享。这一要求在工业化、城镇化阶段尤为突出。

二是在程序问题上坚持程序公正的原则。程序公正是罗尔斯正义思想的重要组成部分。根据与实体正义标准关系的不同，罗尔斯将程序正义分为纯粹的程序正义、完善的程序正义和不完善的程序正义。其中，纯粹的程序正义是指一切取决于程序要件的满足，不存在关于结果正当与否的任何标准的情况。完善的程序正义是指在程序之外存在着决定结果是否合乎正义的某种标准，且同时也存在着使满足这个标准的结果得以实现的程序这样的情况。不完善的程序正义是指虽然在程序之外存在着衡量什么是正义的客观标准，但是百分之百地使满足这个标准的结果得以实现的程序却不存在。对于土地问题而言，程序公正属于完善的程序正义范畴，其核心要求是在土地增值收益分配、土地征收、国有土地使用权出让等问题上，必须关注程序的正当性。

二、土地的有效利用

效率的基本含义是指“从一个给定的投入量获得最大的产出，即以最少的资源消耗取得同样的效果，或者以同样的资源消耗量取得最大的效果。……说一个社会是有效率的，就是说它能够以同样的投入取得比别的社会更多的有用产品、财富和价值”①。效率是社会的美德之一，是社会发展的重要价值目标，也是法的重要价值目标。经济分析法学派甚至将效率作为法的唯一价值目标。公平和效率通常被认为是一对矛盾，效率优先、兼顾公平被认为是最佳的社会分配原则。事实上，“效率优先、兼顾公平”中的公平，指的仅仅是结果公平。起点公平本身和效率优先是相容的，也只有建立在起点公平基础上的效率优先，才具有正当性。法律主要通过以下几个方面促进效率。

一是确认和维护人权，保障每个经济主体享有公平参与市场竞争的机会和权利，调动生产者的积极性，促进生产力的进步。二是建立完善产权制度，承认并保障人们的物质利益，从而鼓励人们为追求物质利益，占有、使用和转让财产。追求物质利益，是人类社会经济增长的原动力和发动机。三是完善市场机制，建立有效的经济运行模式，让资源能够从低效益利用向高效益利用流转，降低交易费用。交易费用是新制度经济学的核心概念，指的是生产以外的所有费用，是经济制度的运行费用，包括信息费用（发现交易对象、产品质量、交易价格、市场行情等的费用），测量、界定和保护产权的费用，谈判费用，执行合约的费用，监督违约行为维护交易秩

① 张文显：《法哲学范畴研究》，中国政法大学出版社 2001 年版，第 213 页。

序的费用，以及风险的费用等。交易费用类似于物理学中的摩擦力，交易费用越高，经济运行的阻力越大，一个有效率的经济制度，就是要围绕降低交易费用展开。

为了人类社会更好的发展，土地的分配、利用不仅要考虑公平价值，也需要效率。土地法的效率价值，就是要促进土地的有效利用，实现地尽其利。孙中山先生高度重视土地的有效利用，其在《上李鸿章书》中指出："人能尽其才，地能尽其利，物能尽其用，货能畅其流，此四事者，富强之大经，治国之大本也。"所谓地尽其利，就是对土地为最充分、最有效、最经济、最合理之利用，以实现土地利用收益的最大化。土地法主要通过以下方式，促进土地的有效利用。

一是明确产权，提供有效激励。通过土地人作为经济人的假设，我们看到，只有在明确的产权制度下，土地人的积极性才有可能被激发。但值得注意的是，并不是所有清晰的产权结构，都能促进效率。一方面，土地产权结构的设置，必须与生产力发展水平相适应，方能够有效激发权利主体的劳动积极性和创造性。例如，在农业文明时期，扶持自耕农的产权结构，能够有效促进生产。但同样是产权明晰的大地主土地私有制，由于生产力低下，拥有众多土地的地主并不能进行规模化经营，仍然需要将土地租佃给佃农进行耕作，本质上与自耕农的生产方式完全相同，依然属于小农经济的范畴，只是比自耕农多了一道剥削关系。这种剥削关系如果过于沉重，将会阻碍生产活力。另一方面，土地作为生产的基本单元，过分细分也将对生产构成阻碍，不少国家的法律明确规定了土地的长子继承制或者最小土地登记单元制度，就是为了避免土地的过分细分。

二是完善市场，降低交易费用。随着社会主义市场经济的逐步确立，土地作为最重要的经济要素，必然出现大量的流转。政府需要完善土地市场各个环节的制度。例如，建立完善不动产统一登记制度，保障交易安全；建立城乡统一的建设用地市场，降低获取信息的成本；建立完善信用评价机制，降低合约监督执行成本；等等。

三是科学规划，实现节约集约。在使用土地的方式上，要科学规划，优化布局，严格用地标准，加强土地整治，提高单位土地的产出，实现节约集约高效利用。

四是遏制投机，防止圈而不用。土地具有巨大的财富价值，最容易成为投机的标的物。土地囤而不用，将对社会经济的发展造成巨大破坏。因此，土地制度安排必须能够有效遏制投机行为，防止出现圈而不用的现象。对闲置土地采取没收或者征收闲置税的方式，杜绝各种浪费土地的行为。

五是征收土地，满足公益需要。一个国家和地区要发展，需要开展大量的公益性建设活动。土地是一切建设活动的基础，如果不能获得土地，公益建设将无从开展。因此，能否获得必要的公益建设用地，是土地能否有效利用的重要方面。为了满足公共利益的需要，世界各国普遍建立了土地征收制度。其本质都是在无法自愿有偿达成交易的情况下，国家动用公共权力，在公平补偿并经正当程序之后，强制性地取得满足公共利益所需要的土地。

三、土地的永续利用

到 20 世纪中叶，随着大量开发利用自然资源所造成的环境破坏问题不断扩大，并且成为影响人类社会和经济发展的“人类困境”，为此，“可持续发展”思想逐渐开始进入人类的视野。1972 年罗马俱乐部发布《增长的极限》报告，指出人类社会的发展由人口激增、加速发展的工业生产、农业生产、资源消耗和环境恶化五种相互制约的因素构成。这五种趋势都按一定的指数增长，人类社会这五种增长趋势的启动因素是人口的增长。人口增长要求提供更多的粮食和工业品，进而是耕地和工业生产量也以指数增长，工业增长使资源的消耗量越来越大，排入环境的废弃物也越来越多。它们是人口增长和工业增长的双重产物，因而其增长速度比人口和工业生产更快。通过模拟计算，这五种增长趋势到 21 世纪会达到极限。

由于人类与环境系统存在着发展的无限性和地球的有限性这一基本矛盾，如果增长不停止而达到极限时，便会导致全球性危机及人类社会的突然瓦解。《增长的极限》发表后引起广泛、热烈的讨论，人类开始反思经济增长的边界。同年，斯德哥尔摩联合国人类环境大会发布《人类环境宣言》，指出："为这一代和将来的世世代代保护和改善人类环境，已成为人类一个紧迫的目标，这个目标将同争取和平和全世界的经济与社会发展这两个既定的基本目标共同和协调地实现。"该宣言已经暗含了可持续发展的基本思想，可持续发展思想作为一项新的发展战略开始慢慢浮现。

1987年，布伦特兰夫人发布《我们共同的未来》的报告，首次明确提出了可持续发展的战略，提出保护环境的根本目的在于确保人类的持续存在和持续发展，标志着一种新发展观的诞生。该报告将"可持续发展"定义为："既满足当代人的需求，又不对后代人满足其自身需求的能力构成危害的发展"，这一定义提出后在世界范围内得到了广泛的传播和接受，而这份文件也在1987年联合国第42届大会上获得通过，成为环境保护领域新发展战略的里程碑。《我们的共同未来》提出的"可持续发展"思想，实际上既肯定和吸收了《增长的极限》中的合理论点，又修正了它的"零增长"的观点，要求把经济增长建立在生态平衡的基础上，使发展和环境得到协调，从而保持长期的、持续的发展。

1992年，在巴西里约热内卢召开的联合国环境与发展会议通过了《关于环境与发展的里约热内卢宣言》(也称地球宪章)、《21世纪议程》和《关于森林问题的原则声明》3项文件。《关于环境与发展的里约热内卢宣言》是关于环境、经济和可持续发展的宣言，宣言提出了实现可持续发展的27条基本原则。

可持续发展理论的提出，给人类如何平衡"经济发展与环境保护"提供了一条可行的道路。土地作为基础性的环境要素，在可持续发展战略中具有重要地位，是国民经济和社会可持续发展的重要内容。土地的可持续利用被称为"永续利用"，指的是在土地的供应与需求之间应当持续平衡，既要满足当代人社会发展的需要，又要为后代子孙的生存、发展留下良好的空间，使土地的产出能够世世代代，生生不息。土地的永续利用与有效利用是既有联系，又有区别的两个价值目标。永续利用关注土地利用的代际公平，强调土地利用要顾及后代人；有效利用更多的是关注当代。在排除对土地的掠夺性开发利用外，土地的有效利用与永续利用是相容的。

土地法主要通过以下制度实现土地的永续利用：一是建设用地总量控制与耕地占补平衡。二是土地整治，包括土地整理、复垦、开发，修复损毁土地与生态系统。三是退耕还林、退牧还草。此外，还有大量环境保护方面的制度措施，也有利于实现土地的永续利用，如自然保护区、地下水保护、农药管理、环境影响评价、污染治理等。

四、土地的有序利用

秩序的存在是人类一切活动的必要前提。不同的阶级、群体，对于秩序的理解和诉求有所不同，但秩序“总是意味着某种程度的关系的稳定性、结构的一致性、行为的规则性、进程的连续性、事件的可预测性以及人身财产的安全性。用英国社会学家科恩的话说，秩序的主要意义和规定性是：第一，秩序与社会生活中存在一定的限制、禁止、控制有关。第二，它表明在社会生活中存在一种相互性：每个人的行为不是偶然的和杂乱的，而是相互回答或补充他人的行为的。第三，它在社会生活中捕捉预言的因素和重复的因素：人们只有在他们知道彼此期待的情况下，才能在社会上进行活动。第四，它能够表示社会生活各组成部分的某种一致性和不矛盾性。第五，它表示社会生活的某种稳定性，即在某种程度上长期保持它的形式。秩序的核心是安全”[①]。博登海默也认为，秩序“意指在自然进程和社会进

① 张文显：《法哲学范畴研究》，中国政法大学出版社 2001 年版，第 197 页。

程中都存在某种程度的一致性、连续性和确定性”[①]。

秩序与无序或者脱序是相对的，意味着偶然的、不可预测、不可控制的因素侵入了社会生活之中，从而使得人们失去了信心和安全感。当无序或者脱序状态发生或者将要发生，人类需要采取措施去保护和修复受到破坏的秩序时，法律正是首要的手段。法对于维护秩序的主要作用表现在：一是建立和维护社会生活秩序，为人身提供安全保障，明确社会成员之间的权利和义务边界，用文明的诉讼程序取代野蛮的暴力复仇；二是建立和维护社会生产和交换秩序，保护财产权，并为生产和交换的正常进行提供保障；三是建立和维护权力运行秩序，让掌握权力的主体在法律的框架下运作，防止权力异化，控制腐败与寻租。

秩序也是土地法的重要价值目标，我们称之为“有序利用”。土地的有序利用，一方面意味着人类能够在安全的社会环境中利用土地；另一方面，意味着土地法所确立的限制、禁止性规则能够得到实施，违反者将受到惩罚。具体而言，土地法通过以下制度安排，来实现土地的有序利用。

一是保护产权。产权保护具有多重意义，既能够促进土地的有效利用，也是土地有序利用的基础。保护产权，就是要实现社会财产秩序的稳定，保证土地权利人享有免于恐惧的自由，使其相信经过奋斗获得的土地财产，不会被其他人所抢夺、强占。这种对于土地财产的安全感，是土地有序利用的基本前提。

二是规划管控。除了财产安全之外，土地利用符合规划管控要求，也是土地有序利用的重要内容。人类利用土地的形式非常多样，满足了人类不同的需要。各种利用方式和功能之间可能存在冲突，为了调节这些冲突，使土地利用更加整齐、和谐、美观，更加符合生态环境保护的要求，需要对土地利用进行科学的规划。没有规划的土地利用，将显得杂乱无章、混

① ［美］E. 博登海默：《法理学——法律哲学与法律方法》，邓正来译，中国政法大学出版社 1999 年版，第 219 页。

乱不堪、功能不全。因此，规划管控不仅可以促进土地利用的效率和可持续，首要的更是确保土地的有序利用。

三是惩处违法。要实现土地的有序利用，总意味着存在某种强制性规则。无序的利用，必然是在某种程度上违反了这些强制性规则。国家建立土地督察、执法检查机制，就是通过发现并严惩违法，来修复土地利用的秩序，实现有序利用。

第二章

土地权利与土地登记

第一节 土地权利

一、《土地管理法》等法律确立的土地权利体系

《土地管理法》等法律确立的是"土地所有权—土地使用权—土地他项权利"土地权利体系。

（一）土地所有权

我国《宪法》第 10 条第 1 款规定"城市的土地属于国家所有"，明确了国家所有土地的范围；第 2 款规定"农村和城市郊区的土地，除由法律规定属于国家所有的以外，属于集体所有；宅基地和自留地、自留山，也属于集体所有"，明确了集体所有土地的范围。《土地管理法》不仅第 8 条对此予以重申，并且第 2 条第 1 款明确规定我国实行土地的社会主义公有制，即全民所有制和劳动群众集体所有制。根据上述规定，土地所有权包括国家所有权和集体所有权两种。关于国家土地所有权，根据《土地管理法》第 2 条第 2 款的规定，国务院是国家土地所有权的行使代表，在具体行使上可由国务院直接行使或委托地方人民政府行使。关于集体土地，主要是"三级所有，队为基础"，分为三类集体土地所有权，即乡镇农民集体土地所有权、村农民集体土地所有权、村民小组农民集体土地所有权，关于集体土地所有权的行使，《土地管理法》第 10 条规定："农民集体所有的土地依法属于村农民集体所有的，由村集体经济组织或者村民委员会经营、管理；已经分别属于村内两个以上农村集体经济组织的农民集体所有的，由村内各该农村集体经济组织或者村民小组经营、管理；已经属于乡（镇）农民集体所有的，由乡（镇）农村集体经济组织经

营、管理。”

（二）土地使用权

《土地管理法》第 9 条规定：“国有土地和农民集体所有的土地，可以依法确定给单位或者个人使用。……”《草原法》《森林法》等法律也有相关规定。一般认为，土地使用权是所有权派生出来的权利，从这个意义来说，土地使用权属于土地权利体系的第二级。根据土地使用权来源的所有权人不同，土地使用权分为国有土地使用权和集体土地使用权。

1. 国有土地使用权

1979 年《中外合资经营企业法》第 5 条第 3 款对场地使用权做出了规定，国有土地上的使用权第一次得到确认。1987 年 12 月 1 日，深圳市人民政府在深圳会堂敲响了我国土地公开拍卖第一槌，正式揭开了我国土地管理体制重大改革的序幕。这“石破天惊”的一槌，为我国土地使用制度改革铺开了道路，1988 年《宪法》因此修改了相关条款，规定“土地的使用权可以依照法律的规定转让”，为国有土地使用权提供了宪法依据。1988 年《土地管理法》的修改和 1990 年《城镇国有土地使用权出让和转让暂行条例》（国务院令第 55 号）的颁布施行，进一步细化了我国国有土地使用权的基本制度。国有土地使用权按照用途可以分为国有建设用地使用权和国有农用地使用权［《土地登记办法》（国土资源部令第 40 号，已失效）第 2 条第 2 款］。

（1）国有建设用地使用权

国有建设用地使用权按照取得方式分为出让国有土地使用权、划拨国有土地使用权、租赁国有土地使用权、作价出资（入股）国有土地使用权以及国家授权经营土地使用权。其中出让、租赁和作价出资（入股）为有偿取得方式，划拨为无偿取得方式，国家授权经营也类似无偿取得方式。

关于出让国有土地使用权，《城市房地产管理法》第 8 条和《城镇国有土地使用权出让和转让暂行条例》第 8 条第 1 款均规定，国有土地使用权出让是指国家将国有土地使用权在一定年限内让与土地使用者，并由土地使用者向国家支付土地使用权出让金的行为。出让国有土地使用权系有偿取得，该权利是一种比较完全的权益，可以依法转让、出租或抵押。

关于划拨国有土地使用权，《城市房地产管理法》第 23 条第 1 款规定："土地使用权划拨，是指县级以上人民政府依法批准，在土地使用者缴纳补偿、安置等费用后将该幅土地交付其使用，或者将土地使用权无偿交付给土地使用者使用的行为。"根据《土地管理法》第 54 条、《城市房地产管理法》第 23 条和《划拨用地目录》（国土资源部令第 9 号）等规定，划拨国有土地使用权主要适用于国家机关用地和军事用地，城市基础设施用地和公益事业用地，国家重点扶持的能源、交通、水利等基础设施用地等情形。划拨国有土地使用权的公益性和无偿性，决定其在转让、出租和抵押上受到较为严格的限制，因此划拨土地使用权虽然也属于权利人的法定财产权益，但同出让国有土地使用权相比，是一种不完全的土地权益。

关于国家租赁土地使用权，根据《土地管理法实施条例》第 29 条的规定，租赁与出让、作价出资或者入股是国有土地有偿使用的三种方式。之后，国土资源部于 1999 年 7 月 27 日出台了《关于印发〈规范国有土地租赁若干意见〉的通知》（国土资发〔1999〕222 号）专门对国有土地租赁加以规范。除此之外，《国有企业改革中划拨土地使用权管理暂行规定》（国家土地管理局令第 8 号）、《国土资源部关于加强土地资产管理促进国有企业改革和发展的若干意见》（国土资发〔1999〕433 号）等文件中也对国有企业改革中的土地租赁问题进行了规定。国有土地租赁是指国家将国有土地出租给使用者使用，由使用者与县级以上人民政府土地行政主管部门签订一定年期的土地租赁合同，并支付租金的行为。土地使用者由此取得土地权利一般被称为国家租赁土地使用权。国有土地使用权租赁是出让的一种补充方式，但不适用于经营性房地产用地，租赁国有土地使用权人有使用、收益的权利。

关于国家作价出资或者入股土地使用权，作价出资或者入股也是《土地管理法实施条例》第29条规定的土地有偿使用的三种方式之一。作价出资或者入股国有土地使用权多出现在国企改制中，作价出资（入股）国有土地使用权与出让国有土地使用权在权利的性质、权能等方面完全相同。企业取得的土地使用权实质上是在国有企业改革的特殊历史阶段出现的一种特殊的出让国有土地使用权。

关于国家授权经营土地使用权，授权经营国有土地使用权是国有企业改革过程中出现的一种土地权利，是在我国特定的历史发展阶段出现的由特定的企业所取得的特殊的土地权利。根据《国有企业改革中划拨土地使用权管理暂行规定》《国土资源部关于加强土地资产管理促进国有企业改革和发展的若干意见》等相关规定，取得授权经营国有土地使用权的主体为经国务院批准设立的国家控股公司、作为国家授权投资机构的国有独资公司和集团公司。被授权经营的企业在其企业集团内部代表国家经营管理土地。被授权经营的企业对土地的权利主要表现为可以将土地租赁给其直属企业、控股企业、参股企业使用或以作价出资（入股）等方式配置土地；经被授权经营的企业同意，被授权经营的土地可以在其直属企业、控股企业、参股企业之间进行转让等。权利性质类似划拨土地使用权。主要表现为被授权经营的土地向集团公司以外的单位或个人转让时，应报经土地行政主管部门批准，并补缴土地出让金。

（2）国有农用地使用权

在现行法律体系下，国有农用地使用权也存在两个细分种类。一种是源于国有农用地划拨给农垦系统的国有农场（包括林场、牧场、兵团农场等）长期使用，进而形成的国有农场农用地使用权。目前，我国的国有农场拥有土地面积 3515 万公顷，其中耕地 480 万公顷，土地总量相当于一个中等省，为保证国家粮食安全和促进经济社会发展发挥了巨大作用。大部分国有农场并没有实行承包经营，国有农场与农场职工之间是劳动关系，只有少部分国有农场将土地交职工承包经营，由此产生国有农场土地的承包经营权；另一种是依照《土地管理法》和《农村土地承包法》的规定，国家所有由单位或者个人承包的农用地的使用权。按照《土地管理法》第 15 条的规定，“国有土地可以由单位或者个人承包经营，从事种植业、林业、畜牧业、渔业生产”。因此在这类土地的基础上也派生出国有农用地承包经营权，这种国有农用地承包经营权的管理方式与集体土地上的农村承包经营权基本一致，两者均适用《农村土地承包法》等法律法规。《物权法》第 134 条也对此作了规定，“国家所有的农用地实行承包经营的，参照本法的有关规定”。

2. 集体土地使用权

集体土地使用权按照用途可以划分为集体农用地使用权（包括集体土地承包经营权和自留地、自留山等其他农用地使用权）和集体建设用地使用权。

（1）集体农用地使用权

集体农用地使用权根据取得方式不同，可以分为集体土地承包经营权和自留地、自留山等其他农用地使用权。

关于集体土地承包经营权，1978 年 12 月安徽凤阳小岗村 18 户农民秘密签订契约，决定将集体耕地承包到户，搞大包干，开启了集体农用地的所有权与使用权分离的先河，在此基础上出现了承包经营权，并为国家法律所确认。1986 年《土地管理法》第 12 条明确规定：“集体所有的土地，全民所有制单位、集体所有制单位使用的国有土地，可以由集体或者个人承包经营，从事农、林、牧、渔业生产。承包经营土地的集体或者个人，有保护和按照承包合同规定的用途合理利用土地的义务。土地的承包经营权受法律保护。”2002 年 8 月 29 日第九届全国人民代表大会常务委员会第二十九次会议通过了《农村土地承包法》。根据《农村土地承包法》第 2 条、第 3 条的规定，农民集体所有的耕地、林地、草地等用于农业的土地实行承包经营制度，照此规定取得的集体农用地使用权即为集体土地承包经营权。集体土地承包经营权的主要特点有两点：一是身份性，集体土地承包主要采取家庭承包方式进行，根据《农村土地承包法》第 15 条的规定，家庭承包的承包方具有特定的身份要求，只能是该集体经济组织的农户；二是农业专用性，即必须以农业生产为目的，不得用于非农建设。集体土地承包经营权因承包方式的不同，分为按照家庭方式承包取得的承包经营权以及通过招标、拍卖、公开协商等方式承包的四荒地的承包经营权。按照《农村土地承包法》的规定，两者的主要区别在于：一是两者承包的主体不同，前者主要是本集体经济组织的成员承包，后者可以由本集体经济组织以外的单位或者个人承包；二是两者的权能不大相同，主要表现为前者不能抵押，但是后者能够抵押。

对于集体土地承包经营权，2014 年中央 1 号文件《关于全面深化农村改革加快推进农业现代化的若干意见》明确提出“在落实农村土地集体所有权的基础上，稳定农户承包权、放活土地经营权，允许承包土地的经营权向金融机构抵押融资”。2014 年 11 月，经过中央改革领导小组第五次会议审议通过并颁布的《关于引导农村土地经营权有序流转发展农业适度规模经营的意见》再次提出“坚持农村土地集体所有权，稳定农户承包权，放活土地经营权”，目的是要在坚持农村土地集体所有的前提下，促使承包权和经营权分离，形成所有权、承包权、经营权三权分置、经营权流转的格局。关于承包权、经营权如何分离，各自有哪些权能，需要通过修改《农村土地承包法》予以明确。2018 年 12 月 29 日十三届全国人大常委会第七次会议通过了《关于修改〈中华人民共和国农村土地承包法〉的决定》，落实了“三权分置”改革要求，明晰了“三权”的性质和相互关系，规定了土地经营权的登记和融资担保制度以及“其他方式的承包”取得的权利为土地经营权等。

关于自留地、自留山等其他农用地使用权，主要是在集体所有的农用地中没有被承包经营的土地上从事农业生产的权利，主要是在自留地、自留山等土地上耕作的权利。《宪法》第10条第2款就规定“宅基地和自留地、自留山，也属于集体所有”。《土地管理法》第8条第2款也再次明确“宅基地和自留地、自留山，属于农民集体所有”。实践中，农民的自留地、自留山的权利没有得到应有的重视，也没有登记发证。

（2）集体建设用地使用权

根据《土地管理法》第43条的规定，村民建设住宅，兴办乡镇企业，或者乡（镇）村公共设施和公益事业建设可以申请使用集体所有土地。据此，集体建设用地使用权根据用途可以分为经营性的集体建设用地使用权、公益性的集体建设用地使用权和宅基地使用权。

关于经营性的集体建设用地使用权，根据《土地管理法》第60条的规定，主要适用于两种情形：一是农村集体经济组织以该集体土地使用权直接兴办企业；二是农村集体经济组织以该集体土地使用权入股、联营的方式，与其他单位或个人共同举办企业。

关于公益性的集体建设用地使用权，根据《土地管理法》第61条的规定，适用于两类情形：一类是乡（镇）村公共设施建设用地，包括乡村级道路、乡村级行政办公、农技推广、供水排水、电力、电信、公安、邮电等行政办公、文化科学、生产服务和共用事业设施建设用地；二是公益事业设施建设用地，包括学校、幼儿园、托儿所、医院（所）、敬老院等教育、医疗卫生设施用地。

关于宅基地使用权，按照《土地管理法》第62条的规定，主要是农村村民依法享有的在农民集体所有土地上建造个人住宅的权利。宅基地使用权的主体限定为集体经济组织成员，在数量、面积和用途上均受到严格限制。

2018 年 1 月 2 日，《中共中央、国务院关于实施乡村振兴战略的意见》明确规定：“完善农民闲置宅基地和闲置农房政策，探索宅基地所有权、资格权、使用权‘三权分置’，落实宅基地集体所有权，保障宅基地农户资格权和农民房屋财产权，适度放活宅基地和农民房屋使用权，不得违规违法买卖宅基地，严格实行土地用途管制，严格禁止下乡利用农村宅基地建设别墅大院和私人会馆。”据此，宅基地使用权将分离为资格权和使用权。虽然该权利的分离也需要通过修改《土地管理法》等法律予以确认，但目前不少试点地区已经纷纷开始开展了宅基地“三权分置”的试点并且进行分离后新权利的登记发证。

（三）土地他项权利

按照《国家土地管理局土地登记规则》（〔1995〕国土〔法〕字第 184 号）第 2 条第 2 款的定义，土地他项权利是指土地使用权和土地所有权以外的土地权利，包括抵押权、承租权以及法律、行政法规规定需要登记的其他土地权利。土地他项权利的主体是土地所有人、使用权人以外的但与之存在特定法律关系的民事主体。目前，我国实践中的土地他项权利主要有土地抵押权、土地承租权和地役权三种。在《土地登记办法》颁布之前，这三种权利依据《土地登记规则》都予以登记，登记机关给当事人发放的是《土地他项权利证明书》。根据《物权法》出台的《土地登记办法》没有再规定土地承租权这种债权性质的权利的登记。

土地抵押权，是指土地使用权人在法律允许的范围内不转移土地占有而将土地使用权作为债权担保，在债务人不履行债务时，债权人有权对土地使用权进行处分并以处分所得的价款优先受偿的担保性土地他项权利。在我国，土地抵押权的客体不是土地本身，而是法律允许范围内的土地使用权，所以土地抵押权实际上是土地使用权抵押权。

根据《城市房地产管理法》第 48 条第 2 款和《担保法》第 34 条、第 36 条、第 37 条的规定，出让国有建设用地使用权、经发包方同意抵押的荒地土地使用权、与地上厂房等建筑物一并抵押的集体建设用地使用权可以抵押。

土地承租权，是指土地承租人向土地使用权人支付租金，而取得一定期限内对土地使用、收益的土地他项权利。土地承租权不同于租赁国有土地使用权：一是出租的主体不同。前者的出租主体是已经取得土地权利的土地使用者，是土地使用权人；后者的出租主体是国家，是土地的所有权人。二是权利类型不同。前者是债权，是一方请求他方为一定行为或不为一定行为的权利；后者是物权，是权利人依法对特定的物享有直接支配和排他的权利。三是权利期限不同。国家租赁土地使用权的期限不得超过同类用途的土地使用权的出让最高年限。而根据《合同法》第 214 条第 1 款“租赁期限不得超过二十年。超过二十年的，超过部分无效”的规定，土地承租权的期限最高只能为 20 年。

地役权是指为了自己的使用、经营等方便、利益而使用别人的土地的权利。一般来讲，地役权的发生必须有两个不同归属的土地存在，为他人利用而提供便利的土地叫供役地，接受便利而得以使用或经营的叫需役地。所以，地役权是存在于他人土地之上的权利，它具有从属性和不可分性。地役权依当事人约定而设立，当事人可以根据地役权设立合同向登记机关申请地役权登记。

除上述三种实证法上的土地他项权利外，理论界认为土地他项权利还包括空中和地下权（空间权）、耕作权、优先权等。

综合上述分析，以《土地管理法》为核心的兼有民事、行政立法色彩的法律群规定的土地权利体系列示如图 2.1。

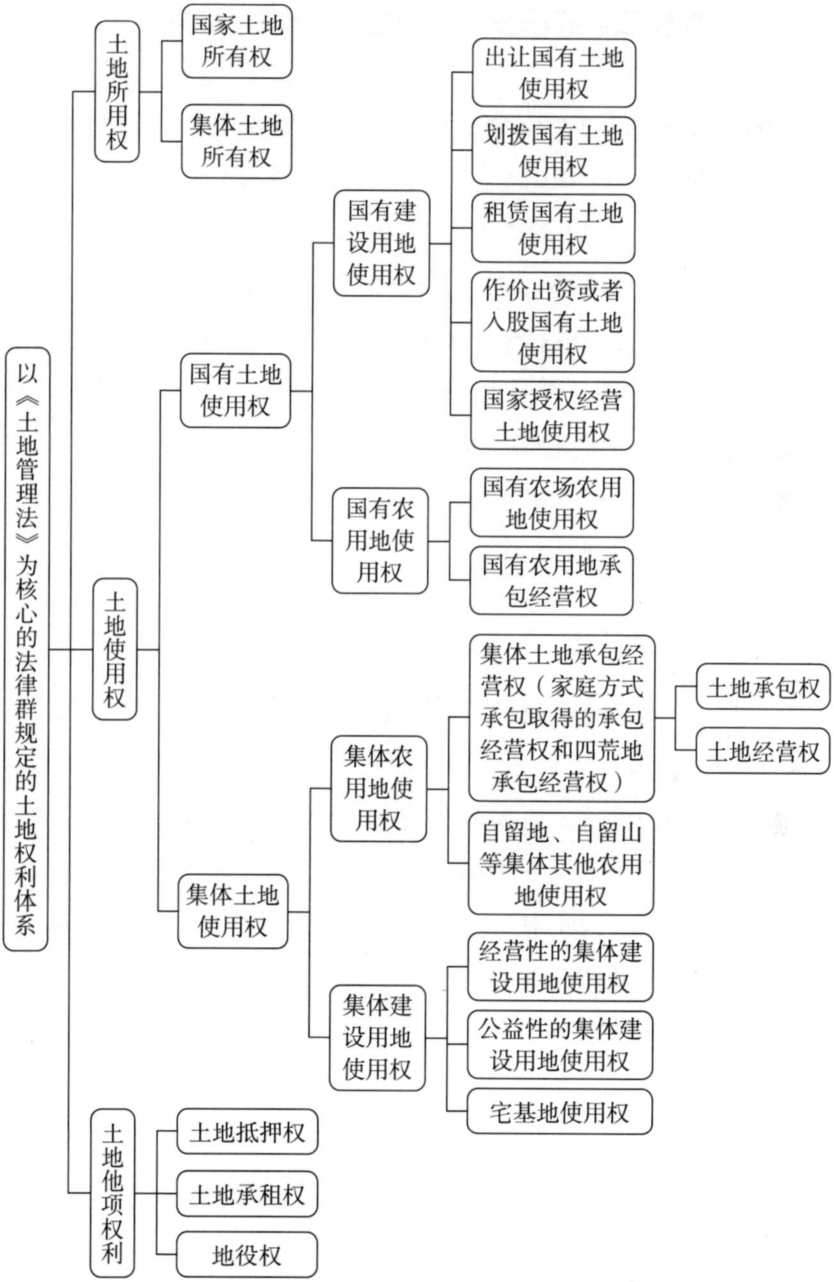

图 2.1　以《土地管理法》为核心的法律群规定的土地权利体系

二、《物权法》等民事法律确立的土地权利体系

2007年通过并施行的《物权法》规范和调整的是物的归属和利用，土地属于最重要的物，因此《物权法》很多内容都与土地相关，《物权法》共247个条文中一半以上的条文规定的是土地。土地物权体系是《物权法》所确立的物权体系的最重要的组成部分，但是这一体系与《土地管理法》《城市房地产管理法》《农村土地承包法》等专项法律所确立的土地权利体系不尽相同。《物权法》坚持大陆法系传统民法的物权基本理论，确立起所有权、用益物权与担保物权的物权体系。土地权利中具有物权属性的权利类型在《物权法》的框架下重构，形成“土地所有权—土地用益物权—土地担保物权”的土地物权体系。

（一）土地所有权

《物权法》对土地所有权的规定是放在其上位概念财产所有权的框架下展开的，就其内容而言，基本重申了《宪法》《土地管理法》等的内容，即土地所有权分为国家土地所有权和集体土地所有权，前者由国务院代表行使，后者区分不同情况由村集体经济组织、村民委员会、村民小组或者乡镇集体经济组织代表行使。不过，根据《物权法》第39条的规定，土地所有权人对其土地依法享有占有、使用、收益和处分的权利，《土地管理法》则没有类似的明确表述。

（二）土地用益物权

《物权法》规定的用益物权主要是对他人所有的不动产或者动产依法享有的占有、使用和收益的权益，包括土地承包经营权、建设用地使用权、宅基地使用权、地役权以及海域使用权、探矿权、采矿权、取水权、使用水域滩涂从事养殖、捕捞的权利。其中，前四种用益物权均属于土地用益物权，并用专章进行了规定。

1. 土地承包经营权。根据《物权法》第 124 条第 2 款、第 125 条的规定，农民集体所有和国家所有由农民集体使用的耕地、林地、草地以及其他用于农业的土地实行土地承包经营制度，土地承包经营权人有权利用承包土地从事种植业、林业、畜牧业等农业生产。总体而言，《物权法》对土地承包权的规定基本上与《土地管理法》《农村土地承包法》等法律对农村土地承包经营权的规定一致。

2. 建设用地使用权。建设用地使用权是指权利人利用国有建设用地建造并经营建筑物、构筑物及其附属设施的权利。建设用地使用权可以招标、拍卖、协议等出让方式或者以划拨方式设立。建设用地使用权人的权利是：第一，对作为权利客体的国有土地享有占有、使用和收益的权利（《物权法》第 135 条）；第二，利用该土地建造并经营建筑物、构筑物及其附属设施（《物权法》第 135 条）；第三，除法律另有规定外可以将建设用地使用权转让、互换、出资、赠与或者抵押（《物权法》第 143 条）。建设用地使用权人的义务是：第一，依照法律规定以及合同约定支付出让金等费用（《物权法》第 141 条）；第二，合理利用土地，原则上不得改变土地用途（《物权法》第 140 条）。《物权法》对建设用地使用权的规定以国有土地为主要对象，总体上看，内容基本上吸收了《土地管理法》《城市房地产管理法》《城镇国有土地使用权出让和转让暂行条例》中关于国有建设用地使用权的规定。但是，对于以集体所有的土地作为建设用地，《物权法》第 151 条规定应当依照《土地管理法》等法律法规管理。严格来说，《物权法》所规定的建设用地使用权的客体仅针对国有建设用地，而不包括集体建设用地。

3. 宅基地使用权。《物权法》关于宅基地使用权的规定只有 4 个条文，其中第 153 条还特别规定“宅基地使用权的取得、行使和转让，适用土地管理法等法律和国家有关规定”。按照《土地管理法》的规定，宅基地使用权属于集体建设用地使用权，当然属于建设用地使用权。《物权法》把宅基地使用权与建设用地使用权并列，主要是考虑到宅基地使用权的特殊性。例如，宅基地使用权是带有社会福利性质的土地权利，只有本集体经济组织的成员才能通过无偿分配取得；转让受到相应的限制，没有收益的权能；使用没有期限限制等。

4. 地役权。根据《物权法》第 156 条第 1 款的规定，地役权是指按照合同约定而以他人土地供自己土地的效益之用的权利。地役权具有两点特性：一是从属性，地役权与需役地的所有权或其他不动产物权（土地承包经营权、建设用地使用权等）同命运，不得单独转让（《物权法》第 164 条），不得单独抵押（《物权法》第 165 条）；二是不可分割性，地役权的存续应及于需役地和供役地的全部，不得分割为数部分或仅为一部分而存在。地役权自地役权合同生效时设立，登记是对抗要件（《物权法》第 158 条）。

（三）土地担保物权

土地担保物权在《物权法》体系中只存在土地抵押权这一种。《物权法》在吸收原有法律相关规定的基础上，对土地抵押权的设立、效力等做出进一步完善规定。根据《物权法》第 180 条、第 183 条和第 184 条的规定，建设用地使用权，以招标、拍卖、公开协商等方式取得的荒地等土地承包经营权，与厂房等地上建筑物一并抵押的乡镇企业用地使用权可以抵押；土地所有权不得抵押，集体所有的土地使用权除另有规定外不得抵押。设立土地抵押权，当事人应当签订书面合同，土地抵押权自登记时设立。根据《物权法》第 195 条的规定，土地抵押权的实现方式包括以抵押财产折价和以拍卖、变卖该抵押财产所得的价款优先受偿。

土地抵押权的效力主要表现为以下几点。第一，土地抵押权的法定担保范围包括主债权及其利息、违约金、损害赔偿金、保管担保财产和实现担保物权的费用（《物权法》第 173 条）。第二，土地抵押权实现时可依法予以变价的抵押财产范围包括从物［《最高人民法院关于适用〈中华人民共和国担保法〉若干问题的解释》（以下简称《担保法解释》）第 63 条］、孳息（《物权法》第 197 条第 1 款）、抵押物的代位物（《物权法》第 174 条）、添附物（包括附和物、混合物和加工物）（《担保法解释》第62条）。第三，根据《物权法》第199条的规定，同一土地使用权向两个以上债权人抵押的，该土地使用权变现所得价款清偿顺序为：1. 抵押权已登记的，按照登记的先后顺序清偿；顺序相同的，按照债权比例清偿；2. 抵押权已登记的先于未登记的受偿；抵押权未登记的，按照债权比例清偿。

综合上述分析，以《物权法》为核心的民事法律规定的土地权利体系列示如图2.2。

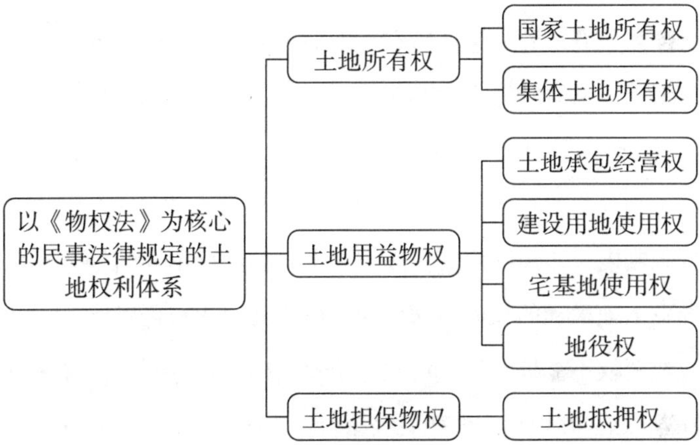

图2.2 以《物权法》为核心的民事法律规定的土地权利体系

三、两种权利体系的比较

《土地管理法》和《物权法》规定的主要权利种类以及各种土地权利的主要内容大致相同，但是也存在着区别。

（一）立法的目的不同导致权利设立和分类标准不同

《土地管理法》制定时的历史条件与历史背景决定其既包括土地民事权利的内容，又包括土地行政管理的内容，但总体来说，规定民事权利是服务于行政管理的，或者说在土地管理法中设置的民事权利本身是土地管理的一种手段、一种方式。这个特点不仅体现在该部法律的名称上，更清晰地反映在立法目的表述。按照《土地管理法》第 1 条的规定，其立法目的是“加强土地管理，维护土地的社会主义公有制，保护、开发土地资源，合理利用土地，切实保护耕地，促进社会经济的可持续发展”，该条强调的核心立法目的是“管理”，没有提及民事权利及其保护，表现出鲜明的公法色彩以及中国特色的政治色彩。因此，土地权利的设置主要考虑到两点：一是维护土地的社会主义公有制，《土地管理法》中的三层权利体系均贯穿了国家所有土地和集体所有土地的区分，并且对两者在权利行使上进行区别对待，集体土地受到的限制更多，如《土地管理法》第 63 条规定农民集体所有的土地的使用权不得出让、转让或者出租用于非农业建设，集体土地只有被征收为国有土地才能用于非农建设；二是贯彻落实土地用途管制制度，土地的使用权因用途不同而进行不同的分类，因为用途不同，导致土地权利的权能不同，如建设用地使用权可以抵押，但是农用地的承包经营权不能抵押等。用途发生变化的，要按照《土地管理法》的第 12 条的规定，办理相应的变更登记。

《物权法》属于民事规范的重要组成部分，整体上呈现出私法色彩。按照《物权法》第 1 条的规定，其立法目的是“维护国家基本经济制度，维护社会主义市场经济秩序，明确物的归属，发挥物的效用，保护权利人的物权”，强调的是权利的保护，反映了权利本位的立法精神。因此《物权法》所规定的土地所有权、土地用益物权、土地担保物权等土地权利的分类，没有考虑土地的权属性质和土地的用途，完全按照权利人对土地的支配程度进行分类。

《物权法》在一定程度上淡化了土地所有制色彩，并且通过一定的立法技术为进一步改革预留空间。一是《物权法》将国家所有权、集体所有权和私人所有权安排在同一章节，均适用所有权的一般规定。二是在“所有权—用益物权—担保物权”的物权体系中，所有权又称完全物权，用益物权、担保物权统称定限物权，后两者虽然设立在所有权基础之上，但在其权能范围内优先于所有权，即所有权受到设立于其上的用益物权和担保物权的限制，这与“土地所有权—土地使用权”结构中，土地使用权因派生于土地所有权而居于从属地位的权利架构完全不同，因而在一定程度上淡化了公有制所有权对土地用益物权、土地担保物权的影响。三是在《土地管理法》等法律确立的土地权利体系中，土地使用权因土地所有制不同而区分为国有土地使用权和集体土地使用权，进一步分类还存在国有建设用地使用权和集体建设用地使用权的区分以及国有农用地承包经营权和集体农用地承包经营权的区分。《物权法》没有基于所有制对定限物权进行细分，而在用益物权编中统一规定了土地承包经营权和建设用地使用权。对于土地承包经营权，《物权法》基本上实现了国有农地和集体农地上的土地承包经营权的整合（《物权法》第 134 条）。对于建设用地使用权，虽然因参引《土地管理法》的规定（《物权法》第 151 条）而使得国有建设用地和集体建设用地的两分格局继续存在，但相对统一的体例安排和参引立法技术的灵活性已经为两者的统一预留了空间。

（二）法律属性不同导致权利受到的限制不同

《土地管理法》公法的色彩较浓，以其为核心的法律群所规定的土地权利体系因而表现出浓郁的管制色彩。这一点，不仅体现在立法目的上，而且立法结构和具体的条文规定也是服务于管理。从立法结构来看，《土地管理法》共设八章，分别为“总则”“土地的所有权和使用权”“土地利用总体规划”“耕地保护”“建设用地”“监督检查”“法律责任”“附则”。该结构是围绕“管理”这个核心主题来搭建的，章节编排基本上按照《土地管理法》第 1 条确立的立法目的来展开；涉及土地民事权利的内容散见于“土地的所有权和使用权”“耕地保护”“建设用地”等章，没有表现出独立的体系关联，整体上从属于以“管理”为核心的规范体系。从具体的条文规定来看，一是大部分条文均属于行政管理方面的公法规定，少数条文规范土地民事权利义务关系。如《土地管理法》第4条第4款规定:“使用土地的单位和个人必须严格按照土地利用总体规划确定的用途使用土地”;第9条规定:“国有土地和农民集体所有的土地，可以依法确定给单位或者个人使用。使用土地的单位和个人，有保护、管理和合理利用土地的义务。”立法侧重点在于权利上的管制，而非权利的保护。

《物权法》不仅明确将“保护权利人的物权”作为立法目的，而且从立法结构、立法条文各个方面都体现了浓厚的私法色彩。从立法结构来看,《物权法》分五编,分别为“总则”“所有权”“用益物权”“担保物权”“占有”,物权(权利)是统领和构建该结构的核心概念。从条文内容来看,《物权法》的内容多涉及物权的设立、变更、转让、消灭、保护等问题，换言之,《物权法》在内容上是以物权本身为基础来展开的，虽然也涉及不动产登记、不动产征收、用途管制等公法规范，但这些公法规范在整个体系中居于次要地位,主要起到明确权利界限,辅助权利行使的作用,这与《土地管理法》等法律中以管理规范为主的安排是明显不同的。

(三)立法原则不同导致权利种类和内容存在差别

在权利种类上,《物权法》沿袭大陆法系传统民法债物二分的体系结构,《物权法》包含的土地权利仅有物权，而无债权;《土地管理法》等法律所确立的土地权利体系则包括土地承租权这类债权。《物权法》坚持物权法定原则，即“物权的种类和内容，由法律规定”，因此权利种类明确;但是《土地管理法》等法规确立的土地权利体系，不仅包括法律规定的权利种类，而且包括法规、规章、文件乃至习惯中的土地权利，如农用地使用权、自留地、自留山使用权、耕作权等。

第二节 | 土地登记的几个理论问题

一、土地登记的目的和功能

（一）稳定社会财产秩序

土地登记的这一目的和功能主要体现为通过土地登记确定土地权利的归属，定分止争，化解纠纷和矛盾，形成稳定和谐的社会财产秩序。孟子曰："民之为道也，有恒产者有恒心，无恒产者无恒心。"（《孟子·滕文公上》）。如何让民众有恒产，确定名分非常重要，这也是商鞅在《商君书》中所说的："一兔走，百人逐之，非以兔为可分以为百，由名之未定也。夫卖兔者满市，而盗不敢取，由名分已定也。故名分未定，尧、舜、禹、汤且皆如骛而逐之；名分已定，贪盗不取。"如何确定财产的名分，如何判断财产的归属，一般来说，占有，不动产是通过登记来判断，而动产是通过占有判断。也就是说，不动产登记在谁的名下，谁就是该不动产的权利人，动产由谁占有，除非有相反的证据外，谁就是该动产的权利人。

通过登记结果来判断土地乃至不动产的归属有一个发展的过程。在不同的发展阶段，在不同的地区，判断财产的归属方式方法不一样。在古代社会，经济社会发展程度不高，土地利用水平较低，当时判断土地归谁所有主要是看谁占有这块土地。后来随着经济的发展，土地权利人有可能通过打桩、围篱笆或者树界碑的方式来对外宣示自己的土地权利，让别人知道自己的土地权利界限，尊重自己的土地权利。当今社会还有通过这种原始方式来表明财产的归属，实践中有的国有农场土地与农民集体土地交织在一起，由于相邻的农民集体不给指界，再加上地方保护，导致国有农场土地无法登记，因此出现周围村民强行耕种国有农场土地的现象，河南淮滨农场为防止个别村民蚕食国有农场土地，甚至不惜在与村民土地连接的地方挖出一条条数米宽的深沟。类似举措背后，暴露出国有农场土地保护所面临的现实尴尬。[①] 农场是通过挖沟这种方式来区分自己和四周农民的土地界线。

另外，即使在当今社会，在一些偏远的山区，也还保留着一些原始的判断财产归属的方式。电影《天下无贼》中的王宝强饰演的傻根曾经说过这样一段话："俺家住在大山里，在俺村，有人在山道上看摊牛粪，么带粪筐，就捡了个石头片儿，围着牛粪画了个圈儿，过几天想去捡，那牛粪还在。"画圈在傻根的老家，就表明这堆牛粪有主了，牛粪的权利归属确定了。

通过画圈、挖沟、打桩、围篱笆或者树界碑等方式来对外宣示财产的归属，并不能长久，有可能下场雨，圈就没有了，过几年几十年沟、桩、篱笆或者界碑，都不存在了，权利的物理界线没有了，还会产生权属纠纷。特别是随着经济发展到一定程度，土地利用由平面转向立体，不同土地空间的权利人有可能不一致，更重要的是土地上出现了越来越多的权利，如土地的所有权人是甲，土地使用权人是乙，乙有可能将土地出租给丙实际使用，同时乙又可能将土地抵押给了丁等。土地上权利的多元化，使得在进行土地交易时，越来越难判断谁有权对土地进行处分，因此需要以登记的资料来判断土地的权利归属而不再依据占有，这一做法得到世界各国的普遍采纳，并成为各国的通行做法。后来甚至发展到对一些财产价值较大的动产如机动车、轮船、航空飞行器等都以登记来判断权利的归属。而对普通的动产，还是以占有来判断归属，谁占有动产就表明谁是动产的权利人，但有相反证据的除外。

---

① 《河南国有农场土地屡遭"瓜分"尴尬 淮滨尤为典型》，http://hn.cnr.cn/fzpd/yw/200708/t20070817_504544217.html，2019 年 3 月 19 日访问。

我国的法律也明确规定通过登记来确认土地权利的归属，如《土地管理法》第 11 条规定：“农民集体所有的土地，由县级人民政府登记造册，核发证书，确认所有权。农民集体所有的土地依法用于非农业建设的，由县级人民政府登记造册，核发证书，确认建设用地使用权。单位和个人依法使用的国有土地，由县级以上人民政府登记造册，核发证书，确认使用权；其中，中央国家机关使用的国有土地的具体登记发证机关，由国务院确定。确认林地、草原的所有权或者使用权，确认水面、滩涂的养殖使用权，分别依照《中华人民共和国森林法》、《中华人民共和国草原法》和《中华人民共和国渔业法》的有关规定办理。”《物权法》第 127 条第 2 款也规定：“县级以上地方人民政府应当向土地承包经营权人发放土地承包经营权证、林权证、草原使用权证，并登记造册，确认土地承包经营权。”

（二）保障土地市场发展

土地登记的这一目的和功能主要体现为通过土地登记界定的土地财产归属，提升土地交易效率，维护土地交易安全。在市场经济条件下，土地资源的有效利用，必须形成便捷顺畅的土地权利市场，必须确保交易对象的权属清晰，不存在权属争议，否则将影响交易的安全，降低交易效率。土地登记有利于减少交易成本，提高交易效率，维护交易安全。

一方面，土地登记提供了土地的基本权属信息，为当事人了解土地权利状况提供了重要的资料。按照《不动产登记暂行条例》第 8 条第 3 款的规定：“不动产登记簿应当记载以下事项：（一）不动产的坐落、界址、空间界限、面积、用途等自然状况；（二）不动产权利的主体、类型、内容、来源、期限、权利变化等权属状况；（三）涉及不动产权利限制、提示的事项；（四）其他相关事项。”这些记载事项全面反映了土地上的权利归属和内容等信息，当事人只要查阅土地登记簿就可以准确判断所交易的土地是否存在设定抵押、地役等不利于土地交易的情况，第三人免于进行纷繁复杂的权属调查，极大地提升了土地交易的效率。另一方面，土地登记具有公信力，可以最大限度地保护交易的安全。公示公信原则是物权法的基本原则之一，即对于土地登记而言，即使登记簿记载的土地权利不存在或者存在瑕疵，对于信赖该权利的存在并进行交易的人，法律也依然承认其行为具有与真实的物权存在相同的法律效果。《物权法》第 16 条规定："不动产登记簿是物权归属和内容的根据。不动产登记簿由登记机构管理。"对于信赖土地登记簿记载事项而进行交易的善意第三人而言，即使登记簿记载事项与实际权利归属情况不一致，法律依然保护其信赖利益，他依然可以取得相应的土地权利，就如同登记簿没有错误一样。这样就避免了土地权利上存在的其他纠纷对善意买受人权益的影响，最大限度地维护了土地交易的安全。

（三）便于土地行政管理

在我国，土地登记在行政管理上的功能和目的发挥得尤为突出。主要表现为以下几点。

一是土地登记被当作土地管理的最后的关口。《土地登记规则》则明确规定不登记按照违法占地处理或者非法占地处理，《土地登记办法》虽然删除了这些规定，但是《关于贯彻实施〈土地登记办法〉进一步加强土地登记工作的通知》（国土资发〔2008〕70 号，已失效）规定了 12 种不予登记发证的情形，即"土地权属争议未解决的；土地违法违规行为尚未处理或正在处理的；未按合同约定付清全部土地价款的；按土地价款缴纳比例分割申请登记的；申请登记的土地权利超过规定期限的；无合法用地批准等土地登记申请要件的；对经营性用地没有按招标拍卖挂牌等方式出让的；协议出让地价低于出让底价的；违反规划改变土地用途的；未办理土地使用权登记而设定抵押的；异议登记期间未经异议登记权利人同意，申请办理抵押登记的；查封登记解除前申请办理抵押登记等"，实践中，有些地方甚至以当事人没有缴纳物业费而不予于办理房屋土地过户登记，将许多行政管理事项作为土地登记的前置条件。

二是保障土地税收，维护国家税收利益。土地登记为国家征收各种税赋提供了有力依据和重要抓手。从土地登记的历史发展过程来看，土地登记都与国家税收紧密相连。以我国古代的“鱼鳞册”为例，由于当时国家主要以土地相关税收作为主要收入来源，因此国家详细绘制出辖区内的所有田块，并予以编号，将其作为征收税赋的依据，有效地防止了个别业主逃税行为的发生。时至今日，土地登记对保障国家税收依然具有重要意义。《土地增值税暂行条例》第12条规定：“纳税人未按照本条例缴纳土地增值税的，土地管理部门、房产管理部门不得办理有关的权属变更手续。”《契税暂行条例》第11条第2款也规定：“纳税人未出具契税完税凭证的，土地管理部门、房产管理部门不予办理有关土地、房屋的权属变更登记手续。”可见，详细准确的土地登记信息为国家征收相关土地税费提供了重要的依据，同时，通过在办理土地登记中对当事人税费凭证的审查，也最大限度地保证了国家相关税收制度的有效落实。

三是摸清土地家底，服务国家宏观调控。土地是民生之本，发展之基。土地资源是发展经济、保证民生的重要基础。在经济高速增长，城市化进程加速，人地矛盾日趋尖锐的背景下，土地管理在我国经济发展中的作用尤其突出。运用土地政策参与宏观调控，即通过土地政策的制定和实施，对土地市场进行干预，以实现宏观经济长期稳定增长的目标，是我国特殊发展阶段下的正确选择。[①] 土地管理政策的制定和实施，离不开国家对土地权属、界限、面积、买卖、抵押等重要信息的了解和把握。土地登记为国家及时、准确把握各类土地信息，摸清资源家底奠定了基础，为国家进行房地产权市场调控、出台相应税收政策、落实最严格的土地管理制度提供了重要保障。

---

① 参见甘藏春：《宏观调控中土地政策的运用》，载新浪网，http://finance.sina.com.cn/roll/20061211/17101092261.shtml，2016年12月18日访问。

二、土地登记的法律性质

（一）土地登记不是行政许可

土地登记是对土地物权的公示，并不创设权利，不是行政许可。《行政许可法》第2条规定："本法所称行政许可，是指行政机关根据公民、法人或者其他组织的申请，经依法审查，准予其从事特定活动的行为。"行政许可是国家对一般禁止行为的一种解禁行为，一般认为行政许可有以下三个特征：第一，行政许可是依申请的行政行为；第二，行政许可是一种经依法审查的行为；第三，行政许可是一种授益性行政行为。土地登记仅符合前面两个特征，即土地登记需要当事人提出申请并经行政机关依法审查，但是土地登记不符合第三个特征。对行政许可而言，行政机关的决定是权利人享有资格或者获得权利的前提，主要体现了行政主体的意志。但是与之不同，土地登记是对土地权利的一种公示，前提是当事人存在合法的土地权利。因此，土地登记并没有使行政相对人取得权利或者使相对人取得利益，仅仅是对现有权利状况的一种确认，登记的效果也主要体现的是申请人的意志，而不是国家管理的目的。

《行政许可法》第12条规定："下列事项可以设定行政许可：（一）直接涉及国家安全、公共安全、经济宏观调控、生态环境保护以及直接关系人身健康、生命财产安全等特定活动，需要按照法定条件予以批准的事项；（二）有限自然资源开发利用、公共资源配置以及直接关系公共利益的特定行业的市场准入等，需要赋予特定权利的事项；（三）提供公众服务并且直接关系公共利益的职业、行业，需要确定具备特殊信誉、特殊条件或者特殊技能等资格、资质的事项；（四）直接关系公共安全、人身健康、生命财产安全的重要设备、设施、产品、物品，需要按照技术标准、技术规范，通过检验、检测、检疫等方式进行审定的事项；（五）企业或者其他组织的设立等，需要确定主体资格的事项；（六）法律、行政法规规定可以设定行政许可的其他事项。”可见，设定行政许可的事项中并不包括土地登记等财产权的登记。

需要注意的是，企业的工商登记与土地等财产权的登记不同。按照《行政许可法》第 12 条的规定，企业、公司设立所办理的工商登记属于行政许可，因为通过登记赋予了该企业或者公司经营某类业务的能力或资格，而土地财产权的登记并没有赋予登记权利人权利。

（二）土地登记属于行政确认

行政确认一般是指对行政相对人既有法律地位和权利义务的确定和认可。土地登记需要当事人提供土地权利的权属证明，登记机关对其提交的证明材料进行审查之后，通过颁发权利证书，对行政相对人合法的土地权利进行确定和认可，因此属于行政确认。

只有合法的土地权利，才能被确认，才能被登记。登记了的权利受到法律保护，但这并不意味着没有登记的权利就不合法，就不能受到法律保护。理由如下：一是土地登记实行的是依申请登记的原则，即实行的是自愿登记，并不是强制登记。二是按照《物权法》第 28 条至第 30 条的规定，有的权利不登记也发生效力，如第 28 条规定：“因人民法院、仲裁委员会的法律文书或者人民政府的征收决定等，导致物权设立、变更、转让或者消灭的，自法律文书或者人民政府的征收决定等生效时发生效力”；第 29 条规定：“因继承或者受遗赠取得物权的，自继承或者受遗赠开始时发生效力”；第 30 条规定：“因合法建造、拆除房屋等事实行为设立或者消灭物权的，自事实行为成就时发生效力”。三是实践中，大量的农村房屋和宅基地都没有登记发证，但这些权利是客观存在的，并不意味着不合法，并不意味着不受法律保护。

（三）正确处理物权登记与行政管理关系

由于登记由行政机关完成，因此被当作一种行政行为。实践中，登记也被当作行政管理的手段，如原国家土地管理局颁布的《土地登记规则》明确规定了各种登记的申请时限，否则不登记就按非法占地、违法占地处理等的规定，土地登记也因此被当作土地管理的最后关口，更多地被看作行政管理的手段，土地登记在保护土地产权、维护交易安全、产生公示公信效力等民事方面的作用没有得到充分发挥。当前，我们应当突出不动产登记的权利公示作用，淡化行政管理色彩。不动产登记的最主要功能是公示物权，维护交易安全。它虽然由行政机关具体实施，但是它却以尊重当事人的意思表示为基础，着眼于不动产权利的保护，这与以管制为基础，突出国家管理意志的一般行政管理行为有所不同。因此，不动产登记带有一定的准司法性质，与不动产的权属管理有一定区别。正因如此，在德国、瑞士、韩国等国家由司法机关来从事不动产登记，与行政管理机构相互独立。

与此相对应的是，在不动产统一登记改革推进过程中，应当正确处理好不动产登记机构与其他不动产管理部门的关系，淡化交易审批职责，强化不动产登记职责。不动产统一登记工作涉及诸多管理部门，统一登记的顺利实施需要住建、农业、林业、海洋等不动产行政管理部门的通力合作，特别是做好登记职责和其他管理职责的整合。应当明确的是，国务院整合的是不动产登记的职责，不动产行政管理的职责原则上依然由原各个部门行使。不动产登记机构应当相对独立于各不动产行政主管部门。同时，不动产登记机构应当通过建立不动产登记信息管理基础平台，实现不动产审批、交易和登记信息在有关部门间依法依规互通共享，消除“信息孤岛”。

三、土地登记制度模式

（一）世界上的土地登记模式

当今世界各国的土地登记制度，虽在具体做法上不尽一致，但大体可分为契约登记、权利登记和托伦斯登记三种基本制度。

1. 契约登记制度

契约登记模式由法国首创，又称法国登记制或登记对抗主义制。在该模式中，土地物权的变动仅依当事人契约生效即发生，但非经登记，该物权变动不得对抗第三人。由国家设立的登记机关，将当事人契约的内容登记于土地登记簿上，与土地有利害关系的第三人可以根据土地登记簿记载的内容了解土地权利状况。可以看出，契约登记模式的实质是对土地交易状况进行登记，它反映的是土地交易的动态过程。采用契约登记模式的地域主要有法国、意大利、日本、比利时、西班牙、美国的大部分州以及我国香港、澳门地区。其主要特点有以下几点。

一是关于登记的效力，采用意思主义立法。土地权利变动当事人双方只要意思表示一致，订立了契约，就发生土地权利变动的法律后果，以契约为生效要件。土地登记只是对抗第三人的要件，即未经登记的土地权利不得对抗第三人。因此实行的不是强制登记，土地权利变动事项是否登记，依当事人双方意愿，政府无强制要求。

二是关于登记申请资料的审查形式，采取形式审查主义。土地登记机构对土地登记申请不进行实质性审查，而只进行形式审查，完全按照土地登记申请人提交的文件资料予以审查，不过问土地权利是否真实等事项。因此登记结果无公信力。已经登记完毕的土地权利变动事项，当有第三人主张其权利时，仍应按照实体法律决定该土地权利的归属。

三是关于登记簿的编成，采取人的编成主义。由于不是强制登记，所以土地登记簿的编成不采用物的编成主义，即不是以土地为标准，而是以土地权利人登记的次序为标准编成。

四是关于证书的发放，不颁发权利凭证。土地登记机构只在土地登记簿上登记，不向土地权利人颁发权利凭证。

2. 权利登记制度

权利登记模式发源于德国，也称德国登记制或登记要件主义制。在该模式中，土地物权须经登记才能产生物权变动的效果，登记记载的是各种土地物权，而非当事人土地交易的契约。登记机关不仅要对权利变动的事实关系进行记载，也要根据法律规定，对权利是否有效发生变动进行审查，并在此基础上做出是否登记的判断。采用权利登记模式的地域有德国、瑞士、荷兰、奥地利、埃及等。

权利登记制度发源于德国，故又称“德国主义登记制度”。其主要特点有以下几点。

一是关于登记的效力，采用形式主义立法。土地登记是土地权利变动的生效要件，土地权利的取得或变动不经登记不发生效力。换言之，土地权利变动只有到土地登记机构办理登记后，才产生法律效力。因此实行的是强制性登记，一切土地权利的发生和变更均必须登记。

二是关于登记申请资料的审查形式，采取实质审查主义。土地登记机构不仅审查土地登记申请人提交的文件资料等登记所必备的形式要件，而且对土地权利变更的原因和事实以及是否符合有关法律规定等进行实质性审查。因此登记结果具有很强的公信力。土地权利一经登记即具有法律效力，即使登记本身有瑕疵，土地登记簿上记载的土地权利变动事项按照实体法不成立或无效，对于善意取得土地权利的第三人仍具有法律效力，善意第三人不负返还义务。

三是关于登记簿的编成，采取物的编成主义。土地登记簿以土地为标准，另外按照登记的先后顺序编成。

四是关于证书的发放，不颁发权利凭证。登记机关只在登记簿上登记，不向土地权利人颁发土地权利凭证。

3. 托伦斯登记制度

托伦斯登记模式得名于其创立者澳大利亚人托伦斯，又称澳大利亚登记制或权状交付主义制、地券交付主义制。采用该模式的地域包括澳大利亚、英格兰、新西兰、马来西亚、菲律宾、泰国等。其主要特点有以下几点。

一是关于登记的效力，初次登记不强制，但一经登记即进入强制登记状态。不强制要求一切土地都必须登记，但任何一块土地只要经第一次登记，其后的每一次土地权利的转移或变动，都必须经过登记，非经登记不发生效力。

二是关于登记申请资料的审查形式，采取实质审查主义。登记机关对土地登记进行实质性审查，并可要求经公告程序后方准予登记。因此，登记有公信力。土地权利一经登记，便有不可推翻的效力。土地登记后产生的不可推翻的效力是由国家保证的，国家专门从收取的土地登记费中提取一定比例资金作为保证金，以赔偿由于错登而使土地权利人所受的损失。

三是关于登记簿的编成，采取人的编成主义。土地登记簿按土地权利人登记的先后次序编成，而不是以土地为标准。地籍图可辅助说明登记簿的内容。

四是关于证书的颁发，颁发权利凭证。土地登记簿填写两份，登记机关保留正本，权利人取得副本，正副本内容完全一致，副本作为土地权利人持有的土地权利凭证。

（二）我国的土地登记制度

我国的土地登记制度兼具权利登记制度和托伦斯登记制度的特点，偏重于权利登记制度。其主要特点有以下几点。

一是关于土地登记的效力。土地物权变动原则上采取登记生效主义，在特定情况下也采取登记对抗主义。根据《物权法》的规定，我国土地登记因具体情形不同而具有不同的效力：第一种情形，原则上实行登记生效主义。《物权法》第 9 条第 1 款明确规定“不动产物权的设立、变更、转让和消灭，经依法登记，发生效力；未经登记，不发生效力，但是法律另有规定的除外”，建设用地使用权、抵押权等的登记便属于这种情形。第二种情形，登记对抗主义属于例外，如按照《物权法》第 127 条第 1 款“土地承包经营权自土地承包经营权合同生效时设立”，第 129 条“土地承包经营权人将土地承包经营权互换、转让，当事人要求登记的，应当向县级以上地方人民政府申请土地承包经营权变更登记；未经登记，不得对抗善意第三人”以及第158条“地役权自地役权合同生效时设立。当事人要求登记的，可以向登记机构申请地役权登记；未经登记，不得对抗善意第三人”的规定，土地承包经营权、地役权的设立和变动实行的是登记对抗主义。第三种情形，不登记也产生效力，但是处分物权时需要依法办理登记，否则不产生物权效力，主要是《物权法》第28条至第30条规定的情形，如因人民法院、仲裁委员会的法律文书或者人民政府的征收决定等，导致物权设立、变更、转让或者消灭的；因继承或者受遗赠取得物权的以及因合法建造、拆除房屋等事实行为设立或者消灭物权的。关于宅基地使用权的登记，实行的是登记对抗主义还是登记生效主义，《物权法》没有明确，只是通过第155条规定“已经登记的宅基地使用权转让或者消灭的，应当及时办理变更登记或者注销登记”。

二是关于登记申请资料的审查形式，采取实质审查为主、形式审查为辅的模式。因为按照《物权法》第12条的规定，登记机构不仅应当查验申请人提供的权属证明和其他必要材料、就有关登记事项询问申请人、如实、及时登记有关事项，而且当申请登记的不动产的有关情况需要进一步证明的，登记机构可以要求申请人补充材料，必要时可以实地查看。因此登记有公信力。土地权利一经登记即具有法律效力，即使登记在土地登记簿上的土地权利或权利变动事项按照实体法不成立或无效，对于善意取得土地权利的第三人仍然有法律效力，善意第三人取得的土地权利不可推翻，不负返还义务。

三是关于登记簿的编成，采取物的编成主义。根据《国土资源部关于启用不动产登记簿证样式（试行）的通知》（国土资发〔2015〕25号）中关于不动产登记簿的使用说明，不动产以不动产单元为基本单位进行登记，不动产登记簿以宗地、宗海为单位编成，同一宗地、宗海范围内的所有不动产编入同一不动产登记簿。据此，我国土地登记采物的编成主义，与权利登记模式、托伦斯登记模式一致。

四是关于证书的颁发，颁发权利证书。不动产统一登记之前，我国发放的证书有《集体土地所有证》《国有土地使用证》《集体土地使用证》《房屋所有权证》《房地产权证》《土地承包经营权证》《水域滩涂养殖证》《草原使用证》《林权证》《海域使用权证书》《无居民海岛使用证》，以及《土地他项权利证明书》《房屋他项权证》《房屋预告登记证明》等。不动产统一登记之后，根据《国土资源部关于启用不动产登记簿证样式（试行）的通知》（国土资发〔2015〕25号），不动产权利证书只有《不动产权证书》和《不动产登记证明》两种。其中《不动产权证书》有单一版和集成版两个版本；单一版证书记载一个不动产单元上的一种权利或者互相兼容的一组权利。集成版证书记载同一权利人在同一登记辖区内享有的多个不动产单元上的不动产权利。目前我国主要采用单一版证书。《不动产登记证明》用于证明不动产抵押权、地役权或者预告登记、异议登记等事项。查封登记和注销登记不颁发证书或证明。

四、土地登记与地籍调查之间的关系

（一）地籍调查是土地登记的基础，土地首次登记离不开地籍调查

地籍调查一般是指依照国家的规定，通过权属调查和地籍测量，查清宗地的权属、界址线、面积、用途和位置等情况，形成数据、图件、表册等调查资料，为土地注册登记、核发证书提供依据的一项技术性工作。[①]

按照2012年9月1日起实施的《地籍调查规程》（TD/T 1001-2012）规定，地籍调查是针对每一宗地的权属、界址、位置、面积、用途

---

① 高延利主编:《地籍调查》，中国农业出版社2008年版，第4页。

等进行的土地调查。地籍调查包括土地权属调查和地籍测量。其中土地权属调查主要包括调查土地权属状况和界址，绘制宗地草图，填写地籍调查表，签订土地权属界线协议书或填写土地权属争议原由书等。地籍测量主要包括地籍控制测量、界址点测量、地籍图测量、面积量算等。

由此可见，土地权属调查指通过对土地权属及其权利所及的界线的调查，在现场标定土地权属界址点、线，绘制宗地草图，调查用途，填写地籍调查表，为地籍测量提供工作草图和依据。地籍测量指在土地权属调查的基础上，借助仪器，以科学的方法，在一定区域内，测量宗地的权属界线、界址位置、形状等，计算面积，测绘地籍图和宗地图，为土地登记提供依据。

地籍调查是土地登记的基础工作，其资料成果经土地登记后，具有法律效力。在土地登记中，地籍调查主要是调查土地的权属，同时对土地面积界址等进行测量。通过土地权属调查，明确土地归属，做到权属清楚，通过地籍测量，确定土地的四至界限，确定土地的面积。土地登记主要就是将土地的坐落、界址、空间界限、面积、用途等自然状况以及土地权利的主体、类型、内容、来源、期限等权利状况记载于登记簿，土地的自然状况主要通过地籍测量获得，土地的权利状况主要通过土地权属调查明确。因此，地籍调查是土地登记的基础，因为土地登记的就是土地权属调查与地籍测量的结果，土地登记离不开地籍调查。

需要注意的是，不是所有的登记事项都需要调查。一般来说只有土地权利进行首次登记时，才需要地籍调查。如果土地权利已经登记过了，且宗地的界址没有发生变化的话，则不需要地籍调查。《国土资源部关于做好不动产权籍调查工作的通知》（国土资发〔2015〕41 号）特别规定："申请办理不动产转移、变更登记时，如宗地界址等未发生变化的，原有调查结果继续有效。"因此不涉及界址变化的，土地权利转移登记、变更登记、注销登记、更正登记、异议登记、预告登记、查封登记等以及抵押权和地役权的登记均不需要再开展地籍调查。

（二）地籍调查成果由当事人提供，登记机关审核

按照1995年修改的《国家土地管理局土地登记规则》第6条规定："土地登记依照下列程序进行：（一）土地登记申请；（二）地籍调查；（三）权属审核；（四）注册登记；（五）颁发或者更换土地证书"，地籍调查是土地登记程序之一。过去土地登记的程序一直是：申请→地籍调查→权属审核→注册登记→颁发或更换证书。其中，地籍调查是土地登记机关的一项重要职责，一直由国土资源行政主管部门完成。

但是随着经济社会的发展，尤其是我国社会主义市场经济制度的不断健全和完善，不动产交易特别是土地的交易越来越频繁，同时随着测绘行业市场化改革的推进，由国土资源行政主管部门负责地籍调查的工作模式以及现行的土地登记程序已不能满足经济社会发展对土地登记的高效、便捷、及时等多元化需求。

为了适应经济社会发展的需要，原国土资源部于2003年3月决定在广东和浙江两省开始为期两年的土地登记自我举证试点。土地登记自我举证是土地登记申请时由土地权利人自我提交登记资料和宗地调查成果的一项制度，是为了建立与社会主义市场经济相适应、符合国际惯例土地登记制度的重要内容，也是转变政府职能，提高土地登记效率和社会化服务水平的重要措施。土地登记自我举证制度将进一步优化土地登记程序。试点的两个省份土地权利人不仅要自主申请土地登记，还要自主委托具有资质的中介机构办理地籍调查、地籍测量等相关业务，自我提交土地登记资料和土地调查成果，以减少政府工作量，提高办事效率。通过两省的试点，探索了土地登记自我举证的内容、程序和方法，研究了实行土地登记自我举证所需社会中介服务机构的形式、运作模式、服务内容和人员管理办法，明确了土地登记机关审查的方式和相关责任，摸索了制定规范土地登记自我举证工作行为的相关制度和规定，为全面推行土地登记自我举证制度奠定了基础。

而在与此同时的土地登记实践中，为了满足土地使用者对国土资源行政主管部门土地行政审批行为的合法、高效、准确的要求，根据工作实际，成都市按照《地籍调查规程》相关规定，于2004年年初在全国率先进行了地籍调查前置的积极探索。所谓地籍调查前置就是指在集体土地征收、农用地或未利用地转用、签订《国有土地使用权出让合同》、核发《国有土地划拨决定书》前，需对批准用地进行勘测定界，先行完成地籍调查工作，出具地籍调查前置成果。目前地籍调查前置在成都市已形成正式的工作制度并在四川省广泛推广；2007年天津市国土资源和房屋管理局出台了《天津市地籍调查前置管理规定》，也规定将地籍调查工作前置。地籍调查前置不仅能提高土地登记的工作效率，而且树立了政府方便于民、服务于民的良好形象。地籍调查前置后土地登记的程序就变为地籍调查→申请→权属审核→注册登记→颁发或更换证书。

根据《物权法》第11条的规定“当事人申请登记，应当根据不同登记事项提供权属证明和不动产界址、面积等必要材料”，《土地登记办法》对土地登记的程序进行了规定。按照该规定，当事人在申请土地登记时，就须提交土地权属来源证明、地籍调查表、宗地图及宗地界址坐标等必要材料。《土地登记办法》明确规定申请人提交的“地籍调查表、宗地图及宗地界址坐标，可以委托有资质的专业技术单位进行地籍调查获得”。这意味着，过去由行政机关包办的地籍调查等事务工作，不再是行政机关的分内之事，土地登记必需的相关资料要由申请者自我提供，即自我举证。这样土地登记的程序简化为申请→权属审核→注册登记→颁发或更换证书，地籍调查则因为土地登记自我举证制度的实行而变为申请之前的必要过程，其成果则成为申请登记的必须要件。

2015年3月1日起正式实施的《不动产登记暂行条例》第16条要求申请人申请登记除了应当“相关的不动产权属来源证明材料、登记原因证明文件、不动产权属证书”之外，还需要提供“不动产界址、空间界限、面积等材料”，对《物权法》的规定进行了细化，同时也是肯定了《土地登记办法》的规定。

之所以将地籍调查推向社会，主要有以下两点原因。

一是随着经济社会的发展，土地登记数量越来越多，而且质量要求越来越高，因此对登记人员的数量和质量也要求越来越高，但是各地从事土地登记的工作人员数量有限，且人员身份复杂多样，只有极少数的属于公务员编制，在简政放权的背景下，特别是近几年国务院提出不增加行政人员的编制的背景下，土地登记的人员数量已无法满足日益增长的登记工作需要。

二是土地登记收费标准不能满足登记工作的需要。统一登记之前，土地登记收费一直执行的原国家土地管理局、原国家测绘局、原国家物价局、财政部《关于土地登记收费及其管理办法》(〔1990〕国土〔籍〕字第93号，已失效)。该文件颁布时间较早，收费标准相对于经济社会的发展和物价的飞涨显得很低，不能满足登记工作的需要。特别是《物权法》明确规定“不动产登记收费按件收取，不得按照不动产的面积、体积或者价款的比例收取”,《物权法》审议过程中，曾经有一稿明确规定每件收费不得超过200元。因此登记收费标准不可能提高，相反，根据物权法的精神，只能降低。统一登记之后，住宅类的不动产登记收费标准为80元/件。

因此，在人员不能增加，登记收费不能增加的背景下，只能将与行政管理部直接相关的地籍调查推向社会，由当事人自我完成，自我无法完成的，由其委托相关的专业单位完成，做到政事分开、政企分开。这样可以将登记机关从繁杂的事务中解脱出来，集中精力重点审核当事人所提交的材料，从而提高登记的质量和效率。

五、土地登记与土地确权的关系

土地确权有广义和狭义之分。广义地看，土地登记就是确定土地权利归属的过程；狭义地看，土地确权又是土地登记过程中的一个阶段，仅指当土地权利的归属、内容发生争议时的权利确认。本书将土地确权仅仅局限于狭义的确权。

（一）确权是对权利的实体性确认，登记是对权利的程序性确认

对土地权利实体上的认定，属于确权要解决的问题。权利的主体也就是土地权利属于谁、权利的内容也就是权利人享有哪些权利等问题，都是根据《物权法》《土地管理法》等实体性法律法规通过土地确权进行实体性确认。而如何根据《不动产登记暂行条例》等程序性规定审查土地权利的权利状况和自然状况证明材料，如何把土地权利固定下来，则属于土地登记要解决的问题。土地确权的内容是土地登记的核心内容，也是土地登记的实质问题。只有确定的土地权属明确，界址清楚、面积准确，土地登记行为才更具有公信力。土地登记是土地确权的外形要件，是对确定的土地权属的具体承认形式的公示。

另外，从先后顺序看，土地确权在先，而土地登记在后。土地确权是土地登记的必要的前提条件，不进行土地确权就无法进行土地登记。经过土地确权的土地权利，一般只有通过登记才发生效力。所以我国《物权法》第 9 条第 1 款规定："不动产物权的设立、变更、转让和消灭，经依法登记，发生效力；未经登记，不发生效力，但法律另有规定的除外。"

但是确权独立于登记，权利确认之后，不是必须申请登记，如按照《物权法》第 28 条的规定："因人民法院、仲裁委员会的法律文书或者人民政府的征收决定等，导致物权设立、变更、转让或者消灭的，自法律文书或者人民政府的征收决定等生效时发生效力。"这意味着因人民法院、仲裁委员会的法律文书或者人民政府的征收决定引起的物权设立或者变动，不需要登记也产生效力。

（二）当事人负责提供的土地权属争议处理决定等权属证明材料由有权机关作出，登记机关负责审核

《物权法》第 33 条规定："因物权的归属、内容发生争议的，利害关

系人可以请求确认权利。”该条明确规定了当事人的物权确认请求权，但是没有规定确权主体。

就土地确权而言，依据《土地管理法》第16条规定“土地所有权和使用权争议，由当事人协商解决；协商不成的，由人民政府处理。单位之间的争议，由县级以上人民政府处理；个人之间、个人与单位之间的争议，由乡级人民政府或者县级以上人民政府处理。当事人对有关人民政府的处理决定不服的，可以自接到处理决定通知之日起三十日内，向人民法院起诉。在土地所有权和使用权争议解决前，任何一方不得改变土地利用现状”，确权机关是县级以上人民政府。自2003年3月1日起施行的《土地权属争议调查处理办法》（国土资源部令第17号）进一步明确了土地争议调查处理的主体是县级以上人民政府，国土资源部门只是具体的承办部门。

《不动产登记暂行条例》2015年3月1日正式实施前，土地登记机关是县级以上人民政府，再加上如前文所述的包括权属调查在内的地籍调查在2008年2月1日《土地登记办法》实施之前，属于登记的必经程序，由登记机关完成。当事人申请登记之后，登记机关到场进行权属调查。土地权属调查主要是需要土地的四邻指界，如果没有权属争议，则进行地籍测量。如果四邻因为存在土地权属争议不予以指界，则需要登记机关在解决权属争议之后再测量登记。因此，一直以来登记机关就被当作确权机关，权属争议处理机关。2015年3月1日《不动产登记暂行条例》正式实施后，登记机构不再是争议处理机关，原因有以下两点。

一是按照《不动产登记暂行条例》第6条第2款“县级以上地方人民政府应当确定一个部门为本行政区域的不动产登记机构，负责不动产登记工作，并接受上级人民政府不动产登记主管部门的指导、监督”，以及第7条第1款“不动产登记由不动产所在地的县级人民政府不动产登记机构办理；直辖市、设区的市人民政府可以确定本级不动产登记机构统一办理所属各区的不动产登记”，登记机构是政府的部门，而按照《土地管理法》第16条规定，确权机关应当是县级以上人民政府。

二是按照《物权法》第11条的规定和《不动产登记暂行条例》第16条的规定，不动产的权属证明材料需要当事人自我提供。包括权属调查在内的地籍调查工作需要当事人或者其委托的专业技术单位完成。登记机关只负责审核权属是否存在争议，如果土地权利存在争议，则需要当事人先行解决争议。关于解决的途径，按照《土地管理法》第16条规定，当事人可以自行协商解决，也可以申请政府处理，对处理不服的，可以申请行政复议或者诉讼。争议解决之后，当事人可以持协商处理的结果或者人民政府的处理决定或者复议决定或者法院的裁决申请登记，登记机关根据当事人协商的结果或者公权力机关的处理决定办理相应的登记。

第三节 不动产登记机构的最优选择[①]

一、我国不动产登记分散登记的状况

2015年3月1日,《不动产登记暂行条例》实施之前，我国不仅土地和房屋由不同的部门进行登记，而且不同类型的土地也分别由不同的部门进行登记。房屋以及各种类型的土地之所以没有统一登记，其实践原因在于登记机构没有统一，而制度原因在于相关的法律没有统一。

我国的不动产因管理机构不同而由不同的机构登记，如房屋由住房和城乡建设部门主管和登记，建设用地使用权和集体土地所有权等由国土资源部门负责登记，草地由农业部门进行主管和登记，林地由林业部门进行管理和登记，承包经营的耕地也是由农业部门进行登记。另外还有一些不动产或者权利由其他的部门进行管理和登记，如水面、滩涂的养殖使用权由渔业部门进行管理和登记，滩涂由国家海洋部门进行登记。除此之外，不动产抵押权的登记，有的由国土资源部门负责，有的由住房和城乡建设部门负责，有的甚至由工商部门负责等。初步统计，我国涉及不动产登记的部门和机构繁多，有近10个。

之所以各个部门都对不动产进行登记，主要是由于各个部门都有各自的法律作为依据。例如，林业部门对林地登记有《森林法》作为支撑，农业部门对草原进行登记有《草原法》作为依据，对农村承包土地登记有《农

---

① 由于《不动产登记暂行条例》已于2015年3月1日开始正式实施，房屋登记、林地登记、草原登记和土地登记以及海域登记整合由一个部门承担。根据本书第一章的论述，土地的概念其实等同于不动产，但目前将土地与不动产等同难以为我国实践所接受，因此本节标题为不动产登记机构的最优选择。

村土地承包法》；住房和城乡建设部门对房屋登记有《城市房地产管理法》；渔业部门对水面、滩涂的养殖使用权的登记有《渔业法》；海洋部门对海域滩涂的登记有《海域使用管理法》；工商部门对不动产抵押权登记有《担保法》。国土资源部门对土地进行登记则依据的是《土地管理法》，并且此法第 11 条第 4 款还明确规定“确认林地、草原的所有权或者使用权，确认水面、滩涂的养殖使用权，分别依照《中华人民共和国森林法》、《中华人民共和国草原法》和《中华人民共和国渔业法》的有关规定办理”，承认了土地分散登记的现状。

目前，各个部门逐步形成了一套登记的机构、人员和技术方法等，有的甚至还出台了具体的部门规章，如除原国土资源部出台有《土地登记办法》外，原建设部出台了《房屋登记办法》，原国家林业局出台了《林木和林地权属登记管理办法》、原农业部出台了《农村土地承包经营权证管理办法》等，用以规范登记程序，登记不同的内容，发放不同的证书等。

二、我国不动产分散登记的弊端

我国不动产分散登记的局面是基于历史等各方面的原因而形成。这种分散登记的做法，在计划经济时代，对加强行政管理，促进计划经济发展，起到了一定的作用。但是随着经济社会的发展，特别是市场经济对归属清晰、权责明确的产权制度要求越来越高，这种做法逐渐产生了越来越多的弊端，越来越不适应经济社会发展的需要。

一是影响了社会的和谐与稳定。由于不同的部门管理和登记，导致农林用地、农牧用地以及林牧用地之间的权属界限不清，权利归属不明确，引发众多矛盾和纠纷，有的甚至产生恶性械斗，引发群体性事件。据某省统计，1998 年以后，全省林区每年爆发农林争议数百起，至 2005 年末，尚有 711 起农林争议未解决，面积达 16.5 万公顷。为了解决这些纠纷，省政府专门设立了土地纠纷划界办公室。

二是造成了大量登记错误。由于各部门的登记方法、技术规程等不一致，很容易导致各种土地权利的重登、漏登现象的产生。特别是不同类型的土地权利面积重叠或者重复登记严重。20 世纪 90 年代之前，由于受当时条件限制，林权证发放比较粗放，不少地方采取的是“一局一证”或者“一场一证”的方法，林权证涵盖的面积比较广，如原国家林业部给黑龙江省东京城林业局颁发的国有林权证登记总面积就达 401273 公顷，范围不仅涵盖了居民区，而且涵盖了许多经营性用地，导致林地的面积与耕地、集体建设用地的面积重叠严重。内蒙古兴安盟阿尔山市 1992 年林业用地普查登记时，将阿尔山市辖区范围内的原阿尔山镇、村的行政用地、城市建设用地、水面以及农民的耕地、林地、牧草地等所有土地全部划入林业用地，并且由原国家林业部及自治区政府核发了林权证，导致阿尔山市的任何发展建设工作都面临着侵犯林权、违反林业管理法律法规的局面。

三是增加了当事人的负担。在农村，农民仅就其财产就要分别到四个不同的部门办理四个不同的证件：住房要到建设部门办理《房屋所有权证》，宅基地要到国土资源部门办理《集体土地使用证》，承包的土地要到农业部门办理《耕地承包证》，栽种的树木要到林业部门办理《集体林权证》。在城市，居民最少也要办两个证：要到建设部门办理《房屋所有权证》，到国土资源部门办理《国有土地使用证》。各种证书满天飞，不仅增加了人民群众办证的不便，而且增加了其时间、资金成本。

四是影响了正常的市场交易秩序。目前由于房地分别登记，导致房屋和土地分离的现象十分严重。不仅权利人办理登记不方便，而且交易相对人查询登记资料不容易，了解交易标的权利状况很困难。在房地产抵押时，不仅要到建设部门办理房屋抵押登记，而且要到国土资源部门办理土地抵押登记。实践中，还有的人利用此漏洞，将房屋和土地分别抵押，或多次抵押，骗取银行贷款，此类案例经常发生，造成大量的国有资产流失。

五是增加了政府财政支出，降低行政效率，影响政府的形象。不同的部门都办理不动产登记，各个部门都要配备一套专门的人员、机构、场所以及设施设备等，国家不仅为此相应地多支付人力物力成本，而且由于各部门之间的职能交叉，容易导致各部门之间的争权夺利或者扯皮推诿，降低行政办事效率，严重影响政府的形象。

三、我国不动产为什么应该统一登记

不动产统一登记不仅是经济社会发展的客观需要，而且是人民群众的迫切需要。国家行政机关和立法机关均意识到了这一点。例如，2004 年国务院颁布的《关于深化改革严格土地管理的决定》(国发〔2004〕28 号)明确指出："国土资源部要会同有关部门抓紧建立和完善统一的土地分类、调查、登记和统计制度"; 2007 年颁布实施的《物权法》明确规定国家实行不动产统一登记制度。之所以要实行不动产登记统一主要原因有以下五点。

第一，从不动产的自然属性上来看，建立不动产统一登记制度符合不动产的自然属性。因为房屋、林木、草原等其他不动产均依附于土地而存在，无法分割。如果人为地分割，将违背自然属性。

第二，从国际上来看，建立不动产统一登记制度符合国际通常做法。有关国家和地区不动产登记的主管机关虽然不同，有的在法院，有的在司法行政部门，有的在地政部门，但有一个共同的特点，即登记主管机关只有一个，登记机关是统一的，不动产没有分散登记。

第三，从历史上看，建立不动产统一登记制度符合我国的传统。因为我国长期以来形成了不动产统一登记的传统。民国初期，我国便建立了不动产的统一登记。从 1956 年起，土地权利退出财产权范畴，土地登记本身失去了存在的价值。改革开放后，房产、林木等比土地更早进入财产权的范畴，房屋、林木的登记也先于土地登记而建立。因此才造成目前房屋、林木与土地分别由不同的部门管理和登记的局面。

第四，从当事人的角度来看，建立不动产统一登记制度方便了人民群众，顺应民心和民意。因为统一登记不仅可以方便权利人申请登记，方便交易相对人和利害关系人查询登记资料，减少当事人的交易成本，活跃市场交易，而且可以保护当事人的合法权益，维护交易安全，降低交易风险。

第五，从登记机构的角度来看，建立不动产统一登记制度，不仅可以提高登记效率，降低登记成本，节省国家登记的人力、资源成本，而且可以克服分别登记所造成的弊端，如避免重复抵押、减少因权属不清而造成的各种纠纷等。

四、为什么要以土地为核心、以土地主管部门为登记机关建立不动产统一登记制度

以土地登记为核心、为基础建立我国的不动产统一登记制度不仅尊崇了土地自然属性，符合国际通行做法和我国国情，而且更加有利于保护不动产权利人的合法权益，促进经济的繁荣发展，促进我国经济社会的科学发展和可持续发展。

第一，从自然属性上来看，土地是万物之本，是最重要、最基础的不动产。一是土地具有基础性。任何其他不动产，如房屋、林木等，都不得不依附于土地而存在，离开了土地这些不动产，就不复存在。土地是主物，其他不动产是从物，土地和其他不动产是皮和毛的关系，土地是其他不动产的基础，皮之不存，毛将焉附。实践中，其他不动产进行登记时，也不得不记录该不动产的坐落位置等有关土地的信息。以土地为基础进行登记，可以包容其他的不动产物权的登记，而其他不动产的登记则无法包容无地上附着物的土地的登记。二是土地具有永续性。除土地外的不动产，存续时间都是有限的，而土地无论是水淹火烧人力损害等，都改变不了土地的存在。附着于土地的房屋、林木、牧草等经常因灭失、砍伐等原因发

生变动，仅有土地是相对永恒不变的，以土地为基础统一不动产登记有利于保持登记的持续性和长久性。

第二，世界上大多数国家都是将地上建筑物、林木等作为土地的组成部分，土地登记就包括地上附着物的登记。大陆法系国家是直接在法律中将地上房屋、林木等规定为土地的一部分。如根据《德国民法典》第94条[①]、第96条[②]的规定附着于土地上建筑物，与土地尚未分离的出产物，播种的种子，栽种的植物，以及与土地所有权相关联的权利，都是土地的组成部分。只有为临时目的而将建筑物或者其他工作物附着于土地上的物不是土地的组成部分[③]。在英美法系国家，虽然很少有关于土地的成文法，但是在其关于财产法的书籍中将地上房屋、林木作为土地的一部分，如“附属于土壤的任何东西都是土地的构成部分”，如“种子或植物之类的小树在其播种或种植于土地之前，是作为单独的动产客体而存在，但在其播种或者种植于土地之中并成为土地的一部分时，就丧失其独立性了”，“庄稼、水果或树之类的客体，虽然其本身被认为是物，并且一旦脱离土壤时也成为单独的动产，但在其脱离之前，仍为土地的构成部分”，此外“房屋和其他建筑必然是它们建筑于其上的土地的组成部分……”[④]除此之外，权威专业的法律辞典，如根据《元照英美法词典》《汉译简明英国法律辞典》《牛津法律大辞典》等，土地在一般意义上，是指地球的表面，但是在法律上，土地是由地表、地表上空以及地表下部所组成的一个立体的空间，以及在其中生长或永久附着的任何东西。它包括地上的空间，地下的

① 《德国民法典》第94条第1项规定：“附着于土地上的物，特别是建筑物，以及与土地尚未分离的出产物，属于土地的主要组成部分。种子自播种时起，植物自栽种时起，为土地的主要组成部分。”

② 《德国民法典》第96条规定：“与土地所有权相关联的权利，视为土地的组成部分。”

③ 《德国民法典》第95条第1项规定：“为临时目的而将建筑物或者其他工作物附着于土地上的物，不属于土地的组成部分……”

④ ［英］F. H. 劳森、B. 拉登：《财产法（第二版）》，施天涛、梅慎实、孔祥俊译，中国大百科全书出版社1998年版，第20页。

泥土，生长在土地的植物，建在地上的建筑物、固定设施，土地附属物及土地的权益等。

第三，从国际惯例上看，世界上大多数国家和地区都是由土地主管部门负责登记。例如，澳大利亚昆士兰州是在州政府环境与自然资源部下设的土地登记局、加拿大安大略省是在消费与商业关系部下设的不动产权利登记处等。

第四，从历史上来看，我国长期以来形成了土地主管部门登记的传统。民国初期，我国便设立地政局负责不动产的统一登记。国民党统治时期曾有一段时间由法院登记，后来还是改为地政部门登记。

第五，从管理上来说，由土地主管部门负责登记，可以更好地贯彻落实国家的土地政策、税收政策等，有利于实现国家的宏观调控目标。

第六，从登记手段上来说，我国实行的产权登记制度，需要对权属现状进行实地地籍调查，包括权属调查和地籍测绘工作，运用测绘、测量等专业技术手段来确定土地的权属界限、界址位置、面积等，形成相应的完整的、系统的文件资料和图件资料。这是目前其他部门难以做到的。

第七，土地登记在经济社会发展过程中发挥着重大的作用。土地登记作为物权公示的方式，不仅与其他不动产登记一样在定分止争、维护交易安全和保护私人合法财产权等方面发挥着重大作用，而且其作为行政管理的一种手段，在行政管理方面也发挥着不可替代的重要作用，主要体现在：一是土地登记是严格土地管理的基础。土地权属是土地管理的核心，而土地登记是土地权属管理的最重要的手段。通过土地登记，确定土地权属的界限、界址位置、面积等，可以为土地的用途、规划管理、用地审批、征地补偿、耕地保护等土地管理的各个方面提供基础数据和资料。就如公安部门对社会人群的管理离不开对人的身份进行登记一样，离开了土地登记，严格土地管理将无法实现。二是土地登记资料是税收管理的依据。土地登记最开始的目的就是税收。我国自夏朝以来，收取税赋的最重要的依据便是土地登记资料。在税收管理方面，土地登记至今仍然发挥着重要作用，如《土地增值税暂行条例》第 11 条、《契税暂行条例》第 12 条就明确规定土地管理部门、房产管理部门应当向税务机关提供有关资料。三是土地登记在促进国民经济发展、增强利用土地政策参与国家宏观调控的能力、协调社会对土地资源的公平利用等方面也发挥了重大作用。

第八，我国土地登记工作取得了显著成效，不仅为保护产权人的合法权益、维护社会稳定、促进社会经济发展发挥了重大作用，而且为实现全国的不动产统一登记打下了良好的基础。目前，城镇国有土地使用权和农村集体土地使用权登记发证基本完成。土地主管部门在长期的登记工作过程中，建立了完整的规章、制度和技术规程，健全了各级登记机构，培养了一大批训练有素的测绘、登记人才，积累了丰富的登记经验和大量的登记资料，实现了土地登记资料的公开查询。土地主管部门现有的机构、人员和条件，完全可以胜任全国的不动产登记工作。由土地主管部门登记，不仅可以保证登记政策的延续性，而且可以充分利用现有的资源，节约大量社会成本。

五、我国不动产登记机构的设置

2007 年 3 月 16 日审议通过的《物权法》虽然规定了“国家对不动产实行统一登记”，但是没有规定“统一登记的范围、登记机构和登记办法”，而是将其留待“由法律、行政法规规定”。但受部门体制的约束，不动产统一登记制度一直未能建立，不动产重复登记、机构重叠的现象突出。

一直到 2013 年 3 月，全国人大通过的《国务院机构改革和职能转变方案》决定“加强基础性制度建设。……建立不动产统一登记制度”，“减少部门职责交叉和分散。最大限度地整合分散在国务院不同部门相同或相似的职责，理顺部门职责关系。房屋登记、林地登记、草原登记、土地登记的职责……分别整合由一个部门承担”，不动产统一登记才有了实质性进展。2014 年 1 月 21 日起实施的《中央编办关于整合不动产登记职责的通知》明确由国土资源部指导监督全国土地登记、房屋登记、林地登记、草原登记、海域登记等不动产登记工作。2014 年 11 月 24 日，李克强总理签发 656 号国务院令，正式颁布《不动产登记暂行条例》，自 2015 年 3 月 1 日期施行。

按照《不动产登记暂行条例》第 6 条的规定："国务院国土资源主管部门负责指导、监督全国不动产登记工作。县级以上地方人民政府应当确定一个部门为本行政区域的不动产登记机构，负责不动产登记工作，并接受上级人民政府不动产登记主管部门的指导、监督。"国家层面由国土资源部指导监督全国土地登记、房屋登记、林地登记、草原登记、海域登记等不动产登记工作。国土资源部地籍管理司加挂不动产登记局的牌子，并将原中国土地矿产法律事务中心更名为国土资源部不动产登记中心，主要承担不动产登记相关政策、业务、技术等方面支撑工作。地方的登记机构由地方政府确定，可以不设置在国土资源部门，但必须将不动产登记的职能统一设置在一个部门，不能分散设置在多个部门。目前，全国各地基本上都将登记机构设置在国土资源部门，只有极个别地方设立了直接隶属于市县政府的登记机构。

根据中共中央 2018 年 3 月印发的《深化党和国家机构改革方案》，"为统一行使全民所有自然资源资产所有者职责，统一行使所有国土空间用途管制和生态保护修复职责，着力解决自然资源所有者不到位、空间规划重叠等问题，将国土资源部的职责，国家发展和改革委员会的组织编制主体功能区规划职责，住房和城乡建设部的城乡规划管理职责，水利部的水资源调查和确权登记管理职责，农业部的草原资源调查和确权登记管理职责，国家林业局的森林、湿地等资源调查和确权登记管理职责，国家海洋局的职责，国家测绘地理信息局的职责整合，组建自然资源部，作为国务院组成部门"。为此，在国家层面，自然资源部统一履行调查和确权登记的职责，地方也将由各地自然资源主管部门统一履行调查和确权登记的职责。

第三章

现代土地法中政府的角色定位

第一节 | 政府治理的应然状态

政府土地治理的出发点，在于保障土地资源的有效利用与经济发展需要的相互协调，个体利益的维护与公共利益的考量，公平与效率的抉择以及满足提供公共产品的需求。多任务目标的重叠，是政府能力面临的独特挑战。中央政府与地方政府之间基于权利、权力的不同匹配，也使得政府进行土地治理过程中，还面临着来自内部的不同利益的争论。

所有这些因素说明，从效率角度出发制订的最优方案在现实中不一定是可行的。要通过提供政府治理能力，从而提高经济发展和社会福利，达到土地治理目标。首要任务应是使政府治理的作用与现有能力相适应，建立使国家能有效地提供公共产品物品和土地治理的法规和准则，并与中国土地制度相互契合。一个应然状态下的土地治理目标，应该具备至关重要的几个因素：完善的法律基础，清晰的产权界定，公正与透明的程序，友好的环境。

一、政府土地治理的目标——良好的土地管理应该呈现出什么样的状态

（一）均衡、协调各种利益，实现公正

政府土地治理的首要目标，是均衡协调各种利益，实现社会公正。公正，是社会制度的首要价值。从伦理道德的角度来看，社会基本结构在分配基本的权利义务、决定社会合理的利益或者负担之间的划分即为正义。正如罗尔斯在正义论中阐述的那样，正义就是要通过构建一整套制度，从

全社会的角度排除社会历史和自然方面的任意因素对人们造成的起点的不公平。在纠正市场失灵过程中，公平，仍然是政府土地治理所应关注的重心问题。在土地治理方面，不同的经济社会发展阶段，公平所关注的侧重点可能会有所不同。例如，在农村或者农业文明时期，政府首先应当关注的是实现“耕者有其田”，确保每个依靠土地生存的农民能够拥有一块能保障最低生活水平的耕地。在城市或者工业文明时期，政府则需要重点关注规划如何公平地分配土地增值收益。在全国范围，政府在通过年度土地利用规划、城市规划、产业规划等规划手段，对全国土地利用进行综合布局时，还必须考虑不同省份之间的均衡发展。尽管在具体指标分配过程中，还存在着些微的区别。但总体而言，为经济发展提供了足够的土地资源和公平支撑。

基于市场失灵，市场化的进程中资源配置也会出现不公平。忽视推动发展的这些社会基础可能会带来致命的后果。土地的不可移动性极大程度地限制了资源的自由流动，也会造成资源利用的不公平。但是，市场失灵这一事实，并不意味着只有政府才能够或者才应该解决这些问题。政府在其领土之内具有强制力，这使它在解决这些土地问题时具有独特的力量，但它也要丰富其他手段来实现土地治理的公平。

（二）保证国家政策目标的实现

政府土地治理的第二个目标，是根据经济发展状况，保证国家政策目标的实现。换句话说，土地政策与法律制度，要服务于特定经济发展阶段的国家总体战略。不同的经济发展阶段和不同的国情，决定了国家政策目标的不同。土地制度作为一个国家基础性的制度安排，对于一国的经济社会发展具有至关重要的作用。良好的土地制度，应当与国家的总体战略相匹配，从而能够有效推动和促进国家政策目标的实现，而不是起阻碍作用。例如，在后发型国家中，要实现国家赶超战略，在设计土地征收制度时，就不能将公共利益范围限定得过于狭隘，也不能强求让每个被征收人自愿或者满意。否则，任何重大建设都将寸步难行。我们可以看到，在印度、印度尼西亚等一些发展中国家，国家虽然规划了很多重大工程或者发展战略，但由于民粹主义盛行，土地征收制度过于强调权利人利益保护，大量国家建设活动无法取得所必需的土地，基础设施难以改善，国家战略沦为空谈。印度迄今为止，仅仅建设了一条从泰姬陵到首都新德里的高速公路。在印度尼西亚，也存在因为土地征收矛盾留下的大量断头路。中国改革开放以来，经济之所以能取得高速发展，高速公路、高铁、机场、港口、城市道路等基础设施之所以能够迅速完善，我国的土地征收制度功不可没。又如，我国人多地少的国情，决定了粮食安全问题在国家政策目标中的重要地位，这一国家政策目标要求必须实行最严格的耕地保护制度。再如，2006 年以来，经济运行波动较大，要求国家加强对经济运行的宏观调控，土地作为重要的经济要素，如何在宏观调控中运用好土地政策，成为经济部门和国土部门需要认真研究的重大课题。

（三）维护交易安全，保持市场平稳

政府土地治理的第三个目标，是维护交易安全，并保持土地市场的平稳。有恒产者有恒心，确定的不动产权利，不仅是激发人类创造力的源泉，更是市场交易得以达成的基础。因此，建立完善不动产登记制度，将土地等不动产的权利及其变动情况，以国家公信力的方式进行公示，是保证交易安全的基础性制度安排。没有国家公信力为不动产权利背书，人们将不敢购置任何不动产，金融机构将不敢为企业发放抵押贷款，整个市场将处于无序的状态之中，经济系统将无法运转。

在维护交易安全的同时，政府还需要保持土地市场的平稳。在大多数现代国家中，政府的管理调控作用比以前更为广泛、更为复杂。它不仅包括环境和金融部门等领域，也包括一些更传统的领域如垄断行业等。土地市场是较为典型的垄断市场。基于地方政府对土地供给源头的垄断和土地的不可移动性，会造成市场法则的失灵和灰色领域的存在。经营土地的理

念，也使得部分地方政府基于财政收入的考虑而过分推高土地价格。尽管存在中央政府的约束机制，但反向激励的示范作用，会造成土地市场的过热和不稳定。因此，政府土地治理，即应着眼于土地市场的长期价值，避免短期波动造成的行业危机，进而影响到宏观经济稳定。同时，政府应通过制定详尽而可行的法律，特别是完善土地税制，遏制土地投机，避免土地市场的大起大落。

（四）权利保护

政府土地治理的第四个目标，是保护私人土地权利。不动产登记是权利保护的基础，但登记的权利并不一定能够得到公共权力的有效保护。权利保护的第一个要求，是要保护产权免受盗窃、暴力和其他掠夺行动之害。一个人如果生活在恐惧之中，就不敢对土地有任何的投入。私权保护的第二个要求，是强调政府非因公共利益并经正当程序和公平补偿，不得征收或者剥夺公民的私人土地权利。由于公共利益和补偿标准界定的困难，私权维护与公权限制这对矛盾如何平衡，一直是现代土地法需要解决的焦点问题之一。

二、治理体系的判断标准

（一）社会参与、协商

对于政府行为而言，难以对所有的政府活动绩效进行监督、精确比较。例如，在基于公共利益征收土地时，居住环境的改变、公共财政的增加、产业发展带来的就业、“沮丧社区”的更新等利益与被征收主体的补偿利益之间就很难做出多与少的判断。这就使得非常难以制定恰当的标准或实行其他机制，以保证政府行为确实经得起推敲，负得起责任，这也会导致政府机构在征收补偿过程中可以获得巨大的空间。任意性的空间缺少制衡时，政府就可能执行的是自己的利益而不是社会的公益。公共权力可能会用于为个人谋利而不是为社会谋利。

在许多国家，公众已经参与进来，以弥补由市场失灵和标准模糊遗留下来的在公共物品和服务方面的不足。公共选择学派甚至从公共选择的过程来定义公共产品，即只要是政府经过公共决策机制民主决定的事项，都应当被认为是公共产品。公众自愿参与可以带来其自身的优势。在提高公众的认识、表达民众的呼声及提供服务方面，可以做许多有益的事情。一些地方的自愿性组织可以成为当地公共物品和服务的优先提供者，因为他们与当地人民所关注的事情关系密切。进而使人民表达自己的意愿并与社会结成伙伴关系，与社会集体达成机构性工作安排将有助于提高政府的效率。因为它使人民在政府政策的制定中拥有更大的发言权。总之，政府治理过程的开放，不仅能为政府治理提供合法性基础，而且可以使其具有更灵敏的反应力，在接近人民并使人民在制定与实施政策中发挥更大作用。

（二）公正透明

社会发展的结果，是在任何一个地方改革的压力都在上升。私营企业家、外来投资者都要求政府行为的可信度建立在运转良好的财产权基础上，公民则要求公共服务的供给反应更为灵敏，公共资源的利用更为有效。互联网时代的全球化，信息传播的扁平化则要求政府要更为灵活，能对不断变化的情况作出反应。公正和透明成为市场经济的基础。因此，欠缺公平、透明的武断决策，会损害社会的发展和创新的变革。

最为根本的挑战就是发明一种能在灵活性与制约之间求得可行的平衡的架构安排，在公平与特殊性之间寻求居中点。政府在灵活性与制约两者之间充分表现出一种显而易见的失衡现象。他们通常是不可信的、不透明的、反应迟钝的和不灵活的。灵活性过多，但制约不够，则会被认为行动缺少可信性。因此，基于公正、透明的政策目的，需要强化正规的制约手段，以增加行为的可信度和责任心。或者拥有强有力的机构，能偶尔在做出灵活的反应时拥有余地。

在理想世界中，灵活的规则比僵硬的更可取。但是构成适合于现实世界的良好法规的要素可能与理想的效率概念没什么关系。在那些缺乏适当的制约与平衡机制的领域里，为了保证可靠性和可预测性，就要牺牲灵活性。将灵活性与约束性结合在一起，尝试新的机构安排和激励机制，用约束机制制衡灵活性。为了公平、透明的治理目标，应运用客观、稳定的法律手段来彰显权利内容。

（三）在法治框架内解决矛盾纠纷

土地市场是建立在法律规则的基础之上的。这些规则提供的公共物品和行为指引就像空气一样普遍，它们在日常经济生活中起最基本的作用，甚至不为世人所关注。但只有当这些规则不存在时，我们才注意到它们对于发展所具有的重要性。

如不具有有效的产权规定，市场是无法蓬勃发展的。只有当满足了以下三个条件时，产权才是有效的。如前所述，第一是保护产权免受盗窃、暴力和其他掠夺行动之害。第二是保护产权不受政府随意性行为之害，包括不可预见的特殊规章和税收以及腐败。这些都会扰乱商业活动。第三是比较公正的和可以预见的私法体系。由于不存在这些对产权至关重要的支持性措施，就形成了法律缺乏综合征。

国家的首要任务必须是建立最初的法律基础构建：保护人身和财产不受犯罪行为的侵害、限制政府官员的武断行为以及建立公正和可以预测的私法体系。一旦建成了法律基础，着重点就可以专攻某些具体方面，包括土地登记机关的统一、土地权属证书的发放、集体土地的改革等。但只有在机构能力较强的情况下，这些领域的改革，尤其是复杂领域的改革，才会富有成果。

良法可以帮助社会对市场的效果施加影响以达到公众的目的，能保护环境，保护消费者和工人免遭信息不对称之害，可以通过促进竞争和创新而使市场运行更有效率，还有助于促使公众认同市场后果的公平性和合法性。实践中，一些领域至今未能创立能够按章办事的理念。制度看起来都移植于发达国家的成熟制度，但实际上非正规化行为仍旧十分普遍。部分权力机构避开了基于资源利用效率最大化的原则，而通过修改容积率、设置不合理竞拍条件等控制土地出让的走向。这些问题都归结于基本的弱点：政府部门内外的法制实施能力差，缺少倾听企业和市民社会意见，在政策制定、服务的提供和认识工作方面没有任何竞争压力。可持续发展通常需要有正规的约束机制。这种机制使国家和政府官员对自己的行为负责。为了使这些机制得以长期存在和具有可信性，他们必须以国家的核心机构为基础。

（四）权力配置的适宜性

中央与地方政府的合理分权是政府土地治理的重要方面。权力下放可以大大有助于提高地方政府的积极性，促使政府的服务更好地满足地方需要，增强地方的责任感，以及支持地方的经济发展。但是也存在陷阱：由于地方的决策缺乏协调性，中央政府的决策者可能失去对宏观经济的控制，而且地区差距可能扩大，经济和社会的紧张局势可能加剧，这样地方政府则会受到特殊利益的摆布，从而导致滥用政府权力，甚至使政府反应更加迟钝和不负责任。

如果权力下放缺乏有效的规则，那么就可能失败。通过横向激励来改善地方政府的利益追求仅仅是事情的一部分。例如在土地财政方面，可能就需要中央政府在预算、支出、审计、税制改革等方面树立合理的规则，才能防止分化，并把不同城市之间土地财政影响的差异减小到最低程度。仅靠对地方政府的利益激励，不可能提供政策制定和实施的正确框架。省级政府互相争夺资源可能会造成经济的扭曲。结果会导致地区间不平等的扩大，形成新的社会冲突。

因此权力下放不应是僵化的。应该在实践中不断调整并努力在各级政府之间找到适当的平衡。权力下放并不是一系列经过周密设计的改革成果，而是发生在决策者与博弈者之间对无法做出系统反应的政治环境中。这种不利的政治构架会导致严重的经济问题，包括地方争夺导致资源配置不当。对于政府治理而言，应用明确的规则具体规定各级政府的职责范围。

（五）信息沟通的便利

遏制法律缺乏状态是确保产权所必需的，但还不够。信息和协调问题也会通过削弱市场和产权的基础而妨碍发展。信息问题之所以产生的原因，是公众和企业肯定只拥有优先的信息，认识也不全面，或是运作规则尚不明确，财产权的范围难以严格地界定。包括允许或者排除他人对财产的使用权，以及收入的权利和出售、处置财产的权利。

经济活动的协调是困难的，其原因在于多数企业只关注自身利益，他们只会在分享信息不会造成任何损失的情况下才乐于这样做。道德危害是指另一方可能见利忘义的毁约的风险，它的存在不利于企业获得双方受益的实际。随着市场的发展，逐步向合作的方向演变，但目前还不够健全。各方不能依靠社会执法机制、信息共享也能使相当复杂的交易得以进行。但这个体系显然是可以预测的，但很不灵活。

公众所拥有的能量和资源以及享受到的利益却不尽相同。倘若政府要有效运作，那么他就必须代表一切并对其做出反应。一个在制定和实施政策时忽视广大民众需要的政府不是一个有能力的政府。政府如果对大量的群体需要不了解，就不会有效地满足这些需要。要密切政府与人民的关系。在决策时要倾听群众的声音，广开言路。

在适当的情况下，政府应该确保对关键性政策、方针和需要优先解决的问题进行基础广泛的公开讨论和评议。这样做至少意味着可向公众提供与公众利益有关的信息，并了解有关公众的观点和愿望，解决信息不对称带来的治理障碍。

第二节 政府土地治理的政策工具箱

政府通过制定相关土地政策，对土地市场和土地利用进行直接干预以调整宏观经济，实现经济稳定发展的治理目标。基于土地公有制的基本经济制度与政治制度，以及长期的富有实效的宏观调控经验，我国政府土地治理已经具备综合运用多种政策工具，并采取经济手段、行政手段、税收手段相结合的实践经验和调控能力。通过土地政策调控，为城市化推进提供重要的政策储备和工具，为经济发展“过热”或者“过缓”提供缓冲空间。对城市边界扩张，提供了“效率优先”的工具选择，对集体土地的权益保护，实施了日益完善的路径。

政府土地治理的政策工具箱分为硬工具与软工具。硬工具，是指包含直接行政手段与间接调控手段在内的调控措施。从规划、供地到出让方式、土地征收、税收等方面，均体现了政府土地治理的行政手腕的丰富性和传统经济手段的娴熟。软工具则指的是互联网时代带来的政府治理手段的革新及其对土地管理的借鉴，以及大数据背景下的治理理念变革、方式变革和自媒体时代对政策接受者的反馈与政策博弈等。社会治理的复杂性与时代性，决定了政府土地治理手段亦应与时俱进，通过不同工具的组合运用，实现良性的政策制定与社会效益循环。为城市化、工业化的可持续推进与社会效益、经济效益、生态环境、公民利益、政府目标相协调的可持续发展提供土地政策支持。

一、“硬工具”的传统优势

我国政府土地治理的政策工具箱中，硬工具主要包括供地政策、土地规划、土地价格政策、土地征收政策、土地行政政策等行政手段和土地税收政策等经济手段。任何一项政策手段既有收益又有成本。衡量政策好坏的标准至少应是收益大于成本。与行政手段相比，经济手段的成本最低，最为可取。这是因为经济手段是一种长期以来形成的不断发展完善的制度，并且有法律保障的“长效机制”。明确的规则，有利于政府和微观市场主体建立一种合理而稳定的预期，减少风险和不确定性，从而保证市场的效率和宏观经济的稳定增长。

（一）供地政策

1. 供地制度的沿革。我国土地市场经历了漫长的发展历程。在改革开放之前，长期的计划经济模式下，土地使用制度采取了计划分配、行政划拨的无偿、无限期、无流动的模式。土地作为重要的公有资源，权能受到严格限制。不允许出让、转让、没有价格，更谈不上土地市场配置和市场建设。

随着改革开放进一步推进，先后在北京、上海、成都等城市开展了土地商品属性的探索。为了适应吸引外资的需要，实行工业、商业等用地有偿使用，收取土地使用费；1987 年，深圳市第一次以协议出让方式向企业出让了国有土地使用权。1990 年我国第一部明确国有土地有偿使用的法规《城镇国有土地使用权出让和转让暂行条例》出台，明确了土地使用权可以采用协议、招标、拍卖三种方式。我国的土地市场逐渐进入了市场制度的建设阶段。走市场化道路，以避免土地市场持续混乱，不平等交易甚至寻租行为，避免基于土地市场供应的垄断性而产生的信息不对称、易波动等弊端。

2. 供地制度对土地市场的影响。土地供应对土地市场的影响主要通过两种途径：一是供应土地的用途；二是供应土地的区位。供应土地对应的用途影响着不同类别土地利用的供需平衡，进而对城市产业格局、经济形态、城市范围产生重要影响。而供应土地的区位分布则先影响城市边缘扩张的方向，进而调整城市经济重心以及产业结构。

理论和实证分析都表明，我国的土地供应对宏观经济的长期增长和短期波动都有显著影响。在宏观经济调控中，收紧地根对紧缩固定资产投资和房地产投资的效果显著。当前政府控制着土地一级市场的供应，因此可将供地政策作为土地宏观调控最主要的政策工具。供地政策在调控总量、协调区域发展、调整和优化产业结构、调控房地产市场结构，以及保障宏观经济长期稳定发展方面都具有重要作用。

3. 供地制度的局限性。供地制度中存在着中央与地方的博弈，地方政府面对土地的态度在逐渐变化。在经济发展水平较低、政府财政收入有限时，地方政府无力提高基础设施建设水平以吸引外资，有限的经济实力也限制了土地的资本化，从而即使给予地方政府更高的土地处置权，也不利于经济增长，反倒是较低的征地补偿会减少社会成本。当经济发展水平较高、流动资本较充足时，地方政府能够运用土地政策带动经济增长，此时赋予地方政府较大的土地供应权，有利于促进经济增长；虽然压低征地补偿会造成一定的社会成本，但相对于大幅的经济增量，总效益是提高的。伴随经济的进一步发展，在耕地总量控制的情况下，土地资源愈显重要。这时低价征收土地的社会负效益很大，生态效益也受影响。因此，减少地方政府的土地供应权可避免更大的社会和生态效益损失。

在趋紧的财政压力下，地方政府为避免财政赤字，吸引投资，寻求其他收入途径，土地就成为地方政府追逐收入的主要工具。为实现通过土地供应增加政府收入的目的，地方政府主要采用低价供应工业用地，同时高价供应商住用地的策略。靠低价供应工业用地所进行的招商引资活动能够带动地方的经济增长，进而带来“政绩”的提升。对不同产出增长率与土地价格增长率之间的关系进行比较发现，中国工业用地处于负向偏离其理论地价的状态，而商住用地价格则正向偏离其理论地价。这是政府通过压低土地价格（以及放松劳动管制和环保要求等）吸引投资但不利于社会经济可持续发展的一种无效率的“竞次”模式。作为调节经济的杠杆，土地的作用就被大大地削弱了。

我国大多数城市土地供应基本上采用“以需定供，总量不限”的方式。由于城市土地利用的规划的滞后，加上地方政府片面强调“以地生财”“筑巢引凤”，城市的土地供应往往缺乏时段性和空间性，土地供应总量上也基本没有严格的限制。城市土地的不适当供应造成土地供求市场的不平衡，使得土地的价格波动较为明显，部分城市地价透支情况严重。

（二）土地规划

1. 土地规划的内涵

土地规划是通过制定和实施规划，对一定区域内土地利用的目的、方式所作出的一系列约束性规定，指导人们合理利用各类土地，使有限的土地资源在部门间得到合理配置，从而在区域整体上实现土地资源的可持续利用。其基本功能体现在一定规划区域内，根据自然和社会经济条件以及国民经济发展的需要，协调与平衡土地总供给与总需求，优化土地利用结构与土地利用布局的宏观战略活动。其战略性体现在时间的长远性、空间的广域性和内容的综合性。

从土地视角来看，规划的历史渊源植根于人类对土地的开发利用和对土地开发利用的认知，其本质是合理分配和组织土地利用的综合性措施。以土地利用系统作为对象，以结构问题作为出发点，用定性和定量的方法描述其要素之间的联系和制约，按整体优化的观点加以处理，使结构在时空上得到落实。合理的土地规划，覆盖了土地利用总量控制到年度土地使用计划，能够提高土地利用决策的科学性。随着改革和发展的不断推进，土地规划在土地管理中的龙头和基础地位不断增强，土地规划作为宏观调控的重要手段在经济社会发展中的作用日益凸显。

在我国，土地规划作为政府部门一项明确的工作职能，始于20世纪80年代。早期的土地规划，主要集中在对国土资源的考察、开发、利用、整治、保护五个方面，被认为等同于国家计划，是经济建设战略布局的规划，是生产力布局的规划。进入 20 世纪 90 年代以来，土地规划理念也进入一个新的发展历程。强调其主要作用在于促进土地资源全面、均衡、合理利用，谋求经济、社会、人口、资源、环境长期协调发展和地区经济的平衡发展。随着国家区域战略的变化，效率与公平逐渐嵌入土地规划的研究成果中。随着利益冲突加剧和利益博弈复杂化、表面化，规划背后利益冲突、利益协调问题已经引起土地规划学者的关注。将土地科学与资源科学、生态科学结合起来，逐渐由土地资源的利用研究向土地资源的承载力，再到资源的产业化发展，资源产业化对区域经济、环境经济的影响，最后发展到对国民经济和国家战略层面的影响研究，从纵向贯穿土地规划理论的整个体系。

2. 土地规划的作用

土地规划的作用主要体现在以下几大功能。

（1）调整用地结构和优化用地布局，实现土地可持续利用。土地规划的主要功能，在于结合我国土地资源利用现状和土地利用中存在的问题，按照不同标准对土地进行合理调整。在对国有建设用地、工业用地、耕地、园地、林地、城镇村及工矿用地、交通用地、水域、未利用土地等分类基础上，分别确定了各类土地面积控制总量，对土地资源的配置起到制约和指导作用，规划期限内从资源总量上实现供需平衡。

通过用地分区对土地资源进行了空间功能的合理布局，对各项生产和建设进行了综合部署和全面安排，从根本上实现了资源在区位上的合理配置。土地利用分区也是土地利用总体规划中最直观也最重要的一种宏观调控土地资源的手段，通过用地分区的同时也实现了对行业区位布置的合理引导和制约，对产业结构在区域布局上的合理调整起到综合协调作用。

（2）控制建设用地增长。形成一整套完整的规划指标控制体系，为实施土地用途管制制度提供基本依据。同时，据规划目标制定规划期土地利用应遵循的基本方针，通过土地利用目标和方针的制定，建立以供给制约与引导需求的土地利用机制，提出各项建设用地的重点方向，合理调整用地布局优化土地利用结构，起到宏观调控作用。

（3）保护耕地和基本农田。城镇、村庄建设规模的大小，各类重点建设项目用地范围的分布情况，直接影响各行业建设发展的规模和层次。要实现供给制约和引导需求，关键是要做好各类非农建设用地的前期性预测和安排，做到既适应当地经济发展对建设用地的需求得到最大限度的满足，又确保耕地总量动态平衡及生态保护等环境综合治理的需要，从宏观上控制并引导各类型的非农业建设用地布局，实现建设用地正常有序的合理配置，在一定程度上促进各类非农产业结构的调整。

3. 土地规划的战略导向

现行的土地规划政策，存在着不合理之处。一是权力过于集中，指令性指标作为主要管理手段，极大限制了地方政府合理利用土地资源的主动性；二是政府土地规划管理的参数不科学，影响土地利用效率；三是地方政府事实上尚无力按照市场经济的要求行使土地规划管理职能，土地管规划理法治化的条件与现实要求严重不相匹配。

因此，基于对土地利用规划本质和功能充分认识的基础上，可以对土地利用规划调控的战略导向有新的认识。土地利用规划是对未来土地利用进行超前的调配和安排，土地利用规划必然要以未来为立足点。现状只是规划的基础，未来才是规划的主导。换句话说，土地利用规划并不能解决当前问题，土地利用规划制定的规划目标和规划蓝图不能立即实现，要在规划期内逐步实现。制定土地利用规划时，必须高瞻远瞩，纵横比较，立足现状，做出科学的预测，使土地利用规划具有开拓和开放的战略思想。随着土地市场的进一步发展，土地使用类型、土地权属的变化将比以往更多，土地利用规划则不可能一成不变。土地利用规划应根据反馈的信息和社会经济的发展情况，每隔一段时间做相应修改和补充，以利于土地利用规划的动态指导性和现实性。正确的规划观，应该是规划实施、反馈、修订、实施，如此循环往复。在土地利用规划中，既要考虑资源型导向，做好对土地资源的合理分配和使用，又要兼顾资产型导向，实现土地资产的效率与效益。

从宏观层面看，规划参与宏观调控，核心是通过编制土地利用总体规划和年度用地计划实行用途管制来调控建设用地总量。在土地利用总体规划中确定建设用地性质、规模、构成、投放时序，可以通过控制土地供应来调节投资规模和方向，起到有效调控经济增长速度和方式的作用，即在经济过热时，减少土地供给量抑制土地需求以减缓经济增长速度，反之则增加土地供给量刺激土地需求以加快经济发展，根据国家产业政策的动态要求，用规划和计划指标引导和改变企业的用地需求预期。从微观层面来看，就要依靠市场来配置土地资源，健全土地市场，实现区域土地资源的时空优化。

尽管目前对是否应放松容积率等规划管制争论激烈，但大多数学者都认为目前的土地规划缺乏前瞻性和科学性。经济社会的快速发展和规划指标不协调，规划指标被建设区不断扩大所突破。实际利用区位往往与规划区位偏离，规划未充分考虑到土地利用的最佳区位；频繁调整的土地利用规划损害了其权威性。理论分析和国外经验都表明，前瞻性的规划应将城市规划边界划定在当前城市最优边界之外，为未来的发展留出足够的空间，也有利于市场形成未来开发的稳定预期。与供地计划一样，土地规划的编制应基于对未来发展理性的、科学的预测。应改变目前规划编制以人均指标为主，而忽视经济规律和市场作用的倾向，需要对未来经济发展，人口增长特别是流动人口的增加等做出合理估计。同时，放宽目前对诸如规划边界、城市建筑高度、容积率等的过度限制，以促进城市的健康理性发展。

（三）土地价格政策

土地价格微观上受到区位、邻里因素、宗地因素的影响。宏观上则政府行为对土地市场价格能够施加直接影响。作为政策工具箱之一，土地价格调控成为控制城市规模、调整产业布局、调整房地产市场价格的重要手段。目前，中国的地价政策主要是对基准地价和标定地价的管理，包括基准地价和标定地价的评估、修编、公布和审核，以及协议出让最低价管制、招标拍卖标底或底价的确定和市场交易价格申报制度等。从土地所有权属性来看，土地价格政策体现在城市土地与集体土地的调控上，呈现不同的路径。

1. 政府行为对土地价格的影响

城市的土地属于国家所有，由国务院委托各级政府实施所有权人的一切权能，对其行使占有、使用、收益和处分等权利。这种独特的产权界定使得土地价格成为除所有权外一切权利的置换成本。

土地价格与土地使用权的取得方式有关。土地使用权的取得包括两种方式：一是划拨。如果划拨的是被征收的土地，则一般由使用者支付征地补偿费，此即构成土地价格的主要组成部分。如果是城市存量土地划拨，则多为无偿使用。二是出让。通过竞争方式形成土地出让价。有偿出让采用公开的交易方式，很容易被认为是完全市场行为。但考虑到土地的稀缺性、供给缺乏弹性以及社会功能的不可替代性，决定了完全竞争的方式下形成的土地价格未必是政府治理的最优目标。越来越多的"双限""双竞"的出让方式，已经使土地价格越来越多地受到政府行为影响。

在二级市场中，也存在着政府行为。土地使用者之间彼此转让交易，形成转让价格。看似价格形成透明，但考虑到城市土地市场的形式与结构还很不完善。土地供给渠道闭塞，从而导致供给紧张，土地价格无法准确反映土地市场供求关系。另外城市土地存在多重价格机制。征地费、房屋拆迁费和税费居于"领导价格"地位，从形成机制看，它们不是社会中介机构独立进行价格评估的结果，也不完全是市场竞争的产物，而是在国家规定其构成项目和各项费用标准且土地的卖方拥有某种垄断权力的基础上形成的。

2. 政府影响土地价格路径

（1）政府作为用地者影响土地价格

城市土地使用者大致可分为：私营企业、国有企业、以公益为目的的事业单位、机关和社会团体、自然人四大群体。政府作为用地者主要体现在机关、事业单位，国有企业几种情形。其所提供的产品是“准社会产品”，具有社会公益属性，有政府投资建设，居于垄断地位，无法市场化。因此，其用地方式往往是划拨用地，地价由政府制定。

例外之处在于国有企业。国企改制的基本目标是政企分开，权责明确。使企业成为独立的法人主体，承担法人责任。但在国有企业所属主体多元化的情况下，随着国企混合所有制改革的推行以及央企与地方国企的差别对待，政府可以有足够的政策储备，人为增加或减轻土地使用者的成本。从而导致同一地块使用价格相差悬殊这种明显违反市场规则的奇怪现象。有时国有企业在完全亏损的情况下仍然表现出极不理性的异常行为：接受过高的地价。例如，在北京的“广渠门 15 号地”地王的产生过程中，出现了土地价格高于周边商品房价格的倒挂情形。这也是目前许多城市地价异常的原因之一。

（2）政府通过影响企业的成本影响土地价格

政府运用货币政策、税收政策对经济进行宏观调控，其在很大程度上能够影响土地使用成本，从而影响土地收益及土地使用者最终所能支付的土地价格。土地是生产要素之一，地价属于成本，在“成本—收益”结构中，“收益”往往决定了用地者愿意和能够支付的土地价格，即现实土地交易价。而“成本”通常决定了土地成交的最低价格，即地方政府出让土地时的挂牌价。理性用地者会在收益与机会成本之间进行衡量，保证资金的最大效率。

基于货币政策的影响，以及土地利用行业的资金密集型行业特点，土地使用者的用地成本中，货币成本大概占到 10%—60%。当经济增长过速度时，基于货币政策的反向抑制和传导，将会导致货币成本急剧上升，提升地价，进而促使地价回归至合理范围。当经济增长放缓时，政府则会运用降准、降息等方式，鼓励土地开发、建设，以维持经济增长的合理速度。

基于绝大部分税收手段的间接性和可转嫁性，针对土地征收或者减免的税负可以成为土地价格的重要影响因素。包括城镇土地使用税、营改增以后的增值税征收、所得税以及土地增值税的预缴比例等，都会直接影响到土地价格，进而实现政府对土地行业以及地方经济发展的间接调控。

总之，一个完全意义上的市场主体，它所支付的地价应该由它的“成本—收益”估算决定。但通过政府其他政策工具调控后，土地成本中政府行为的影响力高达10%—40%，而收益分配中，政府行为的影响力更高。这使得土地公有制下的土地归属制度设定具有另外一种积极的意义，即通过地价调整实现宏观调控的目标。土地供给的唯一性以及公开市场的交易成本过高和投机者的逐利心理背后，隐藏着政府或明或暗的身影。运用经济手段对土地价格进行调整过程中，政府行为是隐性的而富有影响力的。因此，对土地价格管制的运用，要综合多种工具分析，加强监管，减少“隐性市场”交易的风险成本。

3. 政府作为征地者对集体土地地价的影响

集体土地的利用存在着严格的用途管制和路径管制。按照现行的法律规范，集体土地入市的唯一路径在于经过国家的征收途径。国家征收集体土地变为国有时，需要向其支付土地补偿款、附着物补助费等费用。该费用是集体土地价格的重要组成部分。基于现行法律制度安排，集体主体没有与用地者讨价还价的空间，土地价格不能以市场机制来定价，则存在着地方政府的低价供地冲动和城市扩张的无序。

在我国快速工业化时期，“剪刀差”式的征地制度设计为城市快速发展，实现工业化提供了隐蔽而极其重要的经济动力。这种制度设计也被看作改革开放以来中国经济迅猛发展的一个潜在制度优势。这种优势的根源来自集体地价过低而带来的“溢价”。在工业化发展到一定时期之后，伴随着工业反哺农业的需求，对集体土地征收补偿的标准则需要进一步提高和明确。运用价格管制可以弥补市场失灵但不能取代市场机制。构建统一的土地流转市场，实现土地资源价格的市场化。

（四）土地税收政策

1. 税收在土地资源配置中的调节功能

（1）节约使用土地资源

土地税收可以根据土地资源自然禀赋的优劣，确定不同的税负，运用税率等税收要素将土地资源的利用与纳税人的行为相结合。有利于指引、引导纳税主体的行为选择，避免乱占滥用土地资源，减少土地资源的损失。另一方面，通过税收杠杆将土地的级差收入收归国家。可以排除资源因素造成的利润分配上的不合理，提高资源开发利用效率，最大限度地合理、有效利用土地资源。

（2）调整土地利用方向

土地税收房是一种财政工具，通过规定不同的不动产税的税基或者不同的税率，可以影响土地的利用方式，促进土地资源的优化配置。由于历史原因和改革过程中的措施不完善，我国目前几乎所有城市都存在着区域功能相互交错的现象。这不仅造成了城市土地资源的巨大浪费，而且大大增加了完善交通基础设施和治理环境的城市运行成本，通过征税的方式，把那些级差地租较高地段不合理的资源占用者挤出去，把不合理的资源占用方式调整过来。让低收益用途的租户退出或者迫使业主改变物业用途，提高土地使用效益。

（3）保护土地资源的生产能力，实现可持续利用

土地市场的特殊性在于其垄断性和不可再生。所谓土地资源的利用，都是在特定的时间维度下的资源安排。随着时间的推移，土地资源利用的优化方式也会发生变化。动态的土地资源利用，需要由综合的制度设计来保障。反言之，土地利用不应该以牺牲土地生产力的可持续性为代价，尤其是农耕地配置更应体现土地可持续利用目标，获得自然生态资源的适宜性、经济方面的获利性、环境方面的良好循环性、社会方面的公平性。税收手段可以有针对性地调整土地利用过程中的单纯追求经济利益的不良倾

向，发挥土地结构效益，达到区域土地利用可持续发展的总体目标要求。例如，政府可以运用耕地占用税这一税收手段手段保护耕地，维护生态环境，实现土地资源可持续利用的社会目标。

2. 我国土地税收的结构及不足

在城市中开发、转让和使用土地，需要在各个环节缴纳有关税收，涉及 9 个税种。在土地开发环节，需要缴纳耕地占用税；在土地转让环节，需要缴纳土地增值税、营业税（营改增后改为增值税）、城建税及教育费附加、印花税、契税和企业所得税（或个人所得税）七种税；在土地使用环节仅需缴纳城镇土地使用税。农村集体所有的土地主要用于农业生产，在 2006 年以前需要缴纳农业税和农业特产税，2006 年以来取消了农业税收制度。目前，主要针对耕地转用征收耕地占用税。

土地税收的不足，主要体现在以下几点。

（1）税外收费突出

与其他国家相比，我国与土地开发相关的税收负担并不重，属于中等税负国家。可是我国有关土地开发的各种收费却大大超过了税收负担。有关资料表明，许多地方的土地收费项目在 100 项以上，有的多达 200 多项。土地税收约占房地产开发总成本的 10% 左右，而各种收费却占总成本的 30% 以上。

（2）税收规模比较小，难以有效发挥税收调节作用

目前，在土地开发环节和土地使用环节只有耕地占用税和城镇土地使用税两个税种。两税分别开征于 1987 年和 1988 年。虽经屡次调整，但比例税率仍然不合理，征收范围狭窄，税额较低。导致税收规模比较小，利用税收限制耕地占用和限制滥用土地的作用十分有限，难以有效地发挥税收杠杆调节土地占用和使用的作用。

（3）减免税规定较多，税款流失比较普遍

现行土地税收政策为了照顾或支持特定行业和特定主题，设定了税收优惠政策。但在实践中，利用减免税逃避耕地占用税、城镇土地使用税、土地增值税等税种的情形较多。地方政府基于促进地方经济发展的需要，

会采取多种方式减免税。造成了税款流失严重，税收功能被削弱。

（4）税收结构不合理，征税环节需改进

从税种数量及结构观察，现行土地税收在交易环节征税达到7个税种，开发使用环节仅各有1个税种。交易环节的税收远高于开发使用环节的税收，持有阶段税负基本空白。税收结构不合理，一方面导致土地滥用的冲动。盲目开发土地，浪费土地资源。另一方面，造成囤积土地资源，过多侵占公共利益。更重要的是，对于土地持有阶段价值增值这一部分的税收调节缺失，造成了拥有土地资源者独占土地增值，违背了土地价值增加的基本原理，导致实质上的不公平。

（五）土地行政手段

政府最为直接的手段即为行政手段。一刀切的方式有效地提升了政策的震慑力和效率，但也容易造成误伤。现行粗放式的行政手段，有其特定的技术缺陷。截至2015年，全国土地信息并没有实现联网，难以形成一个统一的、精确的调控数据。更重要的是，在国土部门、税务部门、银行系统之间信息也做不到互联互通。因此，单一部门的数据及调控手段难以覆盖其他部门的特殊性，影响调控效果。

从土地市场来看，政府运用的行政手段主要以下几种：土地出让数量的总体控制、土地出让的竞价方案、土地容积率的设定以及对土地上产品的限制来调整土地的需求。例如，通过配建保障性住房的方式，提升土地利用成本。

土地行政手段的特殊性在于，相比税收手段，更为直接地介入土地宏观调控。在经济手段未能取得效果的情况下，行政手段的采取可能有效地防止出现更大的产能过剩，以及可能出现的经济危机，是一种务实的做法。从短期来看，行政手段是有效的，采用行政手段的代价也是值得的，但是长期来看，比价格管制更加直接严厉的行政手段是无效的。主要原因在于：博弈行为或者对策行为导致行政手段的成本（包括监管成本）非常高，有时可能高到致使该项政策无法执行。一刀切的手段，在调控和抑制部分地区、部分行业或部分项目的同时，可能给其他优质项目带来损失。

二、“软工具”的勃兴与不足

（一）技术进步的大时代背景

大数据，精确调控。大数据时代是中国经济发展面临的特殊有利时期。海量数据的采集、数据分析、精确测算，将会是中国转变经济发展方式、社会生活方式以及资源利用方式的重要契机。大数据时代，也给行政管理提供了全新的思路和方法。计算机的广泛运用，会改变传统社会治理过程中存在的人情牌、地方利益牌，使得伴随农业社会产生的根深蒂固的乡土中国突破圈层限制，建立起现代的、科学的、全新的行政事务处理方式。卫星技术的迅速提高，进一步提升了土地资源宏观调控的准确性和可检验性。技术进步虽然是在不同领域的各自前行，但最终汇总起来，会形成意料不到的推动力。社会管理的精细化为土地资源管理的科学性提供了更多的可能性。随着不动产统一登记等制度的正式施行，以及跨部门之间的信息共享，未来影响土地管理工具发挥作用的障碍将会逐渐被消灭。

（二）社会治理理念的转变

传统决策思路是以效率为主的行政管理，单向的决策与接收决策行为，较少有政策制定过程中的社会介入。决策主体也是以行政机关为主，对社会主体参与调控行为缺少制度空间。权利意识的兴起，使得政策的博弈加深。应转变社会治理理念，鼓励社会主体作为中介组织介入土地资源行业，积极引入社会介入。建立政府的权力负面清单制，赋予社会主体空间。

所谓社会介入，首先，各种社会力量和公民个人以多种形式直接举办与城市土地资源相关的社会中介组织或资助公益事业。近年来，一些经济发达城市土地中介机构发展迅速，但仍存在不少体制和制度障碍，政府唱独角戏的局面尚未从根本上改变，还需通过政策引导大力推进。其次，从法理的角度理解，社会公众以适当方式参与城市土地资源治理与监管应是其本分。应该通过改革，克服现行体制和制度安排造成的治理主体（科层政府）单一状况，切实发挥社会力量和公民的“多中心”网络治理作用。

城市土地资源多中心网络治理是指政府部门、社会中介组织、私营部门和公众等多元共同行动主体通过彼此合作、共同管理城市土地资源的互动过程，其目的是增进土地相关者的公共利益。城市土地是一种公共资源，没有哪一个行动者或组织能够单独地承担起治理城市土地资源的所有职能，市民社会对城市土地资源多中心网络治理是建立在城市载体（土地资源）的相互依赖关系中，通过多元主体相互的沟通与信息交流来弥补信息的不完全和不对称现象，各司其职、相互协作，从而保证城市土地资源的公平和有效利用。中国社会转型时期，市民社会和社会中介组织正处于起步阶段，相应的制度政策与法律法规有待健全和完善。

如何立足于城市土地资源管理的现状，创造和完善市民社会多中心网络治理实现条件成了当务之急。首先，政府应建立健全政策法规，需要对政府、企业、社会中介组织和公众的作用、职能等做出法律条文上的规定，加大监督执法力度，实现执法的公平、公正和有效，从而真正监督和约束城市土地资源治理主体的行为。其次，政府要扩大宣传和教育力度，培养公众的参与意识，提高公众的参与能力。建立和完善城市土地资源治理公众参与制度，赋予公众相应的知情权和决策权，创建信息流动的渠道与信息反馈机制，拓宽公众参与渠道；同时，完善公众参与的法律制度基础，为公众参与城市土地资源治理提供法律保障。最后，政府通过强大的组织体系和政治规则协调、理顺城市土地资源相关社会中介组织与其他团体相互之间的关系，将公共部门、私营机构、社会中介组织统一调动起来，使之为整个城市土地资源与其相关者的利益和目标而共同协作治理。

第三节 | 中国政府主导型的发展窘境

政府主导型的土地政策，为中国工业化提速提供了制度支撑。但随着对土地需求的进一步增大，和需求的多元化。政府主导型的土地发展面临着新的问题。

一、政府主体地位不清

宏观调控的调控主体较为明确，即中央政府（国务院）及其相关部门，如央行、发改委和财政部等。具体到土地宏观调控的政策主体应主要是土地所有权人代表（国务院）及原国土资源部、财政部、国家税务总局等部门。从中央层面来看，调控主体之间较容易协调。

但对于各级地方政府的主体地位还有待明确。地方各级政府是土地宏观调控政策的调控主体还是受控主体，尚存在争议。实践中也影响到土地调控政策的落地效果。从目前颁布和实施的各项政策内容看，基于土地的不可移动性，从权利义务配置角度衡量，地方政府属于土地宏观调控关系中的调控主体。地方政府需要按照中央的统一安排，进行土地宏观调控，制定调控具体目标和方案。但现实中，基于分税制带来的地方责、权、利的一定程度的自主权以及考核的量化要求，地方政府又有着利用土地的政绩动机和现实需求。从而导致土地违法行为或者土地资源浪现象多数出现在地方政府默认的背景下。因此，地方政府实际上是宏观调控的受控对象。地方政府的这一双重身份导致了土地宏观调控政策落实的极大困难。

我国宏观调控的对象很大程度上是地方政府而不仅仅是微观市场主

体，这是因为我国的地方政府在很大程度上就如同微观市场主体一样运作。大多数学者都认为这样的经济运行模式对宏观经济的长期稳定增长不利，并且容易滋生腐败；但也有学者认为这是适应现实需要的结果，甚至是中国经济高速增长的一个主要原因。不管怎样，这一特点导致了宏观调控的困难，即中央的宏观调控政策很多时候并不是直接对全部微观市场主体发挥作用，而是需要通过地方政府间接发挥作用。因此，中央与地方关系理顺与否，以及地方政府对中央政策的贯彻执行力度，成为宏观调控成功与否的关键。

二、行为失范

基于政府的高度计划管理以及行政手段，在征收集体土地、征收国有土地房屋、土地一级开发、土地供地计划、土地出让方式、土地税收等领域发挥主导地位或者垄断地位，由此带来了行为失范的负面影响。

（一）涉地纠纷增多

现行涉地纠纷主要集中在集体土地征收国有和国有土地上房屋征收两种情况。国家征收作为集体土地入市的唯一路径，存在着诸多不合理之处。如征地理由存在不确定性。按照现行土地管理法的规定，集体土地收归国有时，需满足公共利益。基于公共利益的不确定性，较难把握。根据《物权法》的规定，农民对土地的承包经营权是一种用益物权，即土地被征收的情况下，农民作为用益物权所有人应该得到合理补偿。但是在实际征地工作中，只补偿了青苗补助、建筑物费用，并没有对被征地农民在集体土地上的投入、残余地分割的损害、经营损失等进行补偿。尚存在着土地征收操作不规范，缺乏透明度的问题。概括地讲，主要原因在于：一是征地实施主体多，导致标准执行不一。二是程序不够完善，实施不够到位。现行土地征用程序基本上是事后程序，土地征用过程中农民几乎没有发言权；程序执行不到位，即为了赶进度，征地程序的履行时间不符合法定时间逻辑关系的现象时有发生。

国有土地上则存在征收房屋时对土地使用权补偿规定缺失的问题。根据现行法律规定，国有土地使用权的征收依附于国有土地上的房屋征收行为。在相关征收补偿条例中，规定对国有土地房屋征收按照标准进行补偿，而国有土地使用权则无偿收回。国有土地使用权作为物权法规定的用益物权类型之一，理应受到同等的法律保护。实际补偿价格中隐含了土地使用权的征收对价，但未明确规定，这与保护财产的一般观念相违背。

（二）土地权力寻租空间大

各地政府代表国家对土地一级市场进行垄断，所有土地的使用权转让须由政府主导才能进入土地一级市场。政府垄断土地卖方市场，土地买方市场竞争激烈，土地出让涉及金额高、寻租空间大、利益博弈多，在内外部监督不到位或缺位的情况下，掌握集体土地出让、土地征管和审批的部门及人员极易发生权力寻租。中央政府与地方政府利益分配机制的不合理，土地产权制度和监督机制的不健全，土地审批制度存在漏洞。领导手中的审批权往往是实行土地寻租行为的前提。如果这种权力能得到合理的利用，则会使土地市场得以良好运转，人民的利益得到真正保护。但在现实生活中，过大的审批权往往使许多干部滥用自己手中的权力进行土地寻租活动，从而谋取个人私利。审批制度的漏洞又驱使了土地权益人更愿意通过行贿来节约实现时间成本以获得开发利润的最大化，这一切又反过来促使了土地寻租者不断地制造人为障碍来获取贿赂。

（三）“经营土地”理念供给推动大中城市地价和房价普遍上涨

自 1988 年土地有偿使用制度确立和 1994 年实行分税财政体制以来，地方政府土地财政模式在全国开展，21 世纪以来地方政府越发依赖土地财政。中国社会转型时期土地财政的出现与存在具有一定的合理性和必然性，自其产生以来，对于弥补地方财政支出不足，加速工业化与城市化进程，推动地方经济发展切实起到了重要作用；但与此同时，也引发了城市无序扩张，被征地农民利益受损，房价快速上涨等诸多弊端。

计划供应相当于构成开发商和民众对土地供应及未来市场可售商品房面积的心理上限，当人们根据土地供应计划来预期新增商品房供给小于市场需求时，大中城市土地和房屋价格因供给不足而价格大幅上涨、屡禁难止。形成了以地方政府为主体、高度依赖其行政区内的土地资源所进行的财政收支活动和利益分配关系，且土地相关财税收支占地方政府总收支比重较高的财政运行形态。

三、特殊限制

（一）现行土地管理体制不健全，地方政府职能错位

按照我国现行土地产权和管理体制，地方政府既是土地管理者，又是土地经营者，在职能和权益上重叠，但二者的利益并不统一。为了加速城市经济的发展，地方政府追求经济利益的冲动往往高于其对社会生态效益的考虑。当其经营目标与管理目标相悖时，地方政府往往放弃公共长期利益以满足局部的短期经济利益。为了加速城市扩张，地方政府滥用集体土地征用权，盲目开发、乱占耕地，这使一些干预措施如土地利用总体规划、城市规划等形同虚设。为了吸引外商投资，地方政府往往边批租边规划，甚至为满足受让方需要而一再修改规划，破坏了规划的法律性和严肃性。

（二）土地市场机制不完善，政府干预手段难与市场有效互补

中国土地市场的形成和发展仅有 20 多年历史，市场机制很不健全，土地交易缺乏规范有序的环境，地价等市场信息极不充分，土地隐形交易

较多，地租地价等市场信号严重扭曲，土地市场机制难以充分发挥作用，影响了政府从市场出发，采取适合市场的调控手段。因此，完善市场机制是土地市场健康发展的基本前提，在今后的土地政策制定中，必须首先考虑其是否有利于市场机制的建设，在资源配置中要坚持公开招标、公开拍卖、公开土地交易。

（三）规划制度存在先天不足

从实际编制规划过程来看，为了保持耕地总量动态平衡，规划中考虑最多的是建设占用耕地指标问题，而这一指标主要依据上级下达的分解指标确定，指标的分解往往是一个政治平衡过程，较少考虑不同城镇的社会经济发展水平和所处的发展阶段。事实上，由于信息的不充分，自上而下分解指标也很难做到客观合理。平均化的指标很难适应不同城镇未来发展对土地的需求，于是"化整为零"等各种变通的做法应运而生，规划也就失去了其本来的意义和作用。

从编制程序上看，土地利用总体规划对城市规划具有指导作用。但事实上，由于土地利用总体规划过于强调耕地保护，而各地在编制城市规划时又过分强调超前性、超常规发展，加之两种规划分别由不同管理部门负责组织编制，规划时段及考虑问题的角度均有差异，由此造成两个高度相关规划的互不衔接。土地利用总体规划和城市规划还有一个共同特点，就是其编制过程均带有很强的行政色彩，较少有公众参与和监督，缺乏充分论证和对市场需求的科学预测，难以适应城市发展对土地的需求，使规划缺乏弹性和时效性，与市场经济发展及市场配置资源的方式很难吻合。也由于与之相关配套的法律体系不健全，行政权力凌驾于法律之上，地方政府可以根据需要不严格执行规划，甚至随意修改规划，这些都影响了规划的实施效果。

由此可见，政府干预固然重要，但干预措施必须尊重土地市场自身的运行规律，与市场有机结合，才能真正达到预期的调控目标。

四、发展窘境的原因

（一）缺少土地政策参与宏观调控的理论依据

主流经济学关于土地市场与宏观经济关系的基本观点有二：一是由于土地与资本的替代关系以及土地总量的固定不变，土地供给对于经济增长并非至关重要；二是土地市场与宏观经济关系的主导方面是宏观经济决定土地市场而不是相反。总的来说主流经济学缺少土地宏观调控的理论基础，必须联系中国实际进行理论修正和创新。一方面，土地政策很大程度上属于微观经济政策，政府运用诸如分区制、容积率管制等土地利用管制政策弥补市场失灵，提高土地市场效率；另一方面，土地政策还具有强烈的区域性，发达国家的土地政策主要由地方政府制定和实施。

（二）缺少可资借鉴的国际经验

成熟市场经济国家基本上采用货币政策和财政政策作为宏观调控的主要工具，几乎没有运用土地政策参与宏观调控。发达国家或成熟市场经济国家，多采用土地私有制，政府对土地市场的控制是间接的、区域性的。我国与之不同，一方面，城市土地国有以及农村土地集体所有，使得我国各级政府及村集体实际控制土地市场的供给面，决定了全国的土地供应总量和供应结构（各年度、各地区、分用途的供地量），从而对土地市场、房地产市场乃至宏观经济产生重要影响；另一方面，我国的城市土地价格固然受土地需求等市场力量的影响，土地出让的招拍挂等制度变革也增强了市场机制在地价决定方面的作用，但是政府的价格管制以及土地市场的双轨制仍然是决定我国城市土地价格的主导力量。所以，我国政府具有采用土地政策参与宏观调控的可能性，并扩大了宏观调控政策工具的可选择性。

（三）土地市场的区域性导致土地宏观调控的传导机制不顺畅

中央与地方政府的关系未能很好地理顺，二者目标的不一致，以及由此导致的地方政府常常采取观望态度等，固然是导致土地宏观调控传导机制欠通畅的主要原因，却非根本原因。导致土地宏观调控传导机制不顺畅的根本原因是土地市场的区域性以及地方政府提供的地方公共产品（如城市基础设施等）的区域性特点，使得中央的宏观调控政策难以适用于所有地区。

（四）缺乏切实可行的政策工具

货币政策有公开市场业务（调节货币供给）、利率政策、汇率政策以及调节存款准备金等工具；财政政策有税收、政府购买（政府支出）等工具；而土地政策参与宏观调控缺乏切实可行的政策工具。例如，目前采用的最主要的手段供地政策，在参与宏观调控中面临着两难困境。具体来说，当政府预测到一个外部冲击可能会导致未来经济过热，则在当期可通过减少货币供给，加息或者减少政府支出等政策，来抵消这一外部冲击的影响。那么，如果政府想要通过供地政策来抑制可能出现的经济过热，应该紧缩供地还是扩张供地？答案是，两种相反的决策都有道理。采取紧缩的供地政策会抑制投资从而减少总需求，但同时会引起房价上涨并有可能引发投机泡沫而加剧经济过热。采取扩张的供地政策会抑制房价上涨，但会促进投资而增加总需求，从而引发通货膨胀而加剧过热。这是土地供应、地价等微观经济变量与货币供应、利率等宏观经济变量的本质区别所在。

第四节 | 提升政府治理能力的改革方案

土地政策体系由不同层次、环节和领域的各种政策构成。参与宏观调控的土地政策仅是土地政策体系中的一部分，其实质是由政府制定、实施、调整和完善，对土地供求关系进行合理调整和适时适度的干预，以此来调控宏观经济运行，从而实现国民经济又好又快发展和社会可持续发展目标。现阶段，中国参与宏观调控的土地政策主要包括土地规划政策、土地供应政策、土地价格政策、土地税收政策等。参与宏观调控的土地政策职能，一是确保耕地红线不被突破；二是实现土地与经济发展统筹协调，促进经济发展方式和经济结构的转变；三是维护社会稳定和公平正义。[①]

一、政策与外部实施环境之间有机结合，构建有效的土地政策参与宏观调控体系

在已经形成的土地政策参与宏观调控体系的基础上，重点把握以下几个关节点。

（一）强化土地资源、资产和资本“三位一体”属性的认识，加强相关理论研究和实践突破

在现代市场经济条件下，土地，特别是经过开发的建设用地，既是资源，又是资产，更是资本，集实物形态和价值形态于一身，而且随着市场经济的发育，作为价值形态的资本作用越来越突出和明显。土地资本不仅

① 甘藏春:《构建中国特色的土地政策参与宏观调控体系》，载《中国土地》2008 年第 1 期。

与货币资本、产业资本相并行，而且彼此交织和相互作用。一旦土地进入交易市场、抵押市场和股票市场，就成了资本，能够创造利润和增值。因此土地调控既要调控土地资源、土地资产，更要调控土地资本，积极探索其在市场经济条件下的多种资本化实现形式，积极创新土地资本的调控政策手段。当前应特别注重土地资本市场监管，研究建立土地、金融和证券市场共同监管体系，建立健全土地融资动态监测和预警体系。

（二）强化土地市场动态监测预警的组织实施

构建中国特色土地政策参与宏观调控体系，一个重要的环节就是要建立土地政策参与宏观调控的核心指标体系，要从众多土地指标中选取与宏观经济密切相关的指标，形成土地政策参与宏观调控的基础性核心指标体系。在此基础上，建立起一套反映宏观经济形势特点的土地市场动态监测预警预报系统，提出土地调控景气指数。为此，需要强化土地市场动态监测的组织实施，统一土地市场、价格和抵押融资监测，统一土地市场相关数据的统计和发布，并在此基础上开展土地市场动态监测的预警预报工作。

（三）强化土地政策与其他调控政策的协调与配合

土地政策作为宏观调控的政策工具之一，不能取代其他宏观调控政策的作用，所以我们一直强调的是土地政策只是参与宏观调控。在发达的、健全的、完善的市场经济国家里，宏观调控的政策工具主要是货币政策和财政政策，中国作为不断发展和改革的社会主义市场经济国家，由于社会转型期的一些特殊性，致使完全依靠成熟的市场经济国家实施宏观调控的做法，难以有效完成现阶段宏观调控的任务，难以完全实现现阶段宏观调控的目标。因此，在完善货币政策、财政政策调控功能的同时，积极运用土地政策参与宏观调控，也就成为中国社会转型期宏观调控的特殊要求。所以土地政策在国家总的宏观调控政策体系的统领和部署下，既要积极主动地“参与”，充分发挥土地政策的调控特点和优势，与其他调控政策和手段密切配合；又要恰如其分地考虑自身的地位和角色，既不“失位”，也不“错位”和“越位”。土地政策必须与货币政策、财政政策等综合运用，还必须与货币政策、财政政策等协调配合，才能真正取得实效。

（四）进一步完善土地调控的政策体系

在当前土地调控的政策当中，我们更多的是运用土地规划政策和土地供应政策。在今后的调控实践当中，要更加注重土地调控政策的内部协调和配合。特别要注重土地价格政策和土地税收政策的运用。土地价格政策对于经济调控意义重大，土地税收政策对宏观经济的调控影响巨大。目前要着重研究土地价格政策、土地税收政策与土地规划政策、土地供应政策之间的协调配合关系，同时积极推进土地价格政策的研究和土地税收政策的完善。

二、改革方案的基本取向

（一）调控对象由主要调控政府向调控政府与调控企业并重转变

以往调控主要是调控地方各级政府，要求地方政府从严从紧控制农用地转为建设用地的总量和速度，严把土地“闸门”。从这几年土地调控的实践来看，政府依法批地的“闸门”是管住了，但是企业依法用地的“闸门”并没有真正管住，仍然存在大量计划外的非法用地。企业是经济活动的主体，土地政策的导向只有从主要调控政府转向调控政府与调控企业并重，才能更好地发挥土地政策参与宏观调控的功效。因此，要在通过土地规划政策、土地计划政策等调控政府严把土地“闸门”的同时，更要通过土地税费政策、土地价格政策、土地供应政策等，重点调控企业的用地行为。在土地供应方式方面，要强化投资强度、容积率等强制要求；在地价管制方面，严格执行土地出让最低价标准，提高附加值少、技术含量低的产业用地门槛；在土地税收方面，加快土地税制改革步伐，提高土地取得和保有成本。通过以上手段，努力实现土地调控由主要调控政府向调控政府与调控企业并重转变。

（二）调控内容由关注总量向关注总量与注重结构和布局并重转变

土地政策参与宏观调控，需要通过供需双向调节，既要加强总量控制，实现土地供给与经济发展和固定资产投资的总量平衡；又要按照“区别对待、分类指导、有保有压”的原则，始终把结构性调控放在突出位置，特别是土地的用途结构、产业结构和地区结构，充分体现促进经济发展方式转变和产业结构调整的方针。区域土地政策方面，要按照“十一五”规划中四类主体功能区的划分，根据各地区资源禀赋情况、经济发展阶段，结合产业梯度转移规律和人口迁移变化规律，制定科学合理的区域土地利用政策，形成合理的土地空间开发结构，实现人口、经济、资源、环境以及城乡、区域协调发展；城乡土地政策方面，要按照“十一五”规划和建设和谐社会的要求，全力支持新农村建设，保护农民利益，推进城市化进程；产业土地政策方面，要平衡土地、劳动力、资本和技术各种要素的投入关系，积极采取措施推动经济结构的升级和经济增长方式的转变。

（三）调控手段由主要依靠行政手段向综合运用经济、法律、行政和技术手段转变

经济手段，核心是要提高建设用地的取得和保有成本，在土地成本中加大征地补偿安置费用的比重、提高新增建设用地土地有偿使用费缴纳标准、提高城镇土地使用税和耕地占用税征收标准、土地出让总价款逐步提高用于农业土地开发和农村基础设施建设的比重等。法律手段，重点是严格土地管理法律法规的执行、严肃惩处土地违法违规行为等。行政手

段，关键是完善地方政府主要负责人土地管理的责任制度，包括完善责任内容、严格问责制度、明确考核依据、调整审批方式等。技术手段，重点是强化土地管理的调查统计等基础工作，充分运用卫星遥感、信息系统和网络化管理等现代技术手段加强对土地利用的动态监测。这些手段综合运用，不仅可以发挥土地政策在宏观调控中的作用，而且有利于促进各地招商引资质量的提高，有利于促进地区之间产业的梯度转移，有利于促进以工补农、以城促乡、城乡统筹的和谐社会建设。

三、改革方案的具体举措

（一）集体土地制度改革

集体土地流转是发挥土地财产价值的重要制度构建。自形成土地的集体所有制度以后，土地之于集体成员而言，首先是集体成员的社会保障来源，其次是满足国家经济发展需要的粮食供给，最后才是土地上所承载的土地溢价。土地溢价同样与经济社会发展密切相关。随着中国逐渐步入工业化国家，工业反哺农业，带来了农村社会的巨大变革。自 2006 年开始，在数千年的农业国家中，第一次全面免除了农业税。这意味着工业对农业反哺的开始，更意味着农民社会保障的全面建立。这为集体土地改革提供了制度前提。

改变对集体土地利用的强行性约束，主要体现在减少土地流转的限制、完善土地流转市场、改善土地流转的利益分配机制、健全税收机制进行利益衡平。

1. 加快推进集体土地确权登记工作，明晰农村集体土地地权。由于所有权权利主体即集体本身不具备法律人格，以及使用权对所有权权能的多重分割，形成了在现实生活中使用权覆盖所有权的情况。因此，要细化对集体土地的经营管理，充分利用集体土地所有权确权登记发证工作取得的成果，加快落实集体土地使用权的登记发证工作。加快对集体建设用地使用权、宅基地使用权及地上房屋的权属、利用情况的登记。与不动产统一登记制度推行相联系，建立全国统一的、数据准确的、不动产联网体系。为集体土地下一步改革提供基础支持。

2. 加快制定集体土地入市的相关政策，拓展集体土地增值方式。由于现行法律对集体土地的权能限制，使得集体成员通过土地获得资产增值收益的机会较少。在现实需求与法律禁止之间，存在着灰色区域。集体土地使用权流转方式更为混乱，隐蔽，私下交易的情况时有发生。既增加了管理难度，又扰乱了土地市场秩序。党的十八届三中全会明确提出，要赋予农民更多的财产权利。因此，要加快集体经营性建设用地入市的相关政策和操作办法，赋予集体经营性建设用地与国有土地同样完整的用益物权。在符合规划和用途管制的前提下，实现土地资源在城乡之间合理、可控的流动和配置，真正形成统一的建设用地市场，挖掘集体土地潜在的价值。

3. 按照市场配置资源的原则改革征地制度，尊重农民土地财产权利。现有土地征收制度，缩小征地范围。征地补偿标准，应包括农民的社会保障费用，教育培训费用等，实现由单纯土地城镇化到人、地同步城镇化的转变。征收后土地使用权出让价格由统一公开透明的集体土地以及市场决定，所获土地出让金在支付征收成本、开发投入等费用后全部归集体组织，由其负责拆迁安置等。

4. 探索集体土地股份制经营模式，以规模化、集约化经营方式提高土地产出率。鼓励土地使用权转让、出租、作价入股、抵押融资、股份合作等方式流转。通过科学编制空间发展规划整合零散土地，形成规模化、集约化现代农业所需的土地资源，大幅度提高农村集体土地产出率。

（二）中央地方合理分权，构建地方政府的约束机制

在改革开放的 40 多年间，伴随着经济发展、政治体制改革、职能转变，中央与地方政府之间的责权利分配发生了巨大的变化。计划经济的逐

渐退出，市场经济的转型，中国特色的行政分权以及财政分权带来的激励机制，促使地方政府具有推动经济发展的内生动力。地方官员围绕经济发展增速而进行的政治晋升博弈，成为地方经济增长的关键之处。GDP 增长作为考核目标，成为地方政府行为的主要激励手段。它使得地方政府主动介入区域竞争、产业竞争，为推动地方经济发展速度而竞争。这也解释了自从 1994 年分税制改革后，中央在预算内收入比例大大提高，地方实际支出责任显著增加，但地方政府吸引投资、发展经济的积极性却未受到显著影响的理由。

由于地方主要官员任期考核的期限限制和竞争的白热化，地方政府为吸引投资而施展的手段大都采用了一个基本手段，即建立工业园区和开发区。以协议方式低价甚至零地价出让工业用地，同时以“招拍挂”方式高价出让商业和住宅用地。以这种“短、平、快”甚至略有简单而不集约的方式利用不可再生的土地资源。土地出让金作为预算外收入，以县为单位出让土地并与上级政府及投资者进行收入分成的制度是比较适合的制度安排，保证了中国经济的高速增长所需的资金和效率；但同样造成了竞争状态下的市场失灵。地方政府通过行政权力压低工业用地价格吸引投资，但却放松了劳动保护和环境保护的软约束。带来了社会经济可持续发展的一种无效率的“竞次”模式。致使部分城市土地资源已经被提前透支和部分城市土地利用的违法行为，以及“开发区热”“违法用地”“土地财政”、工业用地低效利用同时住房价格高涨等现象和问题。

改变地方政府之间利用土地竞争的“双刃剑”结果，需要明确中央与地方政府之间的权利分配，以及分权边界确定后中央—地方之间的激励机制与惩罚机制。进而有效提高土地利用资源，提升资源配置效率，改善土地宏观调控的精确性与科学性。

土地要素是经济增长的核心要素。考虑到我国特有的城市土地国有、政府通过征地等对农村集体土地实际控制的制度安排，以及由中央政府制定土地供应（利用）计划，逐级下达指标，而实际供地由地方政府完成的土地供应模式，对土地资源配置效率以及宏观经济增长产生重要影响。

首先，应明确土地宏观调控中地方政府的定位。地方政府应逐渐从土地经营者转向土地监管主体。在现有的土地一级市场政府垄断的前提下，明确地方政府土地利用的权利、义务与责任。明确土地供应过程中中央、地方政府之间的权利划分，进而有效落实中央的土地供应计划。

其次，通过构建全面、完善、科学的激励机制，约束地方政府行为，使公平、效率成为中央与地方追求的共同目标。激励机制的建立，应考虑到地方政府与中央之间存在的多任务委托代理关系，充分考虑到地方政府的特殊性与需求。地方政府在落实中央年度土地利用计划，完成土地供给时，也承担着提供地方公共服务、产业建设、增加就业等多目标。不同任务的难度、可衡量性以及完成任务的激励等因素决定了地方政府的行为导向。作为中央政府的地方代理人，“财政激励”“升迁激励”是地方政府行为选择的显著因素。此外，中央的某些临时性、短期性的供地政策也对地方政府产生显著影响。总之，“财政分权”激励与“政治晋升”激励作为长期强“激励契约”，导致了地方政府“以地生财”供地模式的形成；而短期政策主导型的“激励契约”则会改变地方政府的供地方向，激励强度的变化会导致某些用途土地供应量的变化。

（三）行政与司法：土地裁决体系

土地作为稀缺资源，其经济价值日益得到凸显，政府在集合、分配和维护土地权益过程中与当事人之间产生的争议也越发激烈。我国正处在政治经济体制转型时期，国家经常对土地管理进行应激性调整，土地管理法制很难及时跟进，管理部门根据土地政策和行政决定实施土地资源的保护，规制土地权利的行政裁量空间很大。我国土地争议产生原因、解决主体和争议处理依据、技术等多方面均呈现出复杂性特点。土地管理过程中产生的争议，往往时间跨度长，利益影响面广，历史问题与现实问题、政策问题与法律问题和政治问题相互纠结，使土地争议的处理显得异常复杂。而我国现有的土地权利救济系统具有非闭合性，难以提供及时有效救济。

从当前土地纠纷的发生数量和频率看，主要有下列类型：因法律和政策的变化引起的土地纠纷；因土地承包引起的纠纷，主要围绕土地发包、履行和合同效力问题；因土地征收补偿引起的纠纷；因土地所有权、使用权界限不明引起的纠纷。我国现行土地纠纷裁决体系包括三个方面：仲裁体系、行政方式、诉讼程序。

1. 仲裁裁决体系。土地承包纠纷仲裁的法律依据在于2010年1月1日起正式实施的《农村土地承包经营纠纷调解仲裁法》(以下简称《农地纠纷调解仲裁法》)。其对仲裁机构的设置、仲裁程序、仲裁裁决的效力等作出了明确的规定，基本确立了中国的农地纠纷仲裁制度。为规范农村土地承包经营纠纷调解仲裁与诉讼的衔接，最高人民法院于2014年1月9日颁布了《最高人民法院关于审理涉及农村土地承包经营纠纷调解仲裁案件适用法律若干问题的解释》。

我国涉及农地纠纷仲裁的特点在于：

（1）仲裁申请的单方性。涉及农地纠纷仲裁提请时，不以双方达成仲裁条款为前提条件。任何一方都可以单方提请启动农地纠纷仲裁程序。

（2）程序的非强制性。对于涉农地纠纷而言，仲裁并非强制程序或必经程序。根据《农地纠纷调解仲裁法》第4条的规定，当农村土地承包经营纠纷发生后，当事人有多种纠纷解决方式的选择，既可以选择和解、调解，也可以选择向农村土地承包仲裁委员会申请仲裁，还可以直接向人民法院起诉。

（3）仲裁的地域管辖。普通商事仲裁，并不强调类似于诉讼的地域管辖。但作为农地纠纷解决机制之一的农地仲裁，则基于土地的不可移动性，强调土地仲裁的属地管理原则。《农地纠纷调解仲裁法》第21条规定，当事人申请仲裁，应当向纠纷涉及的土地所在地的农村土地承包仲裁委员会递交仲裁申请书。

（4）仲裁效力的不确定性。《农地纠纷调解仲裁法》第48条却有着不同的规定："当事人不服仲裁裁决的，可以自收到裁决书之日起三十日内向人民法院起诉。逾期不起诉的，裁决书即发生法律效力。"根据本规定，涉农地仲裁的效力取决于当事人是否提起诉讼。这与普通商事仲裁的"一裁终局"截然相反。从机制功能来看，涉农地仲裁机构的设置是为了分流土地案件，发挥基层土地管理部门职能以及匹配土地的不可移动特点而设定。本应为独立的纠纷解决方式的农村土地承包经营纠纷仲裁程序（以下简称农地纠纷仲裁程序）被司法解释以显性的形式明确地推入了"诉讼预演"的境地，丧失了其应有的制度功能。

《农地纠纷调解仲裁法》第 12 条、第 13 条、第 51 条、第 52 条和《农村土地承包经营纠纷仲裁规则》第 4 条的规定，农村土地承包仲裁委员会在当地人民政府指导下设立；仲裁委员会成员应包括当地人民政府及其有关部门代表；农村土地承包经营纠纷仲裁规则和农村土地承包仲裁委员会示范章程，由国务院农业、林业行政主管部门共同制定；仲裁工作经费纳入财政预算。这样有关部门难以避免既当运动员，又当裁判员的角色错觉。也违背了民事行为意思一致的基本原则，难以与物权法中相关用益物权制度匹配。

土地裁决体系的完善路径在于回归民事仲裁制度法律属性。

（1）农地纠纷仲裁制度的设计框架应以民事仲裁法为制度模板

土地承包合同也是发包方与承包方之间表意一致达成的民事合同，并经物权法确认，当合同成立时，土地承包经营权即宣告成立的物权制度。从权利归属、权利内容、权属纠纷的解决方式、责任的承担方法等角度考量，都是典型的民事权益。因此，对涉农地纠纷的仲裁机制应回归商事仲裁的基本特征和范畴，遵守商事仲裁的"一裁终局""自愿原则""去行政化"原则，发挥土地商事仲裁的专业性与特殊性，明确其自愿、自主的仲裁本质。

（2）仲裁程序的"去诉讼化"改造

明确农地纠纷仲裁制度的民间性、自主本质，仲裁程序的"去诉讼化"

改造则是顺理成章。农地纠纷仲裁程序的“去诉讼化”改造主要体现在明确仲裁机构的民间属性。不按行政区划层层设立，可以由当事人自愿约定选择仲裁机构。由当事人自愿选择仲裁庭组成人员，强化仲裁的司法效力。

（3）完善农地纠纷仲裁与诉讼的对接

根据《农地纠纷调解仲裁法》第 48 条规定，仲裁与诉讼虽然具备了对接的制度选择，但并不成功。原因在于，仲裁的特殊性在于其对诉讼的排斥，具备较强的司法效力。否认了仲裁的“一裁终局”的基本原则，就使仲裁制度成为类似于调解、和解制度一样的尴尬地位，使其失去了存在的司法尊严。

农地纠纷仲裁与诉讼的对接不应当是对农地纠纷仲裁的效力进行评价，而是赋予人民法院对仲裁程序的监督权力。参照《仲裁法》第 58 条、第 63 条规定，在《农地纠纷调解仲裁法》中明确可以撤销仲裁裁决或不予执行仲裁裁决的情形。当事人不服仲裁裁决而向人民法院提起诉讼的，人民法院受理后应组成合议庭进行审理，经审理后认为并不具有法律所规定的撤销或不予执行仲裁裁决的情形之时，就应当驳回起诉或申请，维护农地纠纷仲裁裁决的严肃性和权威性。对于法院依法撤销仲裁裁决的案件，当事人可以依法重新申请农地纠纷仲裁，或是向有管辖权的人民法院提起诉讼。

2. 土地纠纷行政解决途径

土地纠纷行政解决，主要分为行政裁决和行政复议。行政裁决，是指行政机关对平等主体之间的涉地纠纷进行的居中裁断，性质为具体行政行为。行政复议，是指行政相对人对行政机关的决定不满申请进行的复查及决断行为。现实中，涉及行政裁决的土地纠纷，多数集中于集体土地的确权、集体土地征收决定、国有房屋征收决定、土地用途改变等。例如，《土地管理法实施条例》第 25 条第 3 款规定：“……对补偿标准有争议的，由县级以上地方人民政府协调；协调不成的，由批准征收土地的人民政府裁决。……”《行政复议法》第 30 条第 1 款规定：“公民、法人或者其他组织认为行政机关的具体行政行为侵犯其已经依法取得的土地、矿藏、水流、森林、山岭、草原、荒地、滩涂、海域等自然资源的所有权或者使用权的，应当先申请行政复议；对行政复议决定不服的，可以依法向人民法院提起行政诉讼。”

通过行政手段解决涉地纠纷，有其特有的制度价值。首先，土地问题本身具有极强的本土化和政策性。历史、文化、政策的综合作用，使得乡土社会中有太多本本主义难以覆盖的权益。行政机关依属地原则，对土地纠纷进行裁决，其对本地土地政策的把握、历史遗留问题的熟悉以及具有本土化的矛盾解决办法更加熟悉。其次，行政机关在处理土地纠纷时，掌握大量司法机关所不掌握的行政裁量权和资源调配的能力。能够更为灵活地将法律、政策与特定环境相结合。简便、快捷地处理土地纠纷，较为快速地查清事实，做出判断。除此之外，行政裁决与行政复议还有利于行政机关自我纠错，强化上级行政机关对下级行政机关的监督。

但是，由于地方政府在土地利用过程中定位的模糊，导致土地纠纷极具复杂性。部分土地纠纷本身就与地方政府及其土地主管部门行使行政权力有关。例如，当国家作为土地所有者与集体经济组织就一块土地的所有权发生纠纷、因土地确权行为发生的纠纷等，行政裁决或复议就会出现“自己作自己案件的法官”的情形，裁判者的中立地位难以保证，最低限度的程序公正就不能实现。在实践中，政府及其主管部门在处理土地争议时过多考虑自身利益、侵害相对人利益的案件时有发生。这些都说明行政裁决与复议也是存在局限性的。

不合理的行政裁决，会导致一些暴力突发事件发生，严重影响农村社会秩序。同时，也会造成地方政府威信和法律权威的缺失。农村土地承包经营权纠纷行政解决机制效果不佳。这必然引起农民对农村土地承包经营权纠纷行政解决机制的主体威信的质疑。

完善行政裁决机制，应从调整农村土地承包经营权纠纷行政解决立法理念入手，修补有关农村土地承包经营权纠纷行政解决法规。涉地纠纷的行政解决手段的基础，应从基于传统法制模式下的行政、私法合一的理念，行政部门是绝对理性人的假设，转变为以行政部门的优先理性和行政、私法适当分离的现代法治模式。基于此，指导、修补现行有关农村土地承包经营权纠纷行政解决法规。

3. 土地纠纷诉讼解决途径

诉讼是法治框架内，解决土地纠纷的终极方式，也是程序最为严格、最为权威和规范的一种方式。现实中土地纠纷的涉诉事由，主要涉及集体土地的流转、继承问题，补偿款分配问题，外嫁女权益保护问题以及主体资格问题。从诉讼的性质来看，因土地纠纷引起的诉讼可分为行政诉讼和民事诉讼。例如，政府为公共利益征地、土地确权或行政机关先行处理后当事人不服起诉的，应为行政诉讼；而在平等主体间发生的土地争议引起的诉讼则为民事诉讼。相对于行政裁决与复议，诉讼更加客观、中立和公正，也应当更有利于保护当事人的合法权益。

与上述土地纠纷的解决机制相比，诉讼具有严格的规范性：首先，程序的公平设置保证了当事人之间的权利平等，从而满足保护自己合法权益的实体正义。其次，诉讼过程中，由具有专业知识判断的法官行使司法权，统一适用国家法律。专业判断避免了部门利益的影响，具有权威性。经过诉讼方式解决的涉地纠纷，是终局裁决。诉讼结果为解决土地争议的最终结果，符合现代法治理念。

依照我国现行法律和司法解释的规定，公民、法人或其他组织与政府及主管部门发生土地争议，法律、法规规定应先经行政裁决或复议的，应由行政机关先行解决，当事人对行政裁决或复议不服的，才能向法院提起行政诉讼；法律、法规未规定应先经行政裁决或复议的，则当事人可在行政途径解决或诉讼途径解决之间进行选择。而在平等主体间发生的土地争议，当事人可直接提起民事诉讼，适用民事诉讼程序解决纠纷。

与其他土地纠纷的解决方式相比，诉讼也具有一定的局限性。

（1）专业化程度较高，涉地纠纷主体难以适用。诉讼是专业化程度很高的活动，其进行必须遵守严格的程序。涉地纠纷主体通常对诉讼活动的程序较为陌生，自主参与程度受到严重影响。以行政诉讼的案件为例，受理费虽然比较低廉，但是其诉讼规则的复杂性恐怕不是普通公民所能应对的。在司法实践中，相当比例的涉地行政诉讼案件被人民法院裁定不予受理或驳回起诉，理由是不属于行政诉讼的受案范围、起诉人不具有原告资格、超出起诉期限、没有明确的诉讼请求、未遵循复议前置程序，等等。原告资格等前述规则的设置初衷是防止原告滥用诉权，确保司法资源利用的效益最大化。前述规则就成了土地被征收人启动司法程序的羁绊。

（2）涉诉成本较高。考虑到程序的复杂性，涉地纠纷主体往往通过聘请律师来弥补自己在法律知识结构上的不足。但值得注意的是，涉地纠纷通常发生在集体范围内。利益受损方的多数为集体成员，经济条件并不乐观。在对裁判结果预期不明的前提下，聘请律师的费用成为阻碍诉讼的重要因素。另一方面，行政诉讼的效率较低也构成了涉地诉讼的机会成本。

法院对错误的行政行为一般只能撤销，而不能直接判决变更，行政机关在重新做出具体行政行为后，又往往引起新一轮的诉讼。多数纠纷主体在诉讼进行中放弃了诉讼请求。

一般来说，上述土地纠纷的解决方式各有特点，也各有利弊，形成了一个较为完整的纠纷解决体系。纠纷主体可根据自身的利益需求选择相应的纠纷解决方式。但从农村土地纠纷解决的实际情况看，上述纠纷解决方式都还存在明显的不足，相互之间也远未形成互补互动的良性关系。因此，如何充分发挥上述纠纷解决方式各自的独特功能，如何实现功能互补，以更好地解决日益增多的农村土地纠纷，是亟待研究和解决的问题。我国土地裁决机构设置的终极目标是闭合土地权利救济系统，为公民土地权利提供全面保护，而短期目标是为破解土地历史遗留问题及专业性和技术性难题提供救济渠道。比较而言，土地问题专业性较强，对这类纠纷的处理，行政模式具有技术性优势；而司法模式具有公正性优势，但二者同时又各有不足。

法治社会发展历程使人们坚信司法模式比行政模式更能确保裁决的公

正性。考虑由人大常委会颁布《土地争议裁决法》对其予以统一规定。通过权力机关立法明确土地裁决机构的法律地位，一方面，能够确保土地裁决机构的权威性、裁决效力的合法性；另一方面，通过法律将土地裁决机构的设置、工作程序、受案范围、救济途径予以明确，使制度运行规范化。

（四）规划先行

20 世纪 80 年代以来，中国开始建立以土地用途管制制度为核心的土地利用总体规划制度，初步建立起从全国到省、市、县、乡的 5 级规划体系。两轮土地利用总体规划的实施，对保护优先的耕地资源，保障国家粮食安全，促进节约集约用地起到了至关重要的作用，有效地促进了中国经济社会的持续、稳定、健康发展。

土地利用总体规划立足解决优先的土地资源供给与日益增长的土地需求之间的矛盾，是落实土地宏观调控、土地用途管制、规划呈现建设的重要依据，是实行最严格土地管理制度的一项基本手段。但作为协调各行业、各部门经济活动综合平台的土地规划，长期以来缺乏相应的法律制度保障，规划内容、规划过程、规划标准和规划行为等也缺乏法律约束，没有明确的法律规定。各地目前开展规划是无法可依，无据可查，随意性较大。这与国家赋予它的龙头地位实际是不相称的，也势必影响土地利用总体规划的综合统筹能力。目前，有关土地利用总体规划的法律只有《土地管理法》，而《土地管理法》也只明确土地利用总体规划的基本原则和各级人民政府必须编制规划的义务，对土地规划的法律属性、法律效力并没有明确界定。从完整的土地规划法律体系来看：目前，一是缺乏统领土地规划全局工作、效力较高的上位法律，即《土地规划法》。二是土地规划法律体系不完善，缺乏配套的法律法规。三是编制的《土地总体利用规划》知识一段时期内具有法律效力的政府文件，法律地位不高，规划的严肃性、权威性得不到维护。因此，土地规划作为统筹城乡发展的重要平台，必须有相应的法律保障做支撑，土地规划的层次体系与法律效力需要通过立法进行明确。

土地规划改革的基本方向是依法规划，提升规划的法律效力。应遵循下列理念：（1）体现市场经济下的立法理念。伴随着社会制度、政治制度和经济制度的变革，法治理念应顺应不同时代的需求。土地规划立法实质上是一种协调和平衡各方面土地利用利益且具有法律效力的公共政策，注重的不应是指标而是功能以及实施规划的政策举措。（2）注重土地利用伦理的立法准则。土地利用伦理强调不同的保护效力层级。先后覆盖农地保护，节约用地，生态建设，统筹区域土地利用以及自然保护区等自然资源和人文资源保护，保持地方特色、民族特色和传统风貌。满足公共卫生、公共安全的需要。（3）强调土地用途管制的立法核心。土地用途管制制度是目前世界上土地管理制度较为完善的国家和地区广泛采用的土地管理制度，具有法律效力和强制性。将土地分成若干土地用途区，规定各区的用途管制规则，即区内允许的土地用途、有条件允许或者要限制的用途和禁止的用途。根据管制规则管理区域内土地用途，而不是规定每一块土地的用途，可以大量减少目前规划调整十分频繁的被动情况，做到刚性与弹性的有效结合。（4）倡导"阳光规划""公民参与"的立法思想。在中国土地规划中，公众参与尚处于"象征性"参与阶段，缺少相应的话语权和监督权，缺少维护自身利益的渠道和平台。需要拓展公众参与规划的广度和深度。

建立以《土地规划法》为核心的，以配套法规和规章为体系的规划法律。涵盖土地规划编制原则、编制机关、编制程序，规划目标和任务、规划的体系和内容，规划审批以及组织实施等方面，同时对各级政府在规划中的权限和责任予以确定。

土地政策参与宏观调控是一个新课题，经过五年的实践探索和理论研究，已经初步形成了一套中国特色的土地政策参与宏观调控的架构体系，但在实际运用中依然存在一系列的重大理论和实践问题，需要不断地探索和完善。

第四章

土地发展权

土地发展权的基本含义，是由英国在1940年《巴罗报告》和1942年《阿斯瓦特报告》中首次提出来的，并在1949年《城乡规划法》中对这项制度正式予以确定。自20世纪50年代起，在借鉴英国土地发展权制度的基础上，美、法、日等国先后在本国推行了不同形式的土地发展权制度，并逐渐形成了各具特色的土地发展权补偿机制。[①]

① 朱未易:《论物权法上土地发展权与人权法上发展权的制度性契合》，载《政治与法律》2009年第9期。

第一节 ┃ 土地发展权的概念及源起

一、土地发展权的概念

按照1990年英国《城乡规划法》关于"土地发展"的定义，一般认为，所谓土地发展权，即指"在地上、地面、地下进行建筑建造、工程建设、矿产开采或其他工作，或在对任何建筑、土地的使用中所进行的任何实质性改变"[①]的权利。这一概念，与1947年英国《城乡规划法》所称的"土地发展"并无任何差异。事实上，自1947年《城乡规划法》之后，在英国历次《城乡规划法》的修改中，这个定义一直被沿用至今。可见，英国法上对于"土地发展"行为的认知，已经比较成熟和稳定。

按照英国1990年《城乡规划法》，所谓的"土地发展"，主要包含了以下几个方面。

第一，土地发展包含了在地上、地面和地下的建筑、开采行为。

第二，土地发展还包括了在对建筑、土地的使用中所作的实质性改变。为便于理解何为"实质性改变"，该法列举了几种属于"实质性改变"的情况：一种是将原来一个单独的建筑，改造为几个独立的建筑使用的情况；一种是未经许可在土地上倾倒垃圾，或者超出允许的范围和高度倾倒垃圾的情况；此外，在非专用于广告的建筑外立面展示广告的行为，也被视为"实质性改变"。可见，所谓的"实质性改变"，一般是指涉及建筑物结构和土地使用方式的重大变更。对于建筑的维护和改善，以及仅仅影响了

---

① ［英］巴里·卡林沃思、文森特·纳丁：《英国城乡规划》，陈闽齐等译，张京祥译校，东南大学出版社2011年版，第162页。

建筑物内部的改造，或者没有对建筑外面进行根本性改动，都不属于“实质性改变”。但是近年来，对于建筑行为“产生了总建筑面积增加的结果”的内部改动，也被视为“土地发展”的范畴。还有另外一种“实质性改变”，即这种改变不是针对土地或者建筑进行物质上、物理上的变动，而是属于使用功能上的转变，如将住宅转变为商店，就属于“实质性改变”。

第三，该法列举了几种不属于“土地发展”的特殊情况，主要包括：（1）针对建筑内部和没有实质改变外观的各种维护和变动；（2）按照当地政府或法令的要求，针对道路和房屋所作的必要的维护和改善；（3）出于改善生活等目的，在庭院中搭建配套设施；（4）出于农业、林业、绿化等目的使用土地。

当然，这只是关于“土地发展”例外的原则性规定，实践中关于“土地发展”例外的判断非常细致。比如，按照《一般开发许可导则》（1995年），一些特定小规模的开发活动无须申请即可获准开发，如在住宅建筑框架内的建设，规模不超过联排住宅建筑量的10%、独立式住宅的15%，同时总的建筑量不超过115立方米；针对建筑外墙的粉刷；建筑在2米以下的围墙以及针对篱笆的小规模施工；建设临时性的建筑和探矿工作；季节性、农业用大篷车的停放场地；历史建筑和遗址的修复工程；有限的拆除工程；等等。此外，一般开发许可中的内容和项目，并非一成不变，而是经常被调整。

英国《城乡规划法》对“土地发展”作如此界定，主要与其限制土地发展的背景有关。一方面，在19世纪末和20世纪初，英国城市建筑秩序比较混乱，产生了一系列城市问题，故而有必要对城市扩张占用农地的情况和城市土地用途调整作出规定，而对于不影响城市建设的小规模建设行为和建筑内部的施工，一般不列入规划管制的范围，不作为“土地发展”对待。另一方面，土地发展权制度建立的初衷，主要是遏制当时非常严重的土地投机和土地增值权益分配不公的问题，而土地被准许开发和土地利用强度的提高，被认为土地增值的重要来源之一，因此，也需要对因建筑物“实质性改变”而带来的土地增值收取相关费用，故而将此类行为也视为“土地发展”。

尽管我国各地在土地管理机制创新过程中，已经运用了大量的土地发展权实践措施，但是，目前在法律上并没有明确关于土地发展权的制度设计。[①]而且，各地所推行的土地发展权转移实践，一般也不采用土地发展权这一称呼，而是使用建设用地增减挂钩、居民点整理、土地整治、地票等概念。目前，我国学者对于土地发展权的基本概念的认识分歧较小。大家一般都将土地发展权视为转变土地用途（主要是将农地变更为建设用地），以及提高土地利用强度的权利。国内关于土地发展权的严格定义，始于 1992 年原国家土地管理局编制的《各国土地制度研究》。该书将土地发展权总结为土地变更为不同性质使用之权，如农地变为城市建设用地，或对土地原有的使用的集约度升高。但是，也有个别的观点仅将土地发展权视为变更土地用途的权利。还有一种观点认为，土地发展权与农地发展权在概念上应该是一致的，两者的主要目的都是保护农地、自然资源和生态环境等公共利益。[②]另外，还有学者基于农地开发利用的角度，直接使用农地发展权一语，将之视为农用地变更为非农用地的权利。[③]

对于因土地利用客体和形式差异而导致的概念不一致问题，我国有学者提出将土地发展权分为农地发展权和市地发展权。[④]还有的结合我国《土地管理法》中关于土地类型划分的规定，以农地发展权、建设用地发展权和未利用土地发展权对不同性质的土地发展权进行区分。[⑤]还有的学者进而认为，除了上述几类之外，生态用地的发展权，也应当属于土地发展权

① 王永莉：《国内土地发展权研究综述》，载《中国土地科学》2007 年第 3 期。

② 江平：《中国土地立法研究》，中国政法大学出版社 1999 年版，第 384 页。

③ 沈守愚：《论设立农地发展权的理论基础和重要意义》，载《中国土地科学》1998 年第 1 期。

④ 孙弘：《中国土地发展权研究》，中国人民大学出版社 2004 年版；王万茂、臧俊梅：《试析农地发展权的归属问题》，载《国土资源科技管理》2006 年第 3 期。

⑤ 程信和：《房地产法学》，中国人民公安大学出版社 2003 年版，第 65 页。

的范畴。[①] 另外有种不太普遍的观点认为，因为土地投入增加会带来土地收益的上升，如将危旧房的四合院装修改造为高档的四合院出售，售卖所获得的价格差将非常可观，因此，此类改造行为也应被视为属于土地发展权的利用。[②] 由此可见，当前我国学者在土地发展权概念上所产生的分歧，主要是立论的出发点不同，在土地发展权的范围上，存在不太一致的认识。因此，也可以说，仅在土地用途转变的场合定义土地发展权，则属于狭义上的土地发展权，或者在一定意义上可直接将其表述为农地发展权。如果除了土地用途转变的场合，还将之运用于提升土地利用集约度，或者提高以建成用地的建设强度，则是广义的土地发展权。从国外相关研究看和土地发展权实践看，广义上的土地发展权更为流行一些，这也是我国相对主流的观点。此外，我国还有部分学者使用了土地开发权的概念，但是从其表述的内涵来看，实际上与土地发展权仅仅是称谓上的不同而已，并无本质上的区别。[③] 本书对这两种称呼亦不做区分。

从我国不同学者针对土地发展权包含内容的分歧来看，实际上主要涉及对土地发展权功能认识上的差异。首先，如果将土地发展权作为保护农地的一项法律制度，则在土地发展权的内容之中，仅包含土地用途的转变即可。其次，如果将土地发展权作为土地规划的一项内容，则显然广义的理解更加具有现实的意义。因为作为土地规划或者城市规划的土地发展权，不仅仅涉及土地用途的变更，而且，还涉及原本已经是建设用地使用方式的变更，如增加或者降低建筑容积率等，因为这些都是影响土地利用的重要因素。最后，如果考虑到土地增值收益的分配问题，则显然可能引起土地增值的相关行为都有可能纳入土地发展的范畴。从我国的实际情况看，农地的保护问题、城市的规划问题和土地发展收益的分配问题，都是

---

① 刘明明：《论土地发展权的理论基础》，载《理论导刊》2008 年第 6 期。

② 郭湘闽：《论土地发展权视角下旧城保护与复兴规划——以北京为例》，载《城市规划》2007 年第 12 期。

③ 张友安、陈莹：《土地发展权的配置与流转》，载《中国土地科学》2005 年第 5 期。

在不同层面客观存在的，因此，将土地发展界定在一个较广的范围，无疑更加符合现实的需要。但是，对于仅仅改造建筑物装饰、装潢而引起建筑物价值增加是否属于土地发展权，因这种方式没有从根本上改变土地的利用模式和利用强度，其价值的增值，属于建筑物自身的增值，故不应被视为土地发展权的内容，从英国《城乡规划法》的规定看，也是将这种方式排除在土地发展之外的。

因此，土地发展权可以被定义在以下范围内：（1）土地用途的转变，主要是从农地向建设用地的转变；（2）土地开发强度的变化；（3）针对建筑物所作的重大修缮[①]。

二、土地发展权理念的变迁

虽然作为一种独立的权利，土地发展权是自 20 世纪初英国在推进城乡规划和土地管制过程中，逐渐被确认，并最终在 1947 年《城乡规划法》中得到较为完整的体现。但作为一种权利或价值，土地发展权实际上与其他土地权利相伴而生，因为人类最初使用土地的目的，除了耕作之外，安居立所的重要性显然不言而喻。因此，土地的发展价值，随着人口的增加、可耕土地的减少，是逐渐增加的。土地发展权正是在这一过程中，受到越来越多的重视，并最终成为一项独立的财产权。

（一）财产法意义上的土地发展权

在英美法和大陆法上，土地发展权虽然表现形态不同，但两者均体现为一定的财产性利益，均是土地财产权的重要组成部分。

在土地发展权的进化过程中，罗马法上地上权的出现，已经认识到了

① 由于针对建筑物的重大修缮与土地利用强度间不存在必然的联系，也与土地制度之间联系较为松散，因此本书在讨论土地发展权补偿机制时，主要在前两个层面进行论述。

土地发展权的价值，但在罗马法上，地上权最初属于契约的范畴，不属于物权，而在地上权逐渐取得物权的地位以后，地上权又作为他物权，附属在所有权之下。土地发展权成为一项独立的财产权，最早在英美法中得以实现。而土地发展权能够在英美法中率先成为一项独立的财产权，又与英美法的日耳曼传统和英国法的财产权构造密不可分。

英美法深受罗马法上"上穷天宇，下及地心"（cuius est solum eius est usque ad coelum et ad inferos）理念的影响，将土地所有权范围及于地表、地上和地下。[①] 因此，按照英美法的理解，土地权利包含万象，持有或拥有土地，自然可对土地进行开发。同时，基于英美法的"权利束"和地产权的理念，土地发展权具有独立的财产权地位，或者说，土地发展权是一项独立的财产权。土地发展权这一独立地位，是由英美法的财产法结构所决定的。

近代英国土地法体系的形成，主要源自1066年诺曼征服之后。征服者威廉（William the Conqueror）将盎格鲁撒克逊法律制度和欧洲大陆的采邑制予以融合，建立了不同于大陆法的土地保有制。在土地保有制下，国王是全国土地名义上的所有者，并作为全国土地的领主将土地授予直属封臣，直属封臣成为威廉的"租户"，这些直属封臣又作为领主，将持有的土地进行次级分封，分配给更多的阶层。由此，通过层层的分封，形成了一种"金字塔"形的层级分封关系。由于国王为名义上的土地所有者，取得封地的人仅仅是在一定范围内享有土地权利，即"保有"土地。不同层级的"租户"因持有土地而对上级领主负有特定封建义务，如向领主行臣从宣誓礼和表示忠诚，缴纳特享税、继业税，承认领主的监护权等。[②]

由于所有的土地名义上归国王所有，人们就更加看重土地的收益，而

① ［美］约翰·G. 斯普兰克林：《美国财产法精解》，钟书锋译，北京大学出版社2009年版，第8页。

② 沈汉：《英格兰中世纪的土地保有权和各种身份的土地持有者》，载《贵州社会科学》2010年第10期。

较少考虑土地的所有权问题，同时，因层级分封的存在，在一块土地上可能存在不同的保有关系和权益，需要明晰彼此之间的界限和范围。为此，英国的法学家们首先将所有权和土地分离开来，然后又将土地附于一个被称为地产权（estate）的虚幻的东西上去。① 由此，抽象的地产权取代实物性质的土地作为权利的客体，土地保有人不是拥有“土地”本身，而是拥有“地产权”。在 1579 年的 Walsingham 一案中，法官就明确指出，“土地本身是一个东西，地产权是另外一个东西” ②。

由于地产权完全是抽象出来的概念，因此，数个人可以在同一时间对同一土地拥有权益，如一个人享有立即占有土地并收益的权利，其他人则享有在将来占有和收益的权利，即将地产权在时间次序上进行“第四维”的分割。在按照时间段分割土地权益的基础上，英国法继续将地产权按照不同内容或权能进行细化分割，如按管理权能与收益权能分割，或按收益权能与担保权能进行分割等。这种特殊财产权的构造，被称为“束权利”的理论。③ 地产权被视为“一束权利”（a bundle of rights），或者说“一把木条”（a bundle of sticks），不同的“木条”代表了形形色色的土地权益，土地发展权正是其中的一个“木条”，权利人可以将其从地产权“棒束”中分离出来，单独进行处分和转让。④ 最初，这种处置主要限于私人间的合意，后来公法逐渐介入并发挥越来越重要的作用，国家通过立法禁止土地发展，在某种程度上即被视为从地产权人手中“拿走”发展权。⑤ 可见，在英美法上，土地发展权能够被作为一种独立的财产权进行让渡或

① 李红海:《普通法的历史解读——从梅特兰开始》, 清华大学出版社 2003 年版, 第 177 页。

② Kevin Gray, Susan Francis Gray. Land Law. London: Oxford University Press, 2001: 17.

③ McGinley, Patrick C. Bundled Rights and Reasonable Expectations: Applying the Lucas Categorical Taking Rule to Severed Mineral Property Interests. Vermont Journal of Environmental Law, 2010, 11 (3): 525–578.

④ Vincent Renard. Property Rights and the 'Transfer of Development Rights': Questions of Efficiency and Equity. The Town Planning Review, 2007, 78 (1): 41–60.

⑤ John M. Meyer. The Concept of Private Property and the Limits of the Environmental Imagination. Political Theory, 2009, 37 (1): 99–127.

者设定使用上的限制。作为一种独立的财产权，土地发展权在英美法上主要通过限制性地产、保护地役权、限制性约据、平衡役权以及侵扰法等制度得以体现。此外，在美国还出现了可转移的土地发展权制度。依照美国《发展权转让授权法》的规定，发展权转让机制的核心是将一个地区（即“发送区”，Sending Areas）的土地发展权转让给另外一个地区（即“接受区”，Receiving Areas）。这样，一旦“发送区”土地的发展权被买走，该土地将被禁止开发。在一个典型的土地发展权移转项目中，受限开发土地（Sending Areas）的所有人可以将土地发展权卖给希望在准许开发地区（Receiving Areas）获得更大开发强度的开发者。不过，对于可转移发展权的性质，也一直存有争论。

与英美法不同的是，大陆法的财产权体系，是围绕所有权构建的，因此，在传统大陆法上，土地发展权是附属于土地所有权存在。在大陆法上，虽然没有土地发展权的法律概念，但就土地发展权益而言，始终被视为与土地牢固不可分的用益物权，其主要通过地上权、地役权等制度得以体现。传统大陆法坚持以所有权为中心的财产权理念，并严格遵守物权法定的准则。在罗马法时期，所有权就被认为是最显要的和最广泛的权利。在所有权之外，则被称为 iura in re（对物的权利），也就是他物权。[①]1900 年《德国民法典》承继了罗马法传统，将土地上的权利区分为土地所有权和土地他项权利，土地他项权利包括用益物权和担保物权。在土地用益物权中，又可细分为地上权、役权和实物负担。[②]法国法虽然在具体法律概念及用语上与德国法有所不同，但对于土地所有权基本范畴的理解，与德国法是基本一致的。可见，在传统大陆法上，并没有独立的土地发展权的概念，土地发展权的权利义务关系，实际上被隐含在土地所有权之中。按照罗马

① ［意］彼德罗·彭梵得：《罗马法教科书》，黄风译，中国政法大学出版社 1993 年版，第 183 页。

② 江平：《中国土地立法研究》，中国政法大学出版社 1999 年版，第 131 页。

法土地所有权“上穷天宇，下及地心”的理念，凡是人类可以支配的土地空间范围，均属于土地所有权的权利行使范畴，具体而言，也包括针对土地地表、地下和地上的支配。在这一理论下，在绝对财产权理念盛行时期，土地所有权人只要不违背侵扰法的规定，不对他人造成妨害，几乎可以随心所欲地使用土地。这种三维的土地权利观念，在大陆法主要国家立法中均有所体现，如1804年《法国民法典》第552条规定：“土地所有权包含该地上及地下的所有权。”另外，1900年《德国民法典》和1966年《日本民法典》中，也均规定了土地所有权不仅存在于地表，而且及于地下和地上空间。①

（二）规划管制下的土地发展权

虽然，无论是大陆法的土地所有权，还是英美法上的地产权，均隐含了土地发展权的内容和价值，但土地发展权真正从地产权中明确独立出来，却是始于国家管制权对土地开发利用的限制。②

自19世纪中叶以来，无序的土地利用导致了越来越多的社会问题，土地的外部性问题突出，主要表现在城市问题凸显、耕地占用严重、环境状况恶化、土地投机现象严重等方面，而自然景观及古建文物保护也面临越来越严峻的形势。在此背景下，部分国家开始通过制定严格的建筑和卫生法规，对重点区域的建筑行为和土地利用进行管制。

在大陆法国家，为规范城市和房屋建设，德国法兰克福（Frankfurt）于1891年制定了《分级建筑法令》（Staffelbauordnungen），将城市分为6个区域，实行不同的建筑高度、建筑容积以及建筑间隔等控制措施，首创土地分区管制（zoning）先河。土地分区管制的做法，后来被美日等国

---

① 1900年《德国民法典》第905条规定：“土地所有权人的权利扩及于地面上的空间和地表下的地层。”1966年《日本民法典》第207条规定：“土地所有权在法令限制的范围内，及于土地的上下。”

② 陈柏峰：《土地发展权的理论基础与制度前景》，载《法学研究》2012年第4期。

借鉴引入，成为最为重要的土地规划管制措施之一。此后，德国相继发布了《联邦建设法》和《城镇建设促进法》，并最终在 1986 年制定《建设法典》(Baugeesetzbuch)，对土地建筑行为实行全面控制。而在德国其他专门法，如《空间秩序法》(Raumordnungsgesetz)、《联邦自然保护法》(Bundesnaturschutzgesetz) 等其他重要法律中，也有相关建筑限制规定。由于针对土地利用的严格管制，德国法上原先坚持的“建设自由”(Baufreiheit) 事实上仅仅成为一种潜在的可能性而已。在法国，同样出于对“保护环境”“控制城市增长”等公共利益的考虑而对土地所有权等不动产权益进行限制，代表性的立法包括《城市规划法》《乡村法》《森林法》等。以《城市规划法》为例，该法根据土地占有率和密度的合法极限，对土地所有权人或地上权人的建筑权利以及建筑高度进行限制，这实际上是通过限制地上权的方式，划定了地上权的空间界限。此外，法国也通过地役权的方式，通过限制建筑用途转变，以此保护建筑文化遗产。在法国学者看来，具有历史意义的建筑物，国家有权或将其征购，或让其所有人进行归类，其结果是形成了真正的地役权，即若无许可不能对该建筑作任何改动。①

在英国，规划法上针对土地发展权的管制，始于 1909 年制定的《住宅、城镇规划诸法》(Housing, Town Planning, etc. Act)。按照该法第 54 条的规定，地方政府可以就正在开发的土地或可能用于建筑目的的土地编制城镇规划方案，以确保该土地及其邻近土地规划和利用达到卫生合格、环境舒适、交通便利的要求。该法还规定，对于违反规划方案的建筑，政府均有权将之迁移、拆除或实施改造，而无论该建筑建于规划方案实施前还是实施以后。1922 年制定的《城市规划法令》(Town Planning Order) 提出实施“过渡时期的开发控制”(或称临时开发控制)，建立了发展许可制

① [法] 莫里斯·奥里乌:《行政法与公法精要》，龚觅等译，郑戈校，辽海出版社、春风文艺出版社 1999 年版，第 700 页。

度，对土地开发行为逐步开始实行公权上的约束。1932年《城乡规划法》（Town and Country Planning Act，1932）扩大了政府编制发展规划的范围，将原来局限在已建成区的规划，扩展到周边可能根本不会开发的土地，并进一步完善了“过渡时期开发控制”。到1942年，虽然英国仅仅有5%的土地编制了规划，但是，用于过渡时期开发的土地却占到了全国土地的73%。[①] 此后，1943年《城乡规划法》（Town and Country Planning Act，1943）将“过渡时期发展控制”扩展到了全国，这一原则最终在1947年《城乡规划法》（Town and Country Planning Act，1947）中体现为土地发展权的全面“国有化”，即除了明确规定的几种特殊的和小规模的建筑行为之外，任何土地开发行为，均必须取得政府的发展许可，由此，几乎所有的开发项目都被纳入发展控制的范围，没有规划当局的许可，就不能进行开发建设；同时，对于因规划所导致的禁止开发不予补偿。如果发展许可被批准，因规划引起的土地升值都将被以全额征收为发展捐（development charge）。不过，英国土地发展权国有化措施，并非彻底的国家独占发展权，而是贯彻了分享发展权益的理念。因为如果遵循严密的逻辑，土地发展价值向国家转移根本就不应当存在赔偿的问题。[②] 而英国却建立了一个3亿英镑的基金，用于向提出发展申请但被拒绝的土地持有人进行“支付”（payment），作为对国有化发展权的一种整体补偿，以确保这一法案的顺利推行。

在美国，自20世纪初期以后，也开始借鉴德国土地管制的方法，逐渐开始推行土地的分区管制（zoning）。美国土地分区管制首创于纽约州。1916年，美国纽约首先颁布了土地分区管制条例，规定了土地用途和建筑标准，包括建筑高度、用地范围以及人口密度等指标。1924年，美国

---

① Philip Booth (2002), A desperately slow system ? The origins and nature of the current discourse on development control, Planning Perspectives, Vol. 17, Iss. 4, 2002.

② 参见[英]巴里·卡林沃思、文森特·纳丁：《英国城乡规划》，陈闽齐等译，张京祥译校，东南大学出版社2011年版，第162页。

联邦政府商业部公布了《标准分区管制授权法案》(Standard State Zoning Enabling Act)，并于1926年进行了修订。按照这一法案，美国各州政府有权制定土地分区法令，授权地方政府有管制土地所有者处分土地的权利，并提供了各州实行土地分区管制的基础模式。该法案不仅是美国分区管制的法律基础，而且被其他国家广泛借鉴。[①]

至此，通过自19世纪中叶以来英国土地发展控制的实践，以往依靠私人约束土地使用的方式，在很大程度已被政府的管制所取代，土地发展权被彻底从土地固有权利中剥离出来，成为一项具有鲜明公权色彩的权利(力)。

① 汪秀莲、张建平:《土地用途分区管制国际比较》，载《中国土地科学》2001年第4期。

第二节 | 土地发展权的财产权新形态

虽然前文多次使用土地发展权的概念，但这主要是借用英美法系上的概念，且主要应用于私法领域。在大陆法上，尤其是在我国，土地发展权益是否可以上升到“权利”的范畴，尤其是基于规划管制的土地发展权是否属于财产权，是个很有争议的问题。

按照财产权限制理论，政府的规划管制显而易见是作用于私法财产权之上的公权利，是公法上的政府管制赋予了土地发展权新的内涵和价值。特别是在土地发展权移转制度中，原本受到规划管制的发展权，不仅可以用财产性价值进行衡量，而且具有了可交易性，成为一种实实在在的兼具公法和私法性质的财产权。因此，就法律性质而言，美国土地发展权转移制度的本质，就是政府通过分区管制所创设的一种新的财产权，并通过土地发展权的市场交易行为，使得受到分区管制而财产权受损的土地所有人，能够直接从发展权的转让交易中得到补偿。[①]

但是，从土地发展权所包含的价值属性及权利义务关系上考察，在规划管制的背景下，原有的大陆法私法财产权范畴，如地上权、地役权等，已经很难容纳土地发展权的概念。一方面，传统私法下的财产权理论难以调和公法与私法权益之间的价值冲突，土地发展权始终徘徊在公法管制与私权抗争之间，权利的稳定性受到很大影响。另一方面，在当代财产权观念追求“物尽其用”的思想下，土地发展权显然并不以达成公法上的财产权管制为目的，而是要寻求土地发展权益更好的实现方式，在流传交易中

① 杜茎深、罗平:《论基于物权路径引入发展权之不可行性》，载《中国土地科学》2015 年第 4 期。

更好地实现自己的价值。然而，在大陆法严格的物权体系下，土地发展权始终只能被固定在特定的土地之上，很难像英美法那样，以充分的法律理由在不同的土地间的移转。

因此，需要在法律层面，在分析土地发展权财产权价值构成的基础上，以新的财产权理念，更好地诠释土地发展权的性质特征。按照德国著名法社会学家贡塔·图依布纳（Gunther Teubner）所提出的现代法律发展理论，这是一个“从自治法到管制法，再到自律法的发展历程，法律的重心转移到对自律机制的设计、推动、矫正或重建”[①]。

一、土地发展权的价值二元性

（一）土地发展权价值来源的争论

关于土地发展权的价值来源，学界主要存在两种对立的观点。

一种观点认为，土地发展权权益源自土地所有权，由土地的固有属性所决定。这种观点认为，土地所有权是土地发展权的基础，土地发展权自所有权权能延伸而来。最初的土地发展权，与土地所有权密不可分，土地发展权始终是私法上土地所有权的重要内容。[②]可见，基于这种见解，土地发展权属于行使土地所有权的应有之意。当前，我国很多学者也认为，土地发展权是因限制土地发展而形成的，若无针对土地的发展限制，则无土地发展权一说，亦无土地发展权存在之必要。但是，这种思路仅仅考察了土地发展权中受到规划管制的因素，而没有考虑土地的自然属性和自身发展需求。按照土地的自然属性，土地所拥有的承载力，是在土地利用过程中首先要考虑的因素，而土地承载力有多种表现形式，

① ［德］图依布纳：《现代法中的实质要素和反思要素》，矫波译，强世功校，载《北大法律评论》1999 年第 2 辑。

② 程雪阳：《土地发展权与土地增值收益的合理分配》，载《法学研究》2014 年第 5 期。

其中，开发利用、建设房屋无疑是最重要的方式之一。如果将规划管制视为土地发展权的唯一源头，而忽视土地自身的发展和利用需求，那么，人类拥有土地的价值，恐怕也仅限于进行农业的耕作，或者是土地的现状使用。这显然是不符合人类利用土地的初衷的。因此，在土地之上，应当具有天然的发展属性。这也就是周诚教授所说的，任何农地都天然享有非农发展权，只是土地用途、区位决定了这项权利有无可能实现，以及何时才能实现。

另一种观点认为，土地发展权是因针对土地的规划管制所生，属于国家公权。在西方，土地规划的实施，具有严格的程序，一般认为属于立法或者议会的权限，具有很高的地位，属于警察权的范畴。[①] 从土地发展权在英国的起源看，正是英国规划管控和建设许可的实施，形成了对土地发展权的管制，并进而使得土地发展权这一概念以公权的形式进入人们的视野。按照英国土地发展权“浮动价值”和“价值转移理论”，因规划管制的存在，致使部分土地上的发展权，转移到了别的土地之上，从而形成一种基于公法的新的财产权。再以美国可移转的土地发展权为例，虽然美国学者通常借助“权利束”理论解释可移转的土地发展权，但是，随着英美法上对于土地发展权法律性质研究的逐渐深入，这种解释目前受到了越来越多的质疑。主要反对理由是，使用“权利束”来解释土地发展权，并不足以涵盖可转移发展权的全部本意，因为在可转移的发展权中，不仅包含了土地所有权的固有属性，而且，土地发展权的属性也由财产权的社会功能所决定，体现了规划管制的公法性，而不仅仅是一种私法上的财产权。对于可转移的发展权的性质，有的美国学者还坚持传统的观点，通过地役权制度来解释。如有学者认为，在发展权转移出去之后，原来的土地的发展将受到地役权或合同的限制。[②] 还有学者认为，土地发展权只是一种消

① 陈柏峰:《土地发展权的理论基础与制度前景》，载《法学研究》2012 年第 4 期。

② JC Danner. TDRs-Great Idea But Questionable Value. Appraisal Journal, 1997, : v65（: n2）.

极地役权，可以用来限制土地所有人针对土地的利用行为。[①]由于美国坚持土地发展权归私的做法，因此，通过地役权解释土地发展权移转，符合私法状态下关于土地发展权属性的一般理解。但是，由于地役权的适用场合及条件有较为严格的限制，特别是在通常情况之下要求具有特定的需役地和供役地，难以解释土地发展权在不同土地之间的移转问题。还有一种颠覆性的观点，如美国最高法院大法官斯卡利亚所言，所谓土地发展权不过是行政部门的一项发明，用以减轻政府行政管理对土地权利人的影响，土地发展权的转移不过是一种变相的补偿（compensation），而非一项权利。[②]

（二）土地发展权价值来源的经济分析

以上两种观点，虽然出发点不同，但实际上均承认公法对于私法土地财产权的影响，也就是说，公法性已经介入私法的财产权之中，土地发展权就其价值来源上，不可避免地已经呈现出多元化的特点。为进一步说明这个问题，下面借助于杜能圈理论，对分别处在私法状态和规划管制两种不同情形下的土地价值进行分析。

假设一个为农地包围城市的地域圈。圈中以城市为中心，外围是各种类型的农用地，除地理位置外，排除掉因土地肥沃不同或其他特殊情况而造成的土地价格的差异。在存在完全市场竞争规律的情况下，圈中的土地会随着建设用地和农用地之间的此消彼长、自内而外形成三个地带。其中，最内圈为固定的城市建设用地，也可以称之为满足城市运行正常需要的最小用地；最外圈为农业用地，该部分用地因距离城市较远，而基本不具有开发的价值，或者说，继续用于农业用途更能发挥其效用。在两个圈中间，则是随着农产品价格的波动而造成的建设用地和农用地的过渡带。在这个

---

① 黄泷一：《美国可转让土地开发权的历史发展及相关法律问题》，载《环球法律评论》2013年第1期。

② Vincent Renard，Property rights and the transfer of development rights：Question of efficiency and equity，TPR，78（1）2007.

过渡带中，由于距离市区有一定距离，建设用地呈现低度开发的状态，具有低成本向农业用地转换的可能。

那么，在正常的情况下，土地的价格应当是随着距离城市中心越来越远而逐渐降低。在自由竞争的机制下，在建设用地和农用地之间可以自由转换。因此，无论是建设用地价格，还是农用地价格，从理论上，可以形成一般的供求关系的曲线（见图 4.1）。

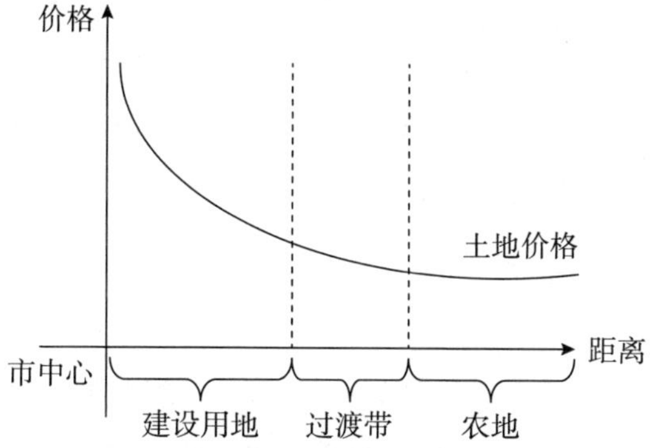

图 4.1　自然状态下土地价格曲线

但是，由于土地用途管制的存在，造成了建设用地和农用地之间无法自由转换。因此，其所构成的价格曲线，就被人为地分割成两个部分（见图 4.2）。

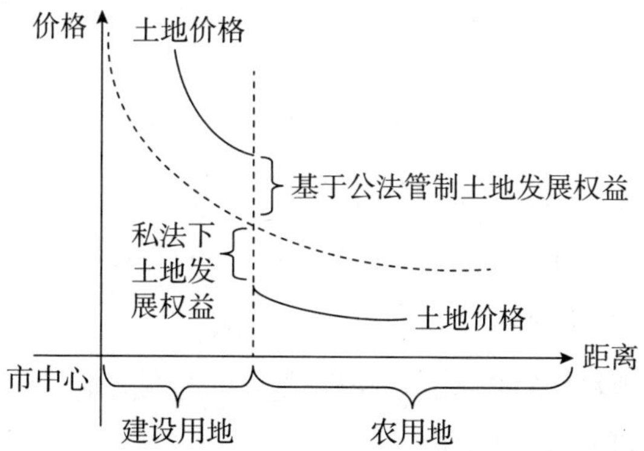

图 4.2　公法管制下的土地价格曲线

从图 4.2 可以得出下列结论。

第一，在城市规划区内，土地价格被抬高，高出了因土地自然属性所形成的自然增值的部分。造成这种情况的原因，主要是严格限制了城市建设用地，压缩了供地规模，实际上就是降低了供给，但由于对于土地的需求并没有降低，从而促成价格的升高。

第二，在城市规划区外，土地价格被压低。按照一般的理论，农用地的土地价格主要与其收益有关，与农产品的价格有关。在自由竞争的市场机制下，在农产品的价格与农用地之间，有一种自动调节的关系，即农产品价格低，则农用地面积减少，多出的用地，可能转化为其他用地，如建设用地；如果农产品价格提升，则农用地面积增加。这也是图 4.1 所表示的建设用地与农用地之间的过渡带所具有的自动调节土地资源配置的作用。

第三，就土地的发展权价值而言，准许开发的土地，也就是建设用地，所获得的土地价值增值，按照"价值转移理论"，实质上是基于公法管制，从被限制开发的土地上转移而来的，而被禁止开发的土地的开发价值则是私法状态下的土地农业用途价值。因此，将全部土地发展权益，无论是赋予土地开发者（或者实际上基于开发者地位的国家），还是赋予被获准开发的土地的所有人，显然都是不合理的。

（三）"浮动价值"和"价值转移"理论

浮动价值理论（Floating Value）和价值转移理论（Shifting Value），是英国 1940 年《巴罗报告》和《阿斯瓦特报告》在研究土地发展增值过程中，针对土地发展增值来源的分析，而提出的一种理论。这一理论是 1947 年《城乡规划法》将土地发展权国有化的理论基础，并且一直影响着日后英国土地发展增值机制的调整。应当说，这一理论很好地解释了在规划管制下，土地发展权益增值的原因。

1937 年，为研究解决伦敦人口过于密集问题，英国政府成立了以安德森·蒙塔古－巴罗（Anderson Montague-Barlow）为主席的皇家委员会。该委员会于1940年发布了《皇家委员会关于工业人口分布的报告》（the Report of the Royal Commission on the Distribution of the Industrial Population），即《巴罗报告》。巴罗报告认为，发展控制对土地价值的转移造成的影响——增加了一些土地的价值，并且降低了另外一些土地的价值，但并没有摧毁土地价值。在理论上，用向土地价值增加的人征税得来的资金，来足额补偿土地价值减少的人应该是可行的。但是，在目前的土地规划中还无法实现价值上的平衡，这主要是因为：（1）如果单独对每个项目开发进行补偿，则全部未开发土地的补偿的价格会超出统一补偿的价格。（2）证明增值的困难性，特别是证明因单个发展计划而导致增值的成本过高，没有效率。（3）对增值征税不具有可操作性，除非证明地主确实获得了增值，例如，只有在地主处分其土地时，才有可能对其获益进行评估。为此，《巴罗报告》提出，对所有的未开发土地，提供一个整体性的补偿资金。这种观念被后来的《阿斯瓦特报告》所继承。

1942年发布的《阿斯瓦特报告》，在《巴罗报告》的基础上详细说明了“浮动价值”理论。[①] 这一理论的基本点在于：土地的开发价值仅仅反映了潜在的开发预期价值，哪一块土地能够获准开发，可以享受到开发价值，在相关规划落地之前是不确定的，其发展权价值始终处在“漂浮”的状态。但是，在发展权受到限制的时期，每一块土地所有者均可以其受损为由向政府提出补偿请求，但由于这一地区的土地显然不能全部获准开发，因此，如果政府实行单个的逐一补偿，其补偿价格将远远超过实际的土地发展权价值。为了解决这个难题，《阿斯瓦特报告》进而提出了“价值转移”理论。按照这一理论的解释，在规划管制的过程中，虽然导致了一些土地的发展权损失，这种价值并不会平白消失，而是转移到了其他获准开发的土地之

① 彭錞：《土地发展权与土地增值收益分配：中国问题与英国经验》，载《中外法学》2016年第6期。

上。由于这部分土地的增值是因政府的管制行为而产生的，因此，不应由土地所有者所享有，而是应当通过对其收取价值增益的方式，建立一个土地发展权的“改善基金”（betterment fund）。土地发展权受到规划管制侵害的土地所有人，可以从“改善资金”中获得财产权受损的补偿。

可见，《巴罗报告》和《阿斯瓦特》报告都不认为这多出来的土地发展权益是源自宗地本身的，而是来自其他土地的贡献。在此情形下，继续沿用私权的理论，通过土地所有权分析土地发展权的构成，显然是不科学的。综上，可以认为，与早期通过对建筑的结构外观、配备设施、楼间间隔等城市规划领域的土地发展权限制不同，规划法及规划管制对土地发展的限制，对土地发展权的权益构成和性质造成了重大影响。在城市规划实施之前，土地发展权的价值主要受到土地自然条件、区位特征等因素的影响，而在规划控制制度下，被允许发展的土地的价值因其他土地的限制发展而得到额外增加，这也就是《巴罗报告》和《阿斯瓦特报告》中反复提到的土地发展价值无损益，仅仅是发生了价值转移，即从被禁止发展的土地转移到了获许开发的土地上。因此，特定土地的发展权价值并非完全源自土地自身属性，而是蕴含了社会整体价值在内，土地发展权已不完全是私人地产权“棒束”中的“木条”。这也是后来英国推行土地发展权国有化的基点之一。

英国法上的“价值浮动”和“价值转移”理论在美国得到了进一步发展，美国以这个理论为基础，进而建立了土地发展权转移制度。与英国理论不同的是，美国法上所谓的“价值转移”，虚拟出了价值转移的“发送区”和“接受区”的概念，即认为土地发展权的价值在“发送区”和“接受区”之间发生了转移，而“接受区”向“发送区”购买“发展券”即构成了对“接受区”土地发展权价值损失的补偿。

（四）结论：土地发展权二元性价值

土地发展权兼具公私法性质二元性，也表明土地发展权权益实际上由两方面构成。

其一，土地自身固有的发展权益。这部分土地发展权权益，基于土地所有权产生。在大陆法系上，主要体现为地上权和地役权等用益物权权益。在英美法上，则被视为一种独立的地产权。

其二，基于规划管制的发展权益。这是通过公法上的规划管制，对私法上的土地发展权益进行强制分配后形成的权益。其权益的基础虽然来自私法上的土地所有权，但是，却与其所依附的土地并无必然联系，而是由其他土地上的土地权益转移而来。

因此，土地发展权可区分为私法上的土地发展权和公法上的土地发展权。私法上的土地发展权基于土地所有权而生，公法上的土地发展权基于土地规划管制而生。这两项权利同时存在于土地之上（见图 4.3）。

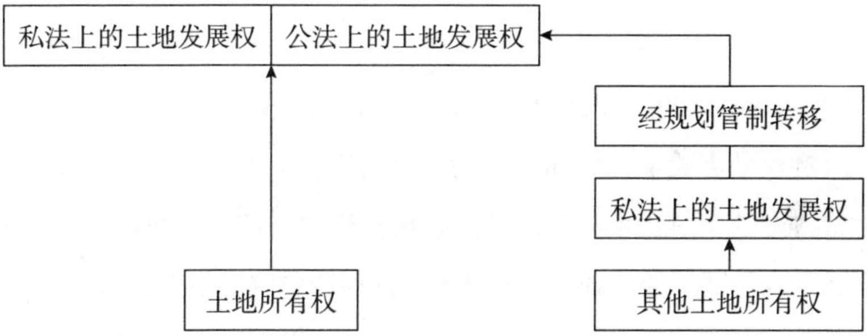

图 4.3　私法和公法上土地发展权的区分

二、土地发展权的财产权理念变迁

如上，土地发展权具有价值二元性，从其权益上可区分为私法上的土地发展权和公法上的土地发展权。但这两种权利，尤其是公法上的土地发展权能否成为财产权，需要进一步讨论。

财产权是一个历史性的概念。在不同的历史时期，因社会制度和人们追求的价值目标的不同，财产权的内涵也在不断发生变化。近现代以来，财产权基本沿着两个维度向前发展：一个是公法与私法相互融合的维度。显著的特征就是私法公法化和公法私法化。另一个是所有权向使用权演进的动态价值维度。随着财产权理念上的公私法融合，财产权的实现方式也从静态的所有权不断向动态的使用权演进，出现了大量的新的财产权形式。这种新的财产权新形态，主要体现为两个方面的特征。

其一，财产权理念从物的财产权观向权利的财产权观转变。

从财产概念产生的历史考察，财产的原始本意就是指一项权利，而不是一项具体的“事物”。财产被逐渐限定为一种实物，已经是17世纪资产阶级兴起以后的事情了。[①] 在美国学者托马斯·C.格雷看来，把物品所有权当作财产权是基于意识形态功能的考虑，体现了资产阶级的价值观，在一定意义上蕴含着自由平等意味在内。[②] 在1900年《德国物权法》确立物权在财产权上的核心地位之后，物即财产的观念更加深入人心。

但是，自20世纪下半叶以来，整个社会遇到了“权利的爆炸”时期，财产权种类陡增，17世纪之后确立的固化的财产权观念受到了很大的挑战。在这个过程中，财产权呈现出多样化的特点，许多非物质化的财产进入人们的生活，如私人合意拟制的财产，政府公权创制的产权等。这些新的利益在法律层面上也不断得到确认。[③] 由此，财产权在其来源、表现类型、权利义务内容方面，都呈现出不同于以往的理念。在法律上越来越倾向于将有价值的利益即视为财产，而不再考虑财产的具体形态。财产权的性质也发生了很大的变化，传统的财产权理念已经无法很好地

① 董石桃：《西方民主视域中的财产权：一项观念史的考察》，载《湖北社会科学》2016年第7期。

② ［美］托马斯·C.格雷：《论财产权的解体》，高新军译，草木校，载《经济社会体制比较》1994年第5期。

③ ［美］伯纳德·施瓦茨：《美国法律史》，王军译，中国政法大学出版社1997年版，第273页。

诠释这些新的财产权形态，因此，需要引入新的财产权理论。在此背景下，美国学者布鲁斯·阿克曼（Bruce Ackerman）提出，不能把财产仅仅作为物看待，财产权是可以根据某种标准进行合理操纵和分配的一组法律权利。① 越来越多的观点也认为，当代财产权已经不拘泥于某一种形态，也不局限在物权、债权以及知识产权等传统领域，而是逐渐成为具有财产性价值的权利总和。② 正如美国法学家肯尼斯·万德威尔德所言："这种新的财产是非物质的，不是由支配物的权利所组成的，而是由有价值的权利所组成。"③

就土地发展权而言，从英美法上土地发展权实践来看，其功能和表现形式，已经远远超过了大陆法上以地上权、地役权等形式表现出来的附属于土地所有权的土地发展权，特别是关于土地发展权转移理论，使得土地发展权可以脱离土地这个"物"而自行移转，已经远非传统大陆法理论所能诠释。因此，适应"权利的财产权观"的发展趋势，需要重新审视传统大陆法的物权理论，将土地发展权从地上权、地役权的桎梏之中解放出来，赋予其新的含义。

其二，私法财产权内涵和范围被公法重新界定。

随着公权不断入侵传统的私法领域，财产权理念上逐渐出现了私法公法化趋势。但如何在财产权层面上解释私人所有权受到公法限制的性质呢？

按照日本著名法学家美浓部达吉的看法，④ 某一项单一的权利并非非要专属于公法，或者非要专属于私法。专属于公法，或者专属于私法，并非权利的必然属性。单一权利也可以有双重的性质，既为私权同时又为公权。美浓部达吉还认为，基于公法上的限制，如对于土地所有权的公法限

① 梅夏英：《当代财产权的公法与私法定位分析》，载《人大法律评论》2001 年第 1 期。

② 梅夏英：《当代财产权的公法与私法定位分析》，载《人大法律评论》2001 年第 1 期。

③ [美] 肯尼斯·万德威尔德：《19 世纪的新财产：现代财产权在理念的发展》，载《社会经济体制比较》1995 年第 1 期。

④ [日] 美浓部达吉：《公法与私法》黄冯明译，中国政法大学出版社 2003 年版，第 158 页。

制、土地征收、因整理耕地以及整理土地区划而产生的换地处分等，既可能是对财产权施加限制，也可能是使财产权归于消灭，抑或可能是重新设定了财产权。我国有学者基于对权利要素分析，认为不能简单地将之理解为所有权受到了公法的入侵和限制，而是应当将之视为政府公权重新对财产权内容和范围的界定。[①] 也有学者认为，这种受到公法限制的财产权介于公法和私法之间，是一种混合性的权利（hybrid property）。还有的学者将公法管制下的财产权称为管制性的财产权（regulatory property）。[②] 因此，就土地发展权而言，按照价值转移理论，在其权利价值中，不仅包含了原有的源自土地发展权的成分，而且，还包含了因规划管制而从其他被限制开发的土地上转移而来的价值成分，在这个意义上，私法上土地发展权范围和权利义务关系，也已经被公法所重新界定。私法上的土地发展权已经呈现出与以往不相同的形态。

此外，私法上的土地发展权受到公法管制，其财产权被公法重新界定，是否应当予以补偿，也是一个值得讨论的问题。

在权利限制理论上，还有两种比较重要的学说：权利的外在限制理论和权利的内在限制理论。权利内在限制理论认为，权利除了包含以私权为主的个人因素以外，还包含了应当遵循公共利益的因素，即权利限制是权利固有的，包含在权利自身属性之中。权利外在限制理论则认为，针对权利的限制来自权利自身之外，受到限制的权利是由于受到了基于公共利益考量的外力的影响。

基于两种不用的学说，在土地规划管制实践中产生的效果是截然不同的。如果将规划权视为一种外在的限制，则针对土地发展权的侵害，就需要对其进行价值上的赔偿；而如果将规划管制视为土地所有权的内

---

① 梅夏英：《当代财产权的公法与私法定位分析》，载《人大法律评论》2001 年第 1 期。

② Wiener J. Global environmental regulation：instrument choice in legal context. Yale Law Journal，1999，（108）：657-765.

在限制，则因为权利限制属于土地权利应有之意，是无须对此种限制进行赔偿的。

区分这两点至关重要。按照日本学者今村成和与安本典夫的观点，要以财产权的本来效用为出发点来决定是否对于受到规制行为限制的土地财产权予以补偿。首先，从财产权效用上的“量”的角度考察，如果规制行为剥夺和妨碍财产权的本来效用，在权利人无其他特别忍受的理由时，就应当得到补偿。其次，从财产权效用上的“质”的角度进行考察，也就是从财产权限制的目的出发，如果是基于公共利益需求，则无须给予补偿，但如果限制行为与公益目的无关，则应当对财产权损失给予补偿。[①]

因此，就私法上的土地发展权而言，或者说，就大陆法上与之类似的地上权而言，其权利的范围已经与绝对财产权理念下的范围有本质的不同。土地发展权的形式必将受到公法的诸多合理的限制，且在其合理的限度以内，公法并不认为这是侵犯私法财产权的行为，亦不会因为此种限制而导致的私法土地发展权受损而予以赔偿。

三、公共财产权意义上的土地发展权

土地发展权所呈现出来的财产权新形态表明，从土地发展权在英美法系和大陆法系上不同的法律构造看，两大法系均无法很好地诠释土地发展权的性质。这主要是因为，虽然土地发展权兼具私法和公法性质，并有学者因此将之区分为“真正的土地发展权”和“分区的土地发展权”，但这仅仅是基于土地发展权益价值的不同，从理论上对土地发展权进行的分割。在实践中，从各国的土地管理立法看，土地发展权又是作为一个整体权益被用于建设许可等场合，不存在私法上的土地发展权和公法上的土地发展权分别利用的情况，因此，土地发展权事实上被统一归于公法管制之

① 杜仪方:《财产权限制的行政补偿判断标准》，载《法学家》2016 年第 2 期。

下。土地的用途管制、规划管制，以及土地开发许可制，早已经将“真正的土地发展权”淹没其中。造成这一现象的主要原因是，在大多数国家，私法上的土地发展权并未被视为一种“真正的”财产权，而只是被作为政府土地管制下的一种利益损失补偿。因此，这种在公法规划管制下的土地发展权，因其所兼具的私法和公法性，通过传统的私法理论和公法理论都是难以诠释的，应当结合财产权观念的发展趋势，借助新的财产权理念，赋予其新的法律地位。因此，土地发展权应该走向一条“权利”回归之路，即从政府的管制“权力”，回归到“权利”本身，将政府针对土地发展权的规划管制“财产化”，从而建立更加科学合理的土地发展权补偿机制。从土地发展权所呈现出来的财产权形态及特征而言，其更加符合公共财产权的定位和逻辑。

（一）公共财产权理论

公共财产权是源自公法，特别是行政法学研究上的一个概念。一般认为，公共财产权是政府利用公权从私人手中取得财产，包括通过税收以及征收等行为得来的财产性权益。[①] 按照国家主权理论，政府取得公共财产权具有其正当性，其根本宗旨是实现国家管理，维系社会公共利益。因此，相较于私法上的财产权而言，公共财产权更加注重其权利取得的正当性和分配上的正义性。[②]

公共财产权并非一种全新的概念，在古罗马和古希腊，都曾普遍存在着公共财产。早期理论家们还认为，公共财产权是人类原始时代所固有的。甚至直到 17 世纪，在人们的理念之中，财产权的范畴既包含私人财产权，也包含公共财产权。现代的公共财产权理论，则是因财产权的个人本位观

① 刘剑文、王桦宇：《公共财产权的概念及其法治逻辑》，载《中国社会科学》2014 年第 8 期。

② 刘剑文：《论财税体制改革的正当性——公共财产法语境下的治理逻辑》，载《清华法学》2014 年第 5 期。

被融入公益的因素，个人财产权的社会责任被提升到前所未有的高度而产生的。[①] 因此，公共财产权的权源虽然是私人财产权，但是因公法的规定，私人财产在性质上转化为公共财产，并由公权力机构统一管理和支配。

1964 年和 1965 年，美国法律和社会学者查尔斯 · A. 赖希（Charls A. Reich）在《耶鲁法律评论》（Yale Law Journal）上先后发表了《新财产权》（The New Property）和《个人权利与社会福利：新兴的法律问题》（Individual Rights and Social Welfare：The Emerging Legal Issues）两篇论文，提出了“新财产权理论”，并被人们广泛关注和接受。新财产权理论认为，随着国家对经济加强干预和福利国家的发展，政府通过税收和其他公权创造了大量财产，包括各种福利保障、就业岗位、失业补助、经营特许权等，名目众多，异常繁杂，这些财产在美国国民收入中占比越来越大。[②] 据此，“新财产权理论”认为，上述由政府所“创造”的财产随着福利国家的发展已经变得非常重要，但法律却没有提供充足的保护，各种福利被认为是政府发放的“特权”，面临着权利不稳定、可能随便被取消的窘境。因此，建议创造一种“新的财产权”，即将社会福利变成受到法律保护的产权，将传统的财产权概念，由土地、动产、金钱等，扩展到社会福利、公共职位、公共资源使用权、经营特许权等领域。[③] 按照“新财产权理论”，一旦这些政府供给变成了个人所享有的权利，就会受到美国宪法财产权的保障，如果形成了对这些财产的侵害，则必须遵循“正当程序”，并给予“公正补偿”。[④] 此外，还有学者提出了宪法上的财产权的概念，认为财产权不仅包括物权、债权、人身权以及智力劳动等传统的私法权利，还包括

① 佘倩影：《财产权理论谱系的重构——从公共财产权的结构性缺位谈起》，载刘剑文主编：《财税法论丛》（第 16 卷），法律出版社 2015 年版，第 37 页。

② 相关数据显示，1961 年，美国个人收入总值为 4164.32 亿美元，各级政府开支就达 1648.75 亿美元，其中社会福利开支为 580 亿美元。上述金额中还不包括各种执照、专营权、服务和资源使用权等无形财产的价值。

③ ［美］查尔斯 · A. 赖希：《新财产权》，翟小波译，载《私法》2007 年第 9 期。

④ 高秦伟：《政府福利、新财产权与行政法的保护》，载《浙江学刊》2007 年第 6 期。

在宪法上已经明确的国有土地和自然资源的使用权等。可见，在现代社会，因国家管制的存在，财产权的内容和性质都发生了很大变化，政府成为直接创制财产权的主体，财产权的公权特征愈加明显。但在美国康奈尔大学法学教授 C. R. Farina 看来，"新财产权理论"不仅没有模糊财产权上的"公共领域"与"私人领域"的界限，而且还在已经模糊的私权和公权之间建立了一条中间地带，反而有利于个人权利的保障。

可见，因规划管制而形成的公法上的土地发展权，在事实上也可被认为是一种政府准许土地开发的福利，或者开发的特许权可以被作为一种新的财产权对待。从公共财产权上述概念界定看，公法上的土地发展权也可以被视为基于公权对于土地的规划管制，而从土地所有者手中转移到公权机构手中的一项财产权。从英国土地发展权的演化考察，也可以佐证这一理论。在英国土地发展权"国有化"的进程中，土地发展许可是一项具有里程碑意义的制度。发展许可制度，本来是针对因规划管制造成土地开发商利益损失而提出来的，旨在对符合一定条件的开发商进行利益上的补偿。1909 年《住宅、城镇规划诸法》第 58 条虽然规定，任何人的财产受到规划方案的不利影响的，都有权向地方政府请求赔偿。但是，对于在启动编制规划方案到规划正式实施之间的过渡时期内的新建或在建项目，如果与日后颁布的正式规划相悖，开发人无权要求赔偿。这种僵化的规划制度遭到了开发人的反对。为解决这一问题，1922 年《城市规划法令》进而规定，在规划方案编制和审查阶段，当地政府可以给予建设项目的发展许可。如果获准开发的项目因与最终施行的规划方案不符而受到不利影响的，则由政府给以相应补偿。简言之，开发者事先取得发展许可，可得到补偿，否则，就得不到补偿。由此，发展许可制度通过事后"迂回"补偿开发者的方式，在一定程度已经将土地发展视为政府赋予开发者的一项权利。可见，自 1909 年《住宅、城镇规划诸法》开始，私人地产权体系中的土地发展权就开始不断受到公权的侵蚀，土地发展行为受到越来越多的公法上的限制，特别是发展许可制度的实施，实行区别对待的补偿政策，一步步将土地发展权转变为政府手中的一项行政许可权。这一过程最终在1947年《城乡规划法》中得以完成。

（二）土地发展权的公共财产权定位

因土地的规划管制而产生的土地发展权具有和公共财产权相类似的特征，虽然其并非严格意义上的公共财产权，但仍然符合其基本要件。

第一，土地发展权从权利本源上来自土地所有权。公共财产权的权源依旧是私人财产权，只不过是因公法的规定被私人财产转化为公共财产，由公权力机构统一管理和支配。[①] 按照公共财产权理论，公共财产权并非由政府“凭空”创制的，而是将原本私法上的财产权，通过国家公权，以一定的方式收归国有，从而形成公共财产权。因此公共财产权依然以“私人财产权”为前提，但在其权利的宗旨、指向和运行方式上，与私法财产权有较大的区别。[②] 如前所述，在近代大规模土地规划管制出现之前，土地发展权就以地上权、地役权等不同的权利形态存在于土地所有权之上，是构成土地所有权的重要分支。所有权人可以在不妨害他人利益和不违背合法契约义务的前提下，按照自己的自主意愿，以各种方式利用土地。即使在规划管制制度下，按照英国法的观点，受到管制的土地发展权，仅仅是转移至其他土地，并统一收归政府手中，由政府按照一定的规则和条件，运用行政或市场化手段，重新予以配给。因此，土地发展权和公共财产权就权利的价值来源上，是一致的。

第二，公法上的土地发展权由政府基于公法取得。如前所述，在大陆法国家，土地发展权的价值构成，既包含了私法上基于地上权、地役权的发展权价值，也包含了基于公法上的规划管制的土地发展权价值。

---

① 刘剑文、王桦宇：《公共财产权的概念及其法治逻辑》，载《中国社会科学》2014年第8期。

② 熊伟：《公共财产法中的“私人”财产权》，载刘剑文主编：《财税法论丛》（第16卷），法律出版社2015年版，第76页。

但因规划管制的存在，私法上的土地发展权，早已笼罩在公法管制之下，土地所有权人并不能随意使用发展权，且这一权利往往面临着征收行为，即强制性地转移到国家手中。按照国外通行理论，土地规划管制权在本质上属于警察权，是彻彻底底的公法权力。而且，土地发展权的运作也具有强烈的公益性，其制度设计及运行均围绕实现社会福祉展开。如有学者认为，容积在本质上属于行政机关用公权力规制特定土地上的建筑使用程度，故可被认为是公法将特定土地建筑使用程度予以量化后的权力。因此，土地发展权也符合公共财产权基于公法取得的基本特征。

第三，土地发展权由政府统一支配。目前，世界上绝大多数国家都制定了严格规划管制措施，基于土地之上的开发行为，或者基于地上权、地役权的土地发展权出让行为，必须符合国家或区域的既定规划，甚至先前的开发行为还可能因后来的规划变更而被迫进行调整。因此，土地发展权在事实上是由政府进行统一调配的。即使在实行土地发展权转移制度的国家，如美国，政府在整个发展权的移转过程中也往往处在主导地位，政府不仅主导了土地发展权的发送区域和接受区域，在土地发展权移转的强制参加模式下，土地发展权的适用区域被严格划定；此外，土地发展权的征购行为，更有着浓郁的政府色彩。

将因规划管制而形成的土地发展权规定为公法财产权，从表面上看，似乎是公权的扩大化直接形成了对私权的剥夺，但其实却不然。从权力运行的角度考察，公法财产权相较于单纯的政府管制，更加有助于私权的保护。这是因为，公共财产权，虽然在形式上体现为一种政府持有的财产，体现为国家所有权，但在本质上是政府作为社会公共利益的代表而行使的“代持权”，因此公共财产权的支配，必然受到法律更为严格的约束和社会公众更多的监督。[①] 具体到土地发展权的场合，将基于规划管制的土地发展权定义为公共财产权，亦有以下优势。

---

① 刘剑文、王桦宇：《公共财产权的概念及其法治逻辑》，载《中国社会科学》2014 年第 8 期。

其一，利于土地私法权益的保护和补偿。确立土地发展权的独立财产权地位，并将之归属于公共财产权，可以从以下三个方面强化土地权利保护：首先，以往私法下的土地发展权权益，蕴含在所有权之中，通常以地上权或地役权的形式表现，而在大陆法系制度体系下，地上权、地役权制度均有严格的界定，将之适用于土地发展权，必须对相关概念进行扩充，但地上权、地役权制度又有很强的自身特色，容易将土地发展权权益湮没。其次，基于公法财产权理论，政府在将私人财产转化为公共财产过程中，理论上将受到更为严格的监控，从而可以有效防止因公权滥用而导致对私权的过分侵害。就土地发展权而言，直接体现为政府不能随意剥夺某一块土地的发展权，而必须有法律认可的事由，并履行相应的法律程序，支付相应补偿。最后，公共财产权是一种基于公法的福利权，在权益的分配上，没有私法财产权那么严格，即公共财产权的分配，可以更加倾向于社会公益，而不必拘泥于逻辑严谨的私法关系。特别是考虑到我国当前集体土地所具有的集体成员的福利性色彩，将土地发展权定义为公共财产权，可以在土地发展权益的分配和补偿过程中，将集体土地实际使用者、土地承包经营户等纳入进来。

其二，促进土地发展权价值运用。从西方国家财产权理念的变迁来看，针对财产权的保护经历了绝对财产权时期的绝对保护，财产权所负社会义务时期的相对保护以及促进财产权价值实现的“物尽其用”时期三个阶段。[①] 与以往私法财产权更加强调土地权利的静态保护不同，公共财产权就诞生之初，即为应用而生。公共财产权更加注重如何通过合理的安排，来实现财产权的最佳利用，从而创造出更多的财富和价值。土地发展权制度的发展历程，完美地再现了这一财产权的演进过程。从现阶段土地发展权运行实践来看，公法上的土地发展权本源为私权，私法

① 王桦宇：《厘清公共财产的概念——兼论公共财产权的内涵、外延与本质》，载刘剑文主编：《财税法论丛》（第 16 卷），法律出版社 2015 年版，第 64 页。

上的土地发展权在其演进过程中受到公权的限制，并最终成为一项基于公法的独立的财产权，实现了从消极私权向积极公权的转变。通过土地发展权运行的制度设计，以宏观调控下的市场化运作机制，合理规划土地发展权配置，不仅可以有效实现土地发展权功效的最大化，还利于提升社会整体福祉。

其三，利于土地发展权的监管。公共财产权在价值取向上是一种应受控制的权力。公共财产权取之于民，用之于民，在“取”和“用”的环节受到双重的监督。首先，公共财产须取之有道，必须有明确的法律依据，必须基于公共利益的目的，必须按照相关规定支付相应补偿。其次，公共财产权须“用”之有“方”。公共财产权的使用和配置，必须更加注重社会公共利益的实现，更加注重追求实现更大范围和程度内的公平，更加注重增进社会福祉。[①]传统财产权只关注权利的权属问题而忽略权益的分配，更加注重效率而忽视公平，更加注重个人而忽略整体。土地作为公共物品，历来是公权和私权争夺的重要领域，也是政府行政权力容易泛滥的一个焦点，将公法上的土地发展权赋予公共财产权地位，通过“双重监督”，不仅可以建立起更有合理发展权征收补偿机制，还可以确保土地发展权的应用更为合法、合理、有效。

四、土地发展权利益之分配

依据前文针对土地发展权的财产权构造分析，可将土地发展权区分私法财产权意义上的土地发展权（或称之为私法土地发展权）和公共财产权意义上的土地发展权（或称之为公法土地发展权），这两者共同构成了土地发展权的有机整体。在国家的规划管制下，土地发展权的初始分配，实际上就是土地发展价值在私法土地发展权和公法土地发展权之间

① 刘剑文、王桦宇：《公共产权的概念及其法治逻辑》，载《中国社会科学》2014 年第 8 期。

的转移过程。

（一）土地发展权财产权益配置

通过以上分析可见，在严格的土地用途和规划管制之下，土地发展权已经完全通过公法财产权所展现出来，但从这一公法财产权的形成过程中，实际上贯穿着对于私法上土地发展权的侵蚀，因此，土地发展权虽然统一在公法管制之下，但是，却不可忽视其背后的私法上的财产权价值问题。如上所言，在公共财产权的范畴之中，公共财产权包含两层含义：一是政府对公共财产的管理权；二是公共财产中的私法财产权。前者解释的是政府对公共财产的二次分配问题，而后者则是解决公共财产的本源问题。只有确定了本源，才能为私法财产权转为公共财产权提供正当性。就土地发展权而言，统一由国家行使，即体现了国家对土地发展权这一公共财产权的管理问题，而确定土地发展权的初始配置，则是明确了土地发展权的本源，即通过何种方式判定私法土地发展权和公法上土地发展权的权利边界，从而提供土地发展权中公法财产权与私法财产权相互补偿的基准。

1. 土地发展权归公还是归私的争论

在理论界，对于土地发展权权益的分配存在很大的争论。与土地发展权由何派生的争论相类似，也有两种观点，即土地发展权归公论和土地发展权归私论。

第一种观点：土地发展权权益归国家所有。土地发展权益归公理论，主要基于土地“涨价归公”的思想。这一思想源于美国19世纪著名的经济学家和社会活动家亨利 · 乔治（Henry George）。他在《进步与贫困》（Progress and Poverty）一书中指出，土地价值在任何情况下都不是土地所有者创造的，而是因社会的发展而创造的。[①] 英国古典自由主义的倡导者

① ［美］亨利 · 乔治:《进步与贫困》，吴良健、王翼龙译，商务印书馆1995年版，第347页。

约翰·穆勒（John Stuart Mill）在其1848年的名著——《政治经济学原理及其在社会哲学上的若干应用》（Principles of political economy with some of their applications to social philosophy）一书中，将土地的现有价值和因社会进步而增加的价值予以区分，主张前者可归地主所有，而后者，则应以征收税赋的方式收归国家所有。德国经济学家施台穆也认为，私有土地的涨价是人类全体劳动的结果，并非土地所有人劳动的结果，因此个人无权将涨价占为己有。

我国学者一般将1948年英国《城乡规划法》中所确立的土地发展权国有化措施，以及法国的上限密度限制[①]，视为土地发展权归国家所有的代表之作。因此建议应该借鉴英、法等国家的做法，将土地发展权益归国家所有，即实行涨价归公。

第二种观点：土地发展权权益归土地所有者所有。土地发展权归土地所有者所有，这被认为是“涨价归私”。按照通行的理解，在美国土地发展权转移制度下，大部分土地发展权益，经过发展权的市场化交易之后，直接归属于土地所有者所有。故而，这被认为是典型的“涨价归私”。我国也有很多学者主张借鉴美国的做法，将土地发展权直接

① 法国1975年通过的《改革土地政策的法律》和1976年修订的《城市规划法典》，确立了“法定上限密度限制”制度（Plafond Légal de Densité，PLD）。据此，法国政府对土地所有者在其土地上的建筑权确定了一个开发指标的上限。上限限制指标通过建筑面积与占地面积之比，即容积率进行控制。在该限度范围内土地所有者可以自主处理，超过该限度的建设权则归国家所有，但土地开发人可以向政府支付一定费用，以购买超过该限度标准的建设权。该制度建立之初，巴黎市的指标是1∶1.5，其他地区为1∶1，超过密度限度修建建筑物，必须向当地政府支付价款来获取建设权。1982年，法国将密度限制的标准提高，巴黎为1∶1.5—3，其他城镇为1∶1—2。1986年这一标准又进一步放宽。从表面看，法国的法定密度上限制度，与英国1947年《城乡规划法》所确立的土地发展权国有化思想不尽相同，如法国将土地发展权分成了两个部分：一个是法定密度的发展权，另一个是超过法定密度的发展权。前者由土地所有者享有，后者由国家享有。但实际上，由于英国在推行的土地发展权国有化过程中，确立了补偿金制度，国家所享有的发展权，部分购自土地所有人，对土地所有人进行了补偿，所以实际上也是一种土地发展权益的分享机制。因此，英法两种制度其实并无本质区别。

配置给土地所有人，由土地所有人直接通过发展权交易市场进行产权交易，以更好地保障农村集体经济组织的财产权益，以实现改善农民生活的目标。[①]

2. 土地发展权归属应以利益分享为基础

基于前文对于土地发展权价值构成的分析，土地发展权益中既包括了土地所有者的贡献，也有国家规划管制所带来的价值转移。因此，土地发展权私权和公权的二元性，决定了在土地发展权上存在两个权益主体。一个是土地所有人，享有的是基于土地的自然属性（包括部分社会因素的增值）所带来的土地发展权益。另一个是国家，即代表着其他受限发展的土地所有权人转移给准许发展的土地所有人所享有的土地发展权益。这一点，从前文图 4.2 所显示的土地发展权权益来源，可以清晰地体现出来。基于土地发展权权源的不同，土地发展权由这两个主体共同享有显然是其中的应有之义。土地发展权益应该在这两个主体间进行分享，这是一个最基本的标准。按照公共财产权理论，土地发展权在形成和发展过程中，在不同的阶段，经历了从私人财产权向公法财产权的转变，并最终形成了集公法和私法于一体的混合型的财产权模式。就土地发展权的价值来源而言，其中既有私法财产权的贡献，也体现了公法上的价值，具有二元的价值构成。就此，土地发展权权益分配，也应以二元价值构成为基础。

在我国，可以享有土地发展权权益的，一个是作为集体土地所有者的集体经济组织，其享有的是基于土地的自然属性（包括部分社会因素的增值）所带来的土地发展权益。另一个是作为国有土地所有者，以及规划规制土地增值的公法机构代言人——国家，享有国有土地的自然增值发展权益和基于公共财产权的发展权价值。然而，在土地征收实践中，一方面，国家几乎独占了集体土地的发展权，农村集体土地的发展权益无从体现。

① 张安录：《可转移发展权与农地城市流转控制》，载《中国农村观察》2000 年第 2 期。

这不仅背离了土地产权的运行规律，造成土地权利体系的混乱，而且因权利分配的不公，还可能诱发严重的社会问题。另一方面，在土地征收和房屋拆迁过程中，也发生过诸多的“拆迁暴富”现象，也同样导致了不少社会问题。因此，从权利的性质和来源而言，单纯将发展权“归公”或“归私”显然都不是一种稳妥的做法，建立不同的土地权利主体间发展权分享机制，无疑是更为合理的选择。如是，越来越多的人开始主张土地发展权在土地所有者和国家之间进行分享。如有学者认为，土地发展权一方面体现了国家的宏观管理权，另一方面也体现了产权的特点，无论将之配置给国家还是土地所有者，理论依据都不是很充分，因此由两者共享更为合理。[①]我国还有学者在坚持土地发展权归属于土地所有者享有的基础上，提出了土地发展权益分配的逻辑思路：首先，土地发展权被认为是源自土地所有权，属于土地所有权的组成部分，所以，集体土地所有者天然地享有土地发展权。其次，因土地用途转变而带来的增值收益，仍然是土地发展权的自然延伸，因此土地发展权应当在财产权的初次分配中即确认给土地所有者。最后，考虑到土地增值来源的多样性和地利共享的原则，土地所有者不能全部占有土地发展权益，国家有权通过税收等方式，将部分收益收归国有，实现发展权益的次级分配。[②]

此外，就国外的土地发展权益分配实践看，将美国土地发展权制度视为“涨价归私”，以及将英国土地发展权制度视为“涨价归公”的判断，并不十分准确。因为无论是英国，还是美国，发展权制度都是建立在公法管制的前提之下的，土地发展权都是在国家公权的牢牢掌控之下。两者所追求的价值目标也是一致的，即都是为了解决规划管制或分区管制下的发展权分配不公问题，力求在公权管制和私人财产权之间寻求一种

① 王永慧、严金明：《农地发展权界定、细分与量化研究——以北京市海淀区北部地区为例》，载《中国土地科学》2007 年第 2 期。

② 程雪阳：《土地发展权与土地增值收益的合理分配》，载《法学研究》2014 年第 5 期。

利益平衡，因此，将美国法上土地发展权益视为“归私”模式，将英国法上土地发展权益视为“归公”模式，在逻辑上并不严谨，也与事实不符。在国外土地发展权制度的实践中，即使在被视为土地发展权国有化的英国，土地发展权益也事实上由所有权人与国家分享。在英国土地发展权创建并运用的过程中，关于发展权权益的归属，也经历了不同时期的变化。在近代规划管制全面实施之前，土地发展权主要受到土地自身条件的影响，其价值随着土地整体价值增益而增加，属于土地自然增值的一部分。但是，因政府规划管制的存在，土地发展权的价值已经远远超过了土地的自然增值，其中包含了其他限制发展土地“转移”而来的额外价值。正因土地发展权价值来源的双重性，1947 年，《城乡规划法》在将“指定日”之后的土地发展权收归国有的同时，也制定了给予丧失发展权的地产权人适当补偿的措施。1947 年，英国在《城乡规划法》实施的发展权国有化措施几经变迁之后，一方面，抛弃了将发展权价值全部收归国有的做法，也不再对发展权进行补偿；另一方面，以收取特定的发展捐、建设税，或者附加开发商规划义务的方式，通过国家公权力将部分土地发展价值回归社会，这实际上也是一种国家与地产权人分享发展权益的做法。美国虽然没有土地发展权国有化的做法，但是也通过各种税收来调节土地发展权益的最终分配问题。

（二）私法土地发展权—规划管制权—公法土地发展权的逻辑结构

在论及土地发展权的法律属性时，通常的观点是将土地发展权视为兼具公私法二元性的权利。这也是一直以来我国学者关于土地产权比较一致的观点。例如，沈守愚先生从土地的特殊性出发，将土地上的权利分为地权和产权，前者是指国家的土地管理权，也就是国家基于主权意志在土地资源之上所享有的设定权、规划权、管制权、征收权和处分权等国家公权；后者则是指土地财产权，包括土地的所有权、使用权、收益权以及（使用权的）处分权。[①] 从土地发展权的发展历程考察，这个论断是合理的。但是，在公法财产权理论的指引下，规划管制行为也可被理解为国家公权对土地财产权的重新界定和分配。[②] 如上分析，规划管制不仅仅体现为国家公权，而是创制出了公共财产权。而公共财产权又与规划管制的国家公权有明显的不同。因此，土地发展权的公权属性还可以继续细分两种，即行政法上的国家管制权和可被纳入私法请求权的公共财产权。

由此，在通常称之为土地发展权的范畴之下，实际上隐含了三项权力或权利，呈现出三位一体的特征（见图 4.4）：

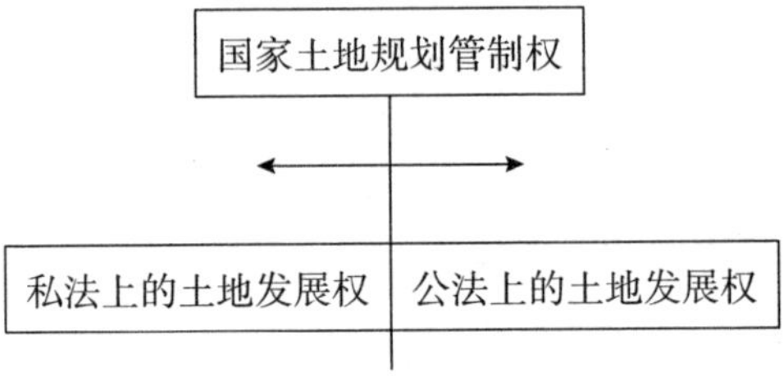

图 4.4　国家规划管制对土地发展权益分配的影响

其一为私法意义上的土地发展权，这是基于土地所有权而生的天然权力，类似于大陆法上的地上权。

其二为公法意义上的土地发展权，这是基于公法针对土地发展管制，而创制出来的一种新的财产权，即前文所述的公共财产权。

其三为凌驾于私法上的土地发展权和公法上的土地发展权之上的国家土地管制权（或者称之为规划管制权），这是一项完完全全的国家公权。

① 张金明、陈利根：《试述土地权利的财产法构造——以财产权二元性为基点对现行土地权利体系的反思》，载《经济经纬》2010 年第 3 期。

② 张鹏：《土地使用管制及其利益补偿研究：理论和实践意义》，载《经济地理》2011 年第 9 期。

这项行政管理权本身不具有财产权的属性，但却界定着私法土地发展权和公法土地发展权的权利边界，承担着土地发展权权益分配的重任。

可见，就广义而言，土地发展权由私法上的土地发展权和公法上的土地发展权两方面构成，国家土地规划管制权作为社会公共利益的代表，在私法上的土地发展权和公法上的土地发展权之间，寻求一种利益上的平衡。规划管制权作为纯粹意义上的国家公权，并不在土地发展权利益分配中占据一定的地位。当国家土地规划权（力）向公共利益倾斜时，公法上的土地发展权利益放大，从而侵占私法上的土地发展权，从而造成私权与公权利益的失衡，因此，基于公法的土地发展权应向私法上的土地发展权予以补偿。当然，无论是在理论上，还是在实践中，亦可能产生国家土地规划管制权倾向于私法上的土地发展权，从而造成私法上的土地发展权获得更多社会公共利益的情况。如在城市土地规划建设中，个别土地开发商获得了超额的开发空间，这就有必要通过所谓的开发利益公共还原机制，向社会返还一定的发展权增益，也就是私法上的土地发展权向公法上的土地发展权反向做出了补偿行为。这一点，英国著名的“田园城市”运动创始人埃比尼泽·霍华德（Ebenezer Howard）的名著《明日的田园城市》（Garden Cities of Tomorrow）就已经有明确的阐述，并逐渐成为一种主流的理论。这也是 1942 年英国《阿斯瓦特》报告中关于土地发展权益分配的主导思想。

就我国而言，如前文所言，由于严格的土地用途管制、城市规划以及土地征收补偿模式，国家土地规划管制实际上将公法上的土地发展权范围扩大到极致，私法上的土地发展权在法理之上，几乎被完全剥夺。私法上的土地发展权事实上已经被公法上的土地发展权所挤占。因此，在我国，虽然就广义而言，土地发展权涵盖了私法上的土地发展权、公法上的土地发展权（公共财产权）和国家土地规划管制权在内的三项权利，但在实际中，这三项权利最终统一于公法上的土地发展权，即土地发展权统一由国家配置和行使。可见，土地发展权在事实上又呈现出以下的结构（见图 4.5）：

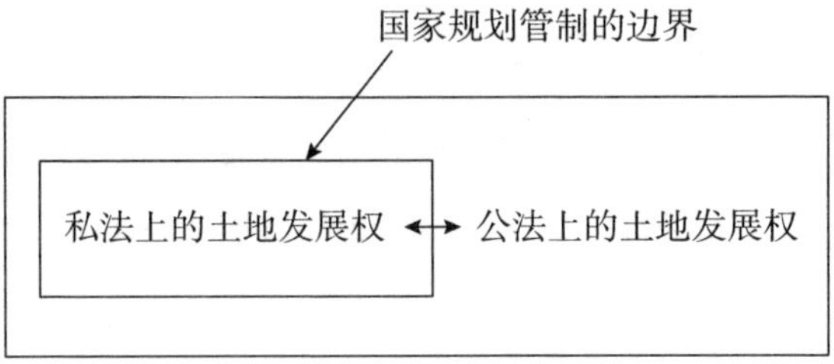

图 4.5　土地发展权的国家统一行使

结合图 4.5 可以看出，基于我国严格土地用途管制和农用地转用审批制度，私法上的土地发展权被法律架空。从我国的土地权利中看不到私法上土地发展权的存在，而公法上的土地发展权，在外延上表现为土地规划、土地用途管制以及农用地转用审批、建设许可等国家意志。因此，不仅仅是私法上的土地发展权无从体现，而且，公法上的土地发展权也完全体现为国家意志，完全忽视其作为公共财产权所应当受到的财产法上的约束。虽然基于国家土地规划管制，私法上的土地发展权在外延上已经被公法上的土地发展权所涵盖，也就是存在类同于德国法上所谓的“建设不自由”的问题，但是，私法上的土地发展权权益，仍然是存在的。土地发展权的财产权并不会凭空消失，是因土地规划管制，而转移到了其他土地之上。从上述两个图示可以清晰地看出，国家规划管制本身并不能创制出土地财产权益，而只是对土地财产权益做出重新分配和界定，私法上土地发展权和公法上土地发展权的此消彼长也说明，私法上受限的土地发展权价值，可能因国家规划管制，而成为公法上土地发展权的一部分。反之，原本属于公法土地发展权，也可能因规划管制的财产权分配机制，而成为私法上的土地发展权。但在我国严格的规划管制和建设许可的体制之下，绝对多的情况下是私法上的土地发展权首先被转移到了公法上的土地发展权之上，继而又通过建设用地出让制度，转移到了部分被许可开发的土地之上。实际上造成了在农地权利受损的同时，政府和开发商获得了超额的土地发展权利益，这不仅造成了土地财产利益分配上的失衡，还诱发了很多社会问题。

按照规划管制理论，规划管制始终在公权和私权间寻求相对的利益平衡，其间应有合理的管制力度，既需要防止公权的过分放大，过多侵占私法财产权，也需要防止私法财产权的过分放大，侵占公共利益。如果在实践中，如因规划管制而导致两者的利益失衡，则需要用相应的补偿进行补救。虽然在我国土地管理实践中，针对私法上土地发展权的财产权损失，也开始了一些补偿的探索，如在征地中采取片区综合地价等提高补偿标准等方式，但这些措施基本还是属于政府单向施政的范畴，具有“福利”的性质，并没有从根本上解决土地发展权财产权利益受损的问题。只有正视土地发展权的财产性利益、正视土地发展权被公共财产权过多攫取的事实，才能从根本上界定私法财产权在国家土地规划管制下所蒙受的价值损失，并据此制定更为合适的补偿机制和补偿标准。

第三节 土地发展权的物权地位

从上述土地发展权的财产权构成分析可见，土地发展权在价值构成上，既有私法上的土地发展权益，又有公法上的土地发展权益；在财产权形态上，分别对应体现为私法财产权意义上的土地发展权和公共财产权意义上的土地发展权。由于在大陆法系国家中，物权法在财产权法律制度中居于核心地位，因此，能否将这种兼具私法与公法性质的土地发展权补偿纳入物权法体系，是实现土地发展权有效保障的关键。

物权法律制度源起罗马法，成熟于德国法，对于维护“私有财产神圣不可侵犯”这一信念作出了巨大贡献。近现代以来，随着所有权社会义务理论和国家干预原则的兴起，传统物权法律制度受到很大挑战，但是物权法所固有的定分止争、维护交易的根本功能并无更改，物权法依旧在大陆财产法律制度中居于核心的地位。首先，物权法的意义在于奠定土地发展权保障的法律基础。如前所言，我国财产权体系和英美法不同，我国的财产权保护均是围绕物权保护展开的。一方面，只有承认土地发展权的物权地位，才能真正从根本上保护土地财产权。另一方面，鼓励交易也是现代物权法的重要价值目标。[①]不仅物权法定构建了市场交易的前提，而且交易法理也成为物权的重要内容。[②]因此，只有从物权的意义上诠释土地发展权，方能构建真正意义上的发展权运作体系，从而推动土地产权的动态流转，更好地实现土地制度的价值目标。其次，土地发展权体现了三位一

① 陈晋:《论我国〈物权法〉中的“鼓励交易思想”》，载《云南大学学报法学版》2012 年第 4 期。

② ［日］我妻荣:《新订物权法》，罗丽译，中国法制出版社 2008 年版，第 1 页。

体的权利（力）观，即私人财产权、公共财产权以及国家管制权。将土地发展权视为物权，基于物权法对财产保护的平等原则，将更好地体现出土地发展权上公共利益和个体利益的一致性。最后，实践中我国已经有相关土地权利的物权化做法可供借鉴。在我国农村经济体制改革过程中，推行了土地所有权与土地使用权相分离的制度，创造性地实行了家庭联产承包责任制。在我国 2007 年颁布实施的《物权法》中，土地承包经营权被正式确定为用益物权。这对于消除和减少侵害农户合法权益，保障其经营自主权，激发起生产积极性，确保农民经济持续稳定发展，均具有重要意义。[①] 而且，土地承包经营权的物权化，也为推行农村土地“三权分置”奠定了法律基础。因此，将土地发展权补偿机制纳入物权法体系，不仅是必要的，而且也有类似的先例可循。

当然，在大陆法上，物权规范是非常严谨的，并非任何权利均可纳入物权范围。土地发展权纳入物权法，仍然需要满足一些基本条件，下面分别予以讨论。

一、关于土地发展权客体的争议

判定一项权利的性质，一般是从权利的客体入手。科学合理地界定权利的客体，是判定一项权利属性的关键因素。因此，目前理论界关于土地发展权的性质及其在我国财产权体系中定位的争论，主要集中在何为土地发展权客体的讨论上，主要观点包括以下几点。

（一）空间

我国有学者将土地发展权的客体视为土地上下的空间，即地下、地表和高空，并将土地发展权分为两类：一种为针对土地空间上纵深发展的

① 梁慧星:《制定和实施物权法的重大意义》，载《人民日报》2007 年 5 月 18 日，第 9 版。

权利，另一种为转变土地用途的权利。其中，前者包含在高空、地表和地下的从事建筑的权利；后者则包括将农地变更为建设用地，或者提高土地利用强度权利。坚持这一观点的学者还认为，在美国土地发展权实践中，可以移转的土地发展权，其本质就是包含了地上、地下和地表的空间权。①

（二）容积率

因一般意义上的空间权理论无法合理解释土地发展权为何能够在不同土地间移转的现象，因此，我国有学者进而对不同的空间权进行区分，按照空间能否转移的标准，将其分为两类：其一，可转移的空间权；其二，不可转移的空间权。这种观点认为，就可转移的空间权而言，实际上属于容积率的转移，并认为日本的容积率转移制度，在其本质上，就是美国的土地发展权转移。②我国也有学者认为，美国将容积移转定性为一种得自土地或地表分离而得以单独移转的财产权，即可移转发展权。从日本的土地发展权运作实践看，这实际上就是一种容积率的移转。

（三）开发容量

土地开发容量是指特定地区土地所能承受的最大开发量。坚持这种观点的学者认为，土地发展权依附于土地开发容量而存在，土地开发容量中的建筑容积率和开发密度可以作为土地发展权的量化标准。此外，这种观点还认为，由国家规划管制所严格限定的土地开发容量，在其价值表现上已经具有了稀缺性的特点，而且可以通过建设行为被人们所支配，故而开

① 叶芳：《土地发展权在我国私权体系中的定位》，载《郑州航空工业管理学院学报》2010年第5期。

② 叶芳：《土地发展权在我国私权体系中的定位》，载《郑州航空工业管理学院学报》2010年第5期。

发容量可以成为物权法上的“物”，可以作为土地发展权的客体。①

当然，还有的观点，基于传统的物权理论，用地上权、地役权解释土地发展权，直接将土地发展权的客体视为土地本身。基于前文的分析，对这一观点不再赘述。

应当承认，以上种种观点，分别从不同的角度，反映了土地发展权所具有的特征，但也都存在一定的局限性。其症结在于，以上各观点，都在努力将土地发展权“物”化，即寻求一个土地发展权所必须依附的“物”的载体，故而力图通过扩大物权上“物”的概念，将空间、容积率或开发容量视为“物”，以此构建土地发展权体系。但即便如此，仍然难以解释土地发展权的下列现象。

首先，在土地发展权的权源中，包含了因规划管制而转移自其他土地的价值，这是通过传统物权理论所无法解释的。按照土地发展权的“浮动价值”和“价值转移”，这部分“转移”自其他土地之上的发展权增值，并非基于拟开发土地的所有权，而是来自行政管制的强制性转移；并非土地“物”上的权利，而是属于土地发展权益在公法上的行政二次分配。因此，有人认为这实际上类似于一种行政许可。因此，脱离开公法上这种强制性的发展权益“转移”，从实体“物”的角度解释土地发展权，显然是勉为其难的。进言之，如果将土地发展权的对象局限在“物”的范畴，这种“物”，无论是有体的，还是无体的，都必须依附于一定土地存在，势必就得出土地发展权益属于土地所有者这种结论，这显然是与土地发展权益的价值来源的判断是背离的。从另一个角度讲，也势必造成土地所有权回到绝对财产权理念的老路上去。

其次，关于“物”的特征问题。开发容量是否符合物权的特定性与独立性要件也是有争议的。开发容量是对于土地开发进行数量管制的产物，

① 姚昭杰、刘国臻：《我国土地权利法律制度发展趋向研究——以土地发展权为例》，中山大学出版社2016年版，第124页。

受到地上建筑物形态的影响。一方面，就物权的特定性而言，在土地开发完成之前，开发容量仅仅具有数量上的确定性，其空间形态因建筑形态各异并不具有特定性，无法对其空间进行排他性的支配。而且，在不同的土地之上，其开发容量在本质上没有什么区别，也就是不具有显著的可识别性，仅仅是在数量上有所差异而已。另一方面，就物权的独立性而言，未加利用的开发容量必须依附于一定土地之上，才具有可利用的经济价值，无法单独满足人们生活需要，故难以称为“物”。[①] 因此，开发容量很难符合“物”的特定性和独立性要件的要求，并非物权法上的“物”。此外，开发容量一般由公法上的土地规划所设定，如果将土地发展权客体定义为开发容量，则土地发展权私权上的价值将无从体现。如果将开发容量视为土地固有的附属“物”，似乎又与开发容量的设定与形成过程相违背，在逻辑上很难解释清楚。此外，就容积率的观点而言，虽然日本坚持认为土地发展权移转的客体是容积，但却仅仅将其视为一种债法上的权利，而不将其纳入传统的物权法体系。

再次，关于土地发展权的法律构造。按照上述观点，土地发展权的客体，或为空间，或为容积率，或为开发容量。据此而言，空间权、容积率和开发容量权，应当被视为土地发展权的“母权”，土地发展权仅仅是上述“母权”的用益。由此，确立土地发展权的法律地位，首先就需要确立母权的法律地位，即需要首先分别创设空间所有权、容积率所有权、开发容量所有权等概念，在此前提之下，方可进而确定土地发展权。这不仅在操作上极为繁琐，而且在我国现行法律体系下颇有难度。迄今为止，我国相关法律上并没有将上述权利产权化。而且，即使产权化，基于空间管制、开发容量管制、容积率管制，在这些权利之上显然只能设立国家所有权，这是与提出这些法律构想并力图通过私法解决土地发展权权属和配置问题

① 杜茎深、罗平:《论基于物权路径引入发展权之不可行性》，载《中国土地科学》2015 年第 4 期。

的理论初衷也是相悖的。此外，我国《物权法》第136条已经从立法上肯定了建设用地使用权可以分别在地表、地上或者地下设立。据此，可以认为，我国立法中事实上已经有关于未利用开发容量的规定，单独将开发容量作为土地发展权客体抽离出来，作为一种私法权益，也缺乏相应的法律基础。

最后，关于土地发展权的移转。事实上，若无土地发展权在不同土地间移转的实践，则土地发展权的物权定位将会非常明了。如就空间权而言，空间与其下的土地具有密不可分的关系，若土地发展权不转移，则空间权可以很好解释土地发展权。但按照土地发展权价值转移的一般观点，一块土地的发展权，在一定条件下可以允许由其他土地异地使用，然而显然地上空间不可能脱离土地而转移。虽然也有学者提出了"可转移空间权"，但这仅仅是概念上的借用而已。这种"可转移"的空间，其实并非空间本身，而是容积率。而容积率，显然是政府规制土地发展的一种手段，其私权性的特征又不明显，难以体现出私法上土地发展权的价值。申言之，如果将土地发展权的客体限定在"物"，将无法解释实践中存在的土地发展权与土地所有权、使用权相互分离现象。以我国城乡建设用地增减挂钩制度为例。这一政策的实质，是将通过整治的农业用地的土地发展权转移到其他土地之上，由其他土地获得发展权，类似于美国的土地发展权转移制度，本质上都是土地发展权的交易。[①] 如果固守土地发展权的客体只能是"物"的观念，土地发展权所依附的"物"只能是特定的土地，不能脱离这个土地的"本体"而转移到其他土地上实现发展权利。但是土地发展权转移实践中，在没有触及土地所有权，甚至没有触及土地使用权的情形下，土地发展权却顺理成章地完成了转移。

综上，将土地发展权客体"物"化，无论是在理论上，还是在实践中，

---

① 顾汉龙、冯淑怡、张志林、曲福田：《我国城乡建设用地增减挂钩政策与美国土地发展权转移政策的比较研究》，载《经济地理》2015年第6期。

都无法解决土地发展权在物权体系中的地位问题，反而将问题更加复杂化。

近年来，我国还有学者提出了土地发展权属于准物权的观点，认为从土地发展权的公权属性考察，其更加类似于准物权。[①] 其主要理由有两点：第一，土地发展权的创设和交易，均由政府直接规定和确认。政府通过发放建设许可的方式，将土地发展权授予建设主体。第二，在美国土地发展权转移制度中，有严格的发展权发送区和接收区，其范围也由政府确定，而且，政府还规定了可转移发展权的数量以及价格计算方式。[②] 由此可见，土地发展权与行政许可之间，具有密切的关系。实践中，德国法上所推行的建设许可制度，也往往被理解为土地发展权的一种应用。但是，目前我国法学界关于准物权的研究，主要集中在自然资源权益领域，一般认为准物权包括矿业权、水权、渔业权、狩猎权等。而且，准物权至今尚是学理上的一种概念，并没有上升到立法的层面。我国涉及准物权的现行法，主要有《矿产资源法》《水法》《渔业法》《野生动物保护法》等，除《矿产资源法》比较明确而系统地规定了探矿权和采矿权以及 2002 修订的《水法》明确了取水权外，就其他公认的准物权类型，均未提出相关概念。此外，准物权或特许物权，均非传统的典型物权，关于准物权性质，至今没有一致意见，关于准物权是否属于物权，是属于“自物权”还是“他物权”，其客体是权利、自然资源还是环境容量，都存在大量争议。准物权也存在概念泛化的现象，对于基于公法的财产性权利，在传统典型物权领域找不到准确的定位，很多观点都是直接将其拨进“准物权”的筐中，如碳排放权、排污权等。因此，将土地发展权定义为准物权，仅仅能够说明土地发展权所具有的准物权属性，却无法更加深入论证土地发展权属性特征及法律定位。因此，与其借助于一种本身就不确定的理论，不如直接从我国现

① 因准物权的取得，一般都需要取得行政许可，故通常也将准物权称之为特许物权。

② 杜茎深、罗平：《论基于物权路径引入发展权之不可行性》，载《中国土地科学》2015 年第 4 期。

有法律体系中，从公共财产权的角度，去找寻土地发展权的更加合理的法律定位。

二、土地发展权符合物权的基本构造和发展趋势

基于大陆法上公法和私法划分的理念，物权法属于私法范畴，其调整私人之间因对物的支配而发生的利益关系。例如，1811 年《奥地利民法典》第 307 条就直接提出，物权是个人财产上的权利，简明扼要地表明了物权的私权性。在我国，无论是在立法中，还是在法理上，物权也均被理解为私法性质。[①] 因此，就物权的法律构造而言，将基于规划管制的土地发展权纳入物权法，存在一定的难度。也正因此，在日本学界，就始终将土地发展权视为债权，而不将之作为物权对待。我国也有学者认为，容积移转或容积发展权并不符合“特定归属于一定权利主体之法律地位”的物权定义，因为容积发展权是在政府管制措施下具有一种具有交易可能的“许可”，并无将特定物归属于一定权利主体之意义，权利人也很难仅依自己的意思而无须他人行为，即对其容积发展权行使管理处分。而且，发展权仅为抽象权利，第三人根本无从侵入或干涉，也无所谓任何人均负有不得侵害权利直接支配状态的义务。因此，容积移转的概念与物权制度的定义、特点不符，尚难认定其属物权。

但是，自 20 世纪以来，追随社会生活的变迁，物权法也呈现出物权社会化、种类增加、法定主义缓和、物权证券化等特点。按照现代物权法的发展理念，物权法已经不能认为是单纯的“私法”，而是也体现了公法与私法的相互融合。[②] 物权法理论这些新变化，使得土地发展权有可能通过物权理论创新，而被纳入物权法体系之中。

---

① 杨解君:《物权法不应被笼统地视为私法》，载《法学》2007 年第 7 期。

② 余能斌、王申义:《论物权法的现代化发展趋势》，载《中国法学》1998 年第 1 期。

（一）基于公物的分析

在罗马法上，不仅界定私法与公法的界限，而且亦将私物与公物相区分。公有物是指公共所有或使用之物，如水流、道路等，这由罗马帝国享有所有权，公民享有使用权；私有物则是指属私人所有之物。在罗马法复兴运动中，法国首先接受了罗马法关于公物的认知，创建了国家公产理论。此后，德国行政法和日本行政法也分别出现了关于“公物”和“公共营造物”概念。虽然在这些国家中，所谓的“公物”一般仅包括了实体物，未涉及无体物和权利。但随着物之形态的多样化进程，土地发展权作为公共财产权，显然也应属于“公物”的范畴。因为规划管制的存在，土地发展权实际上已经具有了“公物”的属性，只是这种“公物”体现为一种权利而非实体物，其权利载体为公法管制下的土地发展利益。王利明教授也认为，虽然部分特别法上的物权需要经政府审批创设，行政色彩浓厚，但并不能因此而否定这些权利可以成为物权。[①] 正因土地发展权所兼具的私法上的物权和公法上的物权两种特征，它实际上已经脱离了传统物权的框架，可以被视为一种新型的物权。

（二）基于物权关系的分析

在物权关系中，既包含了私法上的关系，也包含了公法上的关系。以我国《物权法》为例，整体上被归入私法的范畴，其调整的主要是在物的归属和利用过程中，而产生的各种民事法律关系。但是，我国《物权法》同时也规定了公法上的征收、物权登记以及纠纷处理等过程中产生的诸多非民事关系。据统计，在我国《物权法》的全部 247 个法律条文中，至少有 40 多个法条直接与行政机关或者行政权相关。[②] 虽然这些关系不属于

① 王利明:《物权法研究》，中国人民大学出版社 2002 年版，第 611 页。

② 应松年:《行政权与物权之关系研究——主要以〈物权法〉文本为分析对象》，载《中国法学》2007 年第 5 期。

我国《物权法》主流内容，但确实是我国物权法律体系不可或缺的部分。从域外法看，不论大陆法系国家还是英美法系国家，不论判例法还是成文法，也都赞同行政法领域中有类似于大陆法上的物权关系的存在。[①] 但是，按照我国通行的民法理论，民事权利义务关系仅以私人权利义务关系为基础，国家干预被认为是一种异质性因素的例外，并构成了对私权体系的破坏。因此，现代的民事权利只是添加了公法色彩的私权而已，大量由国家直接赋予的财产被游离在传统财产权体系之外，如排污权、经营许可权等。[②] 由此造成的后果是，大量公法上的财产权利义务关系，被完全交由公法解决，但因公法管理财产实际上又是行政权的运用，与私权之间天生存在相互抗争的矛盾，公法财产的无序和滥用也就在所难免。因此，有必要借鉴新财产权理论，将原本归属于政府行政权的一部分，特别是具有财产性利益的权利，如将限制土地发展权的公权利，转化为财产性权利，并进而明确为物权。在符合土地规划的前提之下，主要按照市场机制的方式配给和运行。

（三）基于物权性的分析

民法上的物权性，主要体现在对物的支配权（或称绝对权）和物权的排他效力两方面。首先，就支配性而言，土地发展权人在国家允许的范围内，可以自主从事土地的开发行为，并可以将之按照市场化的机制予以转让，在我国的实践中也已经有土地发展权的转让实践。其次，就排他性而言，从域外国家或地区土地发展权的制度安排来看，土地发展权具有显而易见的排他效力。以英国法为例，土地发展权由国家享有，除非取得国家的建设许可，取得土地发展权，否则其他任何人未经允许均不得从事土地的建设和开发行为。而一旦土地开发商取得了建设许可，获得了土地发展

① 刘丽萍：《行政法上的物权初探》，载《政法论坛》2003 年第 3 期。

② 梅夏英：《当代财产权的公法与私法定位分析》，载《人大法律评论》2001 年第 1 期。

权，就具有了在一定土地之上进行开发行为的排他性权利。而在美国法上，土地发展权归属于土地所有者享有，是一项独立的地产权，其本身就具有所有权的性质，独立性和排他性更是毋庸置疑的。

（四）基于物权规范的分析

物权法是一个制度体系，而不仅仅是单部物权法法典或者民法典中的“物权编”。从广义的物权法来看，我国除《物权法》外，还制定了一定数量的土地特别法，对相关土地权利进行界定，如《土地管理法》《森林法》《草原法》等。而这些法律法规，均在一定程度上表现为公法关系，而且，相关权利义务关系也已经被我国《物权法》所吸收。例如，我国《物权法》中关于限制农用地转为建设用地的规定、不得擅自改变建设用地用途的规定等，实际上均属于公法调整内容。可见，基于公法上规划管制的土地发展权，在其权利义务的内容上，事实上已经被纳入我国《物权法》，属于物权法律体系的当然内容。

当然，将土地发展权纳入物权法体系，也并非全无障碍，需要对传统物权法进行革新。比如，就物权客体的特定性而言，土地发展权与传统的典型物权就有较大的不同。但是，就土地发展权整体而言，其与典型物权的共性特征显然更为重要，与典型物权一样，土地发展权同样具有绝对性、支配力、对抗效力、物上请求权等特征。所谓的差异性，只是在符合物权共性下所体现出来的个别差异性而已。

三、应将土地发展权视为独立物权

按照大陆法理论，物权是在财产上所设定的一种权利，物权的客体就是财产。[①] 但什么可以构成大陆法上的“财产”，在不同时期则有不

① 尹田：《论物权法的对象与物权的客体》，载《华中法律评论》2003 年。

同的理解。在罗马法上，所谓的财产包括“有形财产”和“无形财产”，前者主要是指有体物（res corporales），而后者则主要是指无体物（res incorporales）。这种分类的方法最早由公元2世纪的罗马大法学家盖尤斯在其著述《法学阶梯》中所采用。在盖尤斯看来，有体物是存在于自然界，可为人的五官所能感知或感觉到的物品，如土地、房屋、衣服、奴隶、农具、器皿、金银等；无体物则是因法律上的拟制关系（quae consistunt in jure）而生[①]，没有实体存在，具体表现为各种权利，如债权、用益权以及继承权等。因此，在罗马法中上，所有权之外的权利常被拟制为“无体物”，被纳入物和客体的范畴[②]。

在罗马法复兴过程中，法国法基本继承了罗马法关于“物”见解，但是回避了“物”的称谓，直接使用了“财产”这一法律术语。同时，回避了罗马法中有体物和无体物的说法。在法国法上，无论财产的表现形态如何，只要能够具有财产性利益，并且能够以某种方式占有，就可以被视为“财产”。可见，在法国法上，所谓的“财产”（物），既包括有形之物，也包括无形之物，是一种广义的物权。但是，其后的德国法在全面创制物权理论的过程中，却明确地将“物”限定为有体物。《德国民法典》第90条规定：“本法所称的物（sache），仅指有体物而言。”但德国法又有例外，在担保物权中明确规定了权利可以成为其客体。在德国法上，权利虽然可以在特定的场合被视为物权客体，但这种权利却并非所有权。在大陆法看来，对于无体物或权利形态不能占有，因而从根本上与有体物的物权不同，因此所有权只能基于有体物，在权利之上没有所有权存在空间。[③]这种物权客体观念和立法模式后来被大多数大陆法系国家所借鉴，我国物权理论

---

① 高富平：《从实物本位到价值本位——对物权客体的历史考察和法理分析》，载《华东政法学院学报》2003年第5期。

② 马俊驹、梅夏英：《无形财产的理论和立法问题》，载《中国法学》2001年第2期。

③ 高富平：《从实物本位到价值本位——对物权客体的历史考察和法理分析》，载《华东政法学院学报》2003年第5期。

基本也沿用德国法的理念。我国学者一般认为，民法上的“物”须占有一定的空间，能够被人力所掌握和支配，并能满足人的需要，既包括自然环境下的湖泊、森林、矿产，也包括人所创造出来的各种建筑和物品。[①]将权利视为物权客体，仅仅是一种例外。这一点在我国《物权法》中得到了充分体现。按照我国《物权法》第 2 条的规定，法律规定“权利”可以成为物权客体的，则依照相关法律的规定。

经德国法创制的周密而严谨的物权法理论，在随着社会发展财产形态的日益多样性以及对于“物”的价值追求的变更，面临着越来越多的挑战。首先，出现了大量的具有财产价值的无体物，如果一概不将其纳入物权法保护，则势必要另外创制一套规则，法律成本高昂。其次，人们对物权的价值追求，随着社会变迁，也已发生了很大的变化，从注重所有权之上的占用价值，转变为重视使用价值和流转价值，所有权权能的重心逐渐转向更加重视其收益权能。而以所有权为核心的物权理论，因固守所有权的完全性、“一物一权”等传统理念，很难适应新的社会需求。

就土地发展权而言，如果坚持传统物权法观点，土地发展权只能作为土地所有权的附属权利而存在，只能存在于特定土地之上，既不能转移到其他土地之上，也不能作为资产权利用于抵押、担保，这无疑极大限制了土地发展权的应用，也在很大程度上限制了土地财产权的实现方式和土地利用的有效管理。在我国，虽然很多学者认为土地发展乃是一种新型物权，但何谓新型物权，却语焉不详。在笔者看来，所谓的新型物权，应该是借鉴英美法的财产权理论，适当扩大物权客体的范围，将土地发展权这一“权利”作为物权客体。如前所述，在英美法上，在土地之上，创制了一个抽象的“地产”（Estate）的概念。权利人直接享有的是“地产权”，而非“土地”本身。因此，在物权理论创新和物权制度的发展过程中，可以借鉴英美法上抽象的地产权制度，在土地所有权和作为实物的土地之

---

① 钱明星:《论用益物权的客体》，载《中外法学》1998 年第 1 期。

间，从法律上拟制出一个虚拟的“物”，即“权利”，使得权利主体对于这个虚拟的“物”（权利），直接进行支配。[①] 正如英国古典制度经济学家H. D. 麦克劳德（H. D. Macleod）所言：“大多数人在说到或听到财产的时候，想到某种物质的东西，如土地、房屋、牲畜、货币等。可是，那不是财产的真正意义。但财产这个名词的真正的和原来的意义不是指物质的东西，而是指使用和处理一件东西的绝对权利。财产的真正意义是完全指一种权利、利益或所有权；因此，把物质的东西叫作财产和叫作权利、利益、所有权，是同样的荒谬。”[②] 因此，适当转变物权观念，将土地发展权的客体限定为权利，既有现实的必要性，也是有一定理论基础的。

---

① 高富平：《从实物本位到价值本位——对物权客体的历史考察和法理分析》，载《华东政法学院学报》2003 年第 5 期。

② ［美］康芒斯：《制度经济学》（下册），于树生译，商务印书馆 1962 年版，第 19 页。

第四节 | 我国土地发展权物权体系之构建

自古以来，土地制度一直是世界各国最为重要的法律制度，土地法一度在各国财产法律制度中居于核心地位。因土地作为自然资源的稀缺性以及功能上的社会性，在现代社会，土地制度的法律体系实则由两方面构成：一是私法的财产权体系，二是公法的土地管制体系。土地法最初为私法。在生产水平低下的奴隶社会或是以农业经济为主的封建社会，人们关注的是自己所能即时控制的财产，其中以土地为主。为处理这类土地关系，法理学家分别通过物权法或财产法对相关问题予以诠释。此后，随着财产种类的增加，土地作为私人财产的核心地位相对下降，加之诸多社会问题的萌生，原有私权下的土地制度，需要越来越关注社会的整体利益，以往以私权为核心的物权法或财产法很难适应土地权利日益社会化的需求。在此背景之下，大约在 19 世纪末和 20 世纪初，公法上的土地管制体系逐渐形成和完善，大体上主要包括三个方面的立法：（1）专门的土地法（包括土地规划法）上的管制。（2）散布于环境保护法、资源保护法等与涉及土地利用问题的管制。（3）基于宪法的层面的根本法管制。我国土地权利体系，大致也是围绕上述构造展开，主要包括私法上的土地财产权制度和公法上的土地管理制度。

但是，体现在法律层面，这两种制度并非完全分离。比如，我国《物权法》中主要是私法内容，还同样有公法的内容。而我国《土地管理法》虽然整体上可以被视为公法，但其中也包含了大量的私法规定。而且，在我国土地财产权体系与土地管理法体系之间，天生地存在价值取向的背离现象。主要表现在：第一，土地公法的规划管制和私权灵活运用间存在天然矛盾，规划管制在性质上属于立法权，具有稳定性的特征，而财产权却要求按照市场的规律灵活运行，两者间的矛盾难以调和。第二，在我国传统的土地权利体系中，其核心为土地所有权，土地他项权利均由土地所有权派生出来。但这种土地权利体系，侧重于从静态上保护土地产权，没有体现出土地利用上的动态性价值，也没有反映出土地在利用上的立体性。[①]第三，土地财产权虚位较为严重。由于我国实行土地公有制，土地所有权不可交易，土地所有权的价值很难在法律上体现出来，加之针对国有土地和集体土地在建设许可上的不同管制，集体土地财产权残缺不全。因此，在借鉴国外的土地发展权制度的基础上，将土地发展权纳入物权保护体系，构建土地发展权的物权补偿模式，对于平衡公权与私权的关系，理顺土地产权关系，具有非常积极的意义。这一补偿模式的基本思路如下。

一、在物权法中区分“集体土地发展权”和“公共土地发展权”

1. 建立土地发展权所有权制度

在物权法中主要规定以下内容：（1）集体土地所有权人拥有其所有土地上的集体土地发展权（即前文所述私法上的土地发展权）。（2）国家在集体所有土地上和国有土地上拥有公共土地发展权（即前文所述公法上的土地发展权）。

主要理由是：基于土地发展权由私法上的土地发展权和公法上的土地发展权两方面构成，因此在我国物权法上，可分别对这种权利予以规定。在我国，土地所有权形式分为集体土地所有权和国有土地所有权。首先，在集体土地之上，既体现了私法上的土地发展权益，也体现有国家公权管制的意志，因此，在集体土地上，可分设集体土地发展权和代

① 刘国臻：《论我国土地权利制度发展之动向》，载《甘肃政法学院学报》2008 年第 7 期。

表国家公权意志的公共土地发展权。前者由集体享有，后者由国家享有。其次，在国有土地之上，由于其本身就是国家意志和公共利益的体现，故而可直接设定公共土地发展权，而没有必要再规定私法上的土地发展权（见图 4.7）。

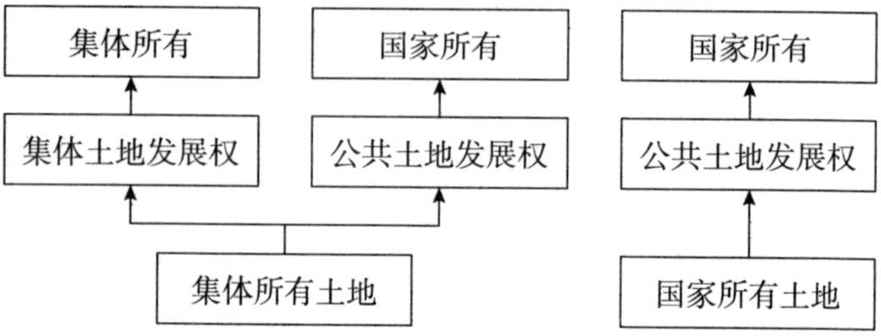

图 4.7　土地发展权的设定模式

2. 建立土地发展权使用和转让制度

在物权法中主要规定以下内容：（1）在国有土地上从事土地开发建设的，应当取得公共土地发展权。（2）在集体所有土地上从事土地开发建设的，应当同时取得集体土地发展权和公共土地发展权。（3）集体经济组织成员在集体建设用地上建设住宅的，应当取得集体土地发展权。（4）集体土地发展权和公共土地发展权均可以依照法律的规定转让。

主要理由有以下三个方面。

首先，因土地发展权实际上是针对土地进行开发建设利用的权利，因此，在我国从事土地开发建设的，应当首先取得土地发展权。由于在集体土地之上同时存在集体土地发展权和公共土地发展权，因此，在集体土地上从事土地开发行为，需要同时取得这两种权利。这种设定不仅充分体现了集体土地之上土地发展权的私法权益和公法权益的二元性，而且在私法土地发展权和公法土地发展权之间，还形成了互相制约的机制。因为无论哪一方需要取得完完整整的土地发展权，并将之用于土地开发，就必须先行从对方手中（购买）取得发展权，从而实现土地发展权的利益共享。另外，由于取得公共土地发展权是缺一不可的条件，国家实际上仍然在整体上制约着土地的开发行为，这与现行的国家土地管理制度的基本原则并不违背。对于双方达不成一致意见，而基于公益的目的，确有必要开发的项目，则可以通过土地征收解决，不会影响公益项目的土地开发利用实施。

其次，为保证集体经济成员能够利用集体土地建设住宅，因此，对于使用宅基地建设住宅的行为，规定只需取得集体土地发展权即可。但因其并未取得公共土地发展权，故而不能用于自住住宅以外的其他建设行为。这与我国现行的宅基地管理制度也不矛盾。在日后，如果国家宅基地政策进行调整，允许宅基地在更大范围内流转，则宅基地使用权人就可以通过再行购买公共土地发展权的方式，取得完整的建设用地使用权，将宅基地使用权纳入市场化的交易。而在这一过程中，基于公共土地发展权的购买，国家也在一定程度上分享了土地的发展增值收益。可见，这一做法与我国正在推进的宅基地改革并不矛盾，而且能形成良性的推动机制。

最后，规定集体土地发展权和公共土地发展权可以按照法律的规定转让，一方面，土地所有权人可以通过向对方购买土地发展权的方式，自行从事土地开发，或者将土地开发权益整体转让第三方。另一方面，也表明第三方可以通过分别购买其具有使用权的土地上的集体土地发展权和公共土地发展权的方式，从事土地开发行为。此外，对于农业及生态保护用地，也可以通过单独转让土地发展权的方式，获得相应的补偿和发展权收益。同时，这也有助于将我国现在所推行的“建设用地指标流转”权益化，即将建设用地指标作为一项财产权，在不同的地域间流转，以此从法律层面肯定这项制度。当然，具体的转移方式及操作细则需要另外明确。

3. 建立土地发展权征收补偿制度

在物权法中主要规定以下内容：（1）国家出于公共利益的目的，可以将集体土地发展权征收为公共土地发展权，并依法给予公正的补偿。（2）国家在征收集体土地所有权时，应当一并征收集体土地发展权，并依法给予公正的补偿。

主要理由有以下三个方面。

首先，土地用途和规划管制，是国家为了防止土地利用上的外部性，而针对土地利用施加的一种基于公共利益的管制。因此，土地用途和规划管制不仅具有国家公权和宪法上的正当性，而且，也具有现实意义上的合理性。故而，对于国家重点保护的基本农田、生态敏感区、历史文化保护区等限制、禁止开发的区域，国家在正常购买集体土地发展权的同时，还可以通过强制性征收的方式，将集体土地发展权收到自己手中，以此实现重点保护区域的更为强有力的保护。

其次，对于土地征收而言，是一个从集体所有土地，转变为国家所有土地的过程，因土地实体权益的转移，土地发展权也应予以一并移转，故而要求国家一并征收集体土地发展权。如果集体建设用地上的土地发展权已经被拥有土地使用权的第三方取得，则国家需要向第三方征收集体土地发展权，从而使得土地使用权人也能得到在土地发展权益方面的保护，从而实现在土地发展权补偿方面“所有权保护与使用权保护兼顾”的原则。此外，对于因保护农地等需要，国家已经事先通过购买或其他方式取得了集体土地发展权时，则在土地征收中就无须再对集体土地发展权单独征收和补偿。

最后，由于集体土地发展权需要单独征收和补偿，这就从法律层面真正体现了集体土地所有者基于私法财产权而应予享有的土地发展权益，进而实现土地财产权益更为完整和全面的保护。

综上，按照上述模式构建土地发展权补偿机制，不仅可以明晰土地财产权与国家规划管制权之间的关系，而且，有助于通过两者的区分和应用，为当前我国涉及农村集体土地征地制度、集体经营性建设用地入市制度和宅基地制度的“三块地”改革，提供另外一种合理的思路。其具体意义有以下六点。

其一，土地发展权补偿从单纯规划管制的国家补偿转为市场化因素运作。如前所述，在我国以往土地发展权补偿实践中，更多体现的是国家公权意志的行政化补偿机制。这一补偿机制更多地体现为政策性补偿而非权利性补偿，在行政化的补偿过程中，往往造成过度侵害私法上土地财产权的后果。在土地所有权之上，分设集体土地发展权和公共土地发展权之后，土地发展权的限制和补偿，从单纯公法上的限制和补偿过程转变为市场机制下的土地发展权配置和补偿过程。公共土地发展权实现自己的权益，需要购买集体土地发展权，反之，集体土地发展权实现自己的权益，也需要购买公共土地发展权。由此，因规划管制所造成的私法上的土地发展权和公法上的土地发展权在权益上分配不平衡的问题，通过市场化的购买机制，重新达到了一种平衡的状态。当然，土地发展权市场化补偿机制的运作并不排斥国家行政化的规划管制和公法补偿的继续存在，在“市场失灵”的特定的场合，国家仍然可以通过强制性的规划管制、土地征收等行为，矫正过度“市场化”所带来的弊端。

其二，在国家层面仍然控制着土地开发行为。由于从事土地开发行为必须同时取得集体土地发展权和公共土地发展权，因此，实际上针对土地的规划管制和建设许可，仍然掌握在国家手中。因为，对于国家不允许的土地开发行为，国家就可以通过不出售公共土地发展权实现控制的目的。而对于国家允许的集体土地上的开发土地项目，则通过出售公共土地发展权的方式，将公共土地发展权转让给集体土地所有人或其他第三人，从而实现土地的开发目的。而且，对于一些基于公益的开发项目，国家公权可在征地过程中，一并将集体土地发展权征收，从而实现土地的公益开发。此外，通过转让公共发展权的方式来控制土地开发，相较传统的规划管制和建设许可，不仅更加灵活，而且可以引入协商机制，有效缓解规划管制过于僵化的弊端，也符合当前土地管制的“弹性规划”的发展趋势。

其三，有效推进集体建设用地流转。以往集体土地建设使用权无法直接进行市场交易的做法，广为各方诟病。通过赋予集体土地发展权的方式，如果集体土地所有权人有意开发土地，就可以通过向国家购买的方式，取得集体土地之上的公共发展权，实现土地的开发。还可以将集体土地使用权、集体土地发展权和购买的公共土地发展权一并转让，交由第三方从事开发建设行为。这也为集体经营性建设直接入市提供了一种新的模式。而且，在这种模式下，国家还通过转让公共土地发展权，分享了部分集体土地的发展增值。

其四，有效保障集体土地的发展权益。由于在法律上肯定了集体土地发展权，集体土地发展权不再处于“虚位”，集体土地财产权更为完整。首先，在土地征收时，由于必须同时征收集体土地发展权，因此，就可以完整地体现出集体土地的发展权价值，并将之纳入土地征收补偿，从而有助于解决目前征地补偿标准过低的问题。同时，由于征收的仅是集体土地发展权价值，不涉及公共土地发展权价值，故而可以有效避免在部分土地征收过程中，因权益分配失衡而造成被征收人“一夜暴富”的弊端。其次，对于基本农田、生态保护区、景观保护区的土地而言，国家可以通过购买集体土地发展权的方式，更好地保护土地的现状使用。在国家没有主动购买的场合，土地所有权人还可以单独将集体土地发展权转让出去，通过市场化的土地发展权交易，直接获得发展权补偿。

其五，国家可以分享集体土地的发展增益。按照土地增值理论和土地发展权的权源分析，国家应当享有一定的集体土地发展增值。在利用集体所有土地进行开发建设时，由于还必须向国家购买公共土地发展权，因此，国家就可以由此而分享到集体土地的发展权增益，将部分土地增值收益收归国有。

其六，有助于解决“小产权房”的问题。实事求是地讲，小产权房不是一个法律问题，我国法律对于小产权房，实际上有着非常明确的规定，从法律的角度讲，小产权房属于土地违法行为，在法律严厉查处范围内。

但是，由于小产房存量大，涉及人口众多，已经成为一个社会问题，很难以“一刀切”强制拆除。从目前存量小产权房的现状看，按照一定条件，在法律上逐步肯定存量小产权房的地位，并由国家分享小产权房上的土地发展增值收益，可能是一种更为现实的选择。因此，对于存量的小产权房而言，可以通过购买公共土地发展权的方式，获得法律层面的认可，由于这项购买仅涉及公共土地发展权，而不涉及集体土地发展权的购买问题，故而在价格上可更能为双方所接受。

二、与建设用地使用权之间的协调

在物权法上承认集体土地发展权和公共土地发展权，必然要面临其他相关权利的调整问题，其中主要就是涉及土地使用权，特别是建设用地使用权的重新定位问题。

首先，按照我国《物权法》第 135 条[①]的规定，建设用地使用权仅是针对国有土地而言。而且，《物权法》还单独规定了宅基地使用权，也并未使用集体建设用地使用权的用语，也就是说，在严格的字面意义上，我国《物权法》并不认为宅基地使用权属于集体建设用地使用权。因此，从我国《物权法》对于集体建设用地使用权一词的刻意回避看，《物权法》显然在刻意回避集体土地拥有建设用地所用权。实际上，我国《物权法》就是以一种迂回、委婉的方式，肯定了集体土地和国有土地在建设用地使用权上的二元性。但是，我国《物权法》的刻意回避并不能否认集体用地使用权客观存在的事实。《物权法》第 183 条也不得不使用了“乡镇、村企业的建设用地使用权”一词，而“乡镇、村企业的建设用地使用权”显然是就集体建设用地使用权而言。可见，我国《物权法》关于集体建设用

① 《物权法》第 135 条规定：“建设用地使用权人依法对国家所有的土地享有占有、使用和收益的权利，有权利用该土地建造建筑物、构筑物及其附属设施。”

地使用权的规定，在前后条文上是相互矛盾的。

因此，在引入集体土地发展权的概念以后，集体土地就将取得和国有土地一样的在建设用地使用权上的地位，《物权法》就可以光明正大地承认集体建设用地使用权，从而在法律层面一定程度上破解了城乡土地在权利上不平等的“二元性”矛盾，为我国农村土地制度改革提供理论支撑。

其次，我国的建设用地使用权虽然与大陆法上的地上权较为类似，但两者的逻辑结构和实质含义却是完全不同的。就权利构造而言，传统大陆法的逻辑是先有地上权，而后有附加于土地之上的建设许可。公法对于私法财产权的限制是很明了的，因为建设许可在一定意义上代表着公法上的土地发展权权益，因此，传统大陆法上的土地发展权价值是比较明显的（见图 4.8）。而在我国，因只有取得建设用地使用权，才能开展一定的建设行为，因此，我国的建设用地使用权实际上包含了建设许可在内，在一定意义上体现着土地发展权理念，[①] 土地发展权益事实上被建设用地使用权所深深遮掩（见图 4.9）。由于建设用地使用权表面上体现不出土地发展权益，致使在将集体土地征收为建设用地时，似乎仅需要补偿其农地使用权价值即可。事实上，这也正是我国《土地管理法》的思路。但表面上抹杀土地发展权益显然不能掩盖土地发展权益受损的事实。

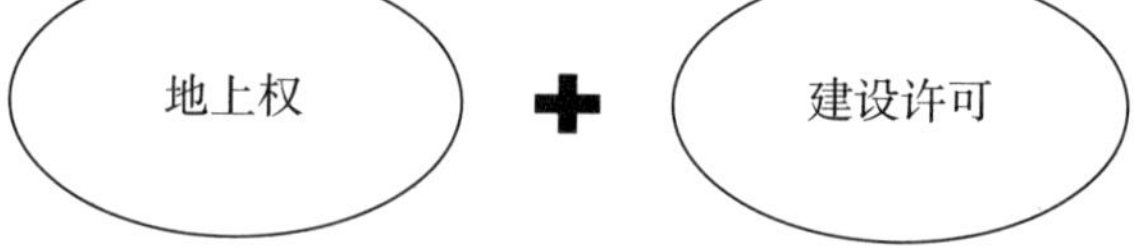

图 4.8　大陆法上土地发展权逻辑结构

① 程雪阳:《土地发展权与土地增值收益的分配》，载《法学研究》2014 年第 5 期。

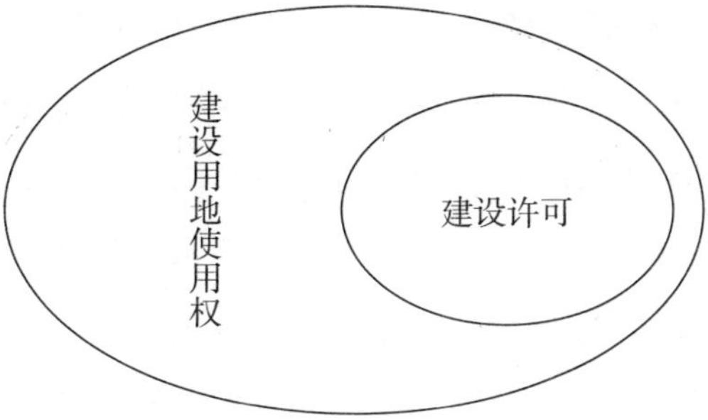

图 4.9　当前我国实践中的土地发展权逻辑结构

因此，在确立土地发展权的物权法地位后，原建设用地使用权中所隐含的基于公法管制的公法上的土地发展权被独立出来，建设用地使用权就成为一种纯粹的私权，可以作为取得集体土地发展权和公共土地发展权的结果而存在，这样，建设用地使用权就重新回到其作为土地用途分类的原始含义上。同时，由于赋予了集体土地的土地发展权，集体建设用地使用权也将成为取得集体土地发展权和公共土地发展权的结果（见图 4.10）。

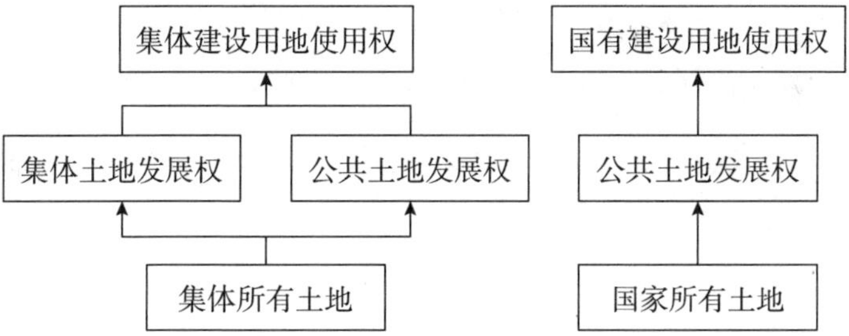

图 4.10　土地发展权对建设用地使用权的改造的设定模式

三、与土地用途管制和土地规划之间的协调

将土地发展权区分为私法上的土地发展权和公法上的土地发展权，并分别规定为集体土地发展权和公共土地发展权之后，由于公共土地发展权掌握在国家手中，而且具有一定的限制开发的意义。由此，一方面，以往

国家公权的土地用途管制和土地规划行为，在一定程度上可以通过控制公共土地发展权的方式实施，也就是说，在国家用途管制和土地规划的大框架内，通过公共土地发展权，对过于僵化的公法管制行为做“弹性”的处理。另一方面，借助于公共土地发展权作为国家土地用途管制和土地规划的补充，实质上是以更加具有市场化倾向的方式，以一种私权运作的手段实现国家的管理，在一定意义上，这种管理的方式，更加有助于实现土地资源配置的福利最大化，同时在市场化的成本下运作不仅可以有效防止出现“财政错觉”的权力泛滥，而且这种更为透明的管理方式，也有助于推进土地廉政。因此，相应的土地用途管制和土地规划制度可以结合土地发展权的应用，作适当调整。

第五章

土地征收

当前中国的土地问题中，土地征收也许是受到关注最多的问题。除了法学界，政治学、管理学、经济学、社会学、哲学等各个领域的专家、学者都从不同的角度对土地征收问题进行了研究。一般认为，土地征收由征收目的（公共利益）、征收程序、征收补偿三大内容构成。公共利益问题是土地征收的基石，是国家动用强制权的合法性基础，但各界对于公共利益的讨论，远远没有达成共识。公共利益旷日持久的争论，使得征收程序、征收补偿等具体性制度安排设计在一定程度上被忽视和简化。我们认为，从世界各国的经验来看，公共利益的讨论也许永远难以形成共识，当前完善土地征收制度，应当将重点放在征收程序和补偿安置上。

第一节 ┃ 土地征收的基本理论

一、土地征收权的基本内涵与性质

征收权是指国家不经财产所有人同意，为了公共利益需要而将土地、房屋等私人财产收归公用的权力。从主权意义上讲，任何一个独立自主的国家都有出于公共目的而获取财产的权力。从财产权的社会义务看，财产所有人享有财产权的同时，要受到为公共利益目的而获得其财产的更高位阶的主权制约。事实上，这也是财产所有人享有不动产利益的根本前提和风险之一。征收权的本质是一种国家基于单方意思表示强制剥夺权利人财产的一种公共权力，强制性是征收区别于私法上买卖的根本特征。

国家征收权的合法性来源，理论上有不同的认识：一是保留权利说。这种观点认为，私有财产来源于主权国家的授权，国家对一切财产具有始源性和绝对的所有权，且私人对财产的使用也受限于隐含的条件，即国家可以随时为了公共利益而收回财产。早期的大陆法系学者如格劳秀斯和普芬多夫均提出了类似的观点。因此，基于保留权利理论，国家自然享有征收权。二是主权说。该学说认为财产是先于政府而存在的，但征收权是主权国家为了政府所代表的财产所有者的利益而行使其权利所必要的条件。例如，有学者认为："土地征收，系为国家主权所固有，且为不可侵犯之权利，初无待宪法或法律予以明文规定。"换句话说，私人行使权利必须基于主权国家的存在和公益的维护。因此，征收权是基于主权的行使。三是公共产品理论说。该学说认为执政者的首要义务就是提供公共产品，而这也是政府权力存在的正当性基础，包括征收权。根据该理论，具有非对抗性的公共产品应当由政府提供，且只由政府提供这些产品才是有效率的。为了保证政府提供公共产品时具有较高的效率，政府应享有为了提供公共产品而征收私人财产的权利。

我们认为，以上观点均有一定道理，但没有完全揭示出征收权的合法性基础。保留权利说无法验证，主权说认为征收权乃主权国家固有之权力相当于同语反复，并未解释出原因。公共产品说将公共产品作为政府权力的正当性基础，但土地征收并非完全是为了用于政府提供公共产品，而且也没有揭示为何要牺牲个人财产权利。揭示征收权的本质，我们有必要先简单回顾一下各国土地征收制度的规定。

法国是最早推行土地征收制度的国家，1789 年法国《人权宣言》第 17 条即宣示："人民私有财产神圣不可侵犯，非依法律认定为公共需要，并先履行公平补偿，不得加以剥夺。"其 1791 年制定的宪法序言中，也规定了类似条款，但将"公共需要"修改为"公共用途"。1810 年，法国公布《公用征收法》，开创了征收立法之先河。《法国民法典》第 545 条也规定"所有权仅能依先行补偿而加以剥夺"。法国针对事业规模的不同，规定由不同机关作出征收决定。较大规模的公共事业用地，由立法机关作出征收决定；较小规模者，由行政机关作出征收决定，但由法院确定征收补偿金额。1967 年，法国出台《土地适应法》，规定新镇可以征收方式建立土地储备制度，对未经核准的计划方案，实行土地征收。《德国联邦基本法》第 14 条第 3 项规定："征收财产，必须基于公共利益，方可实施。征收的执行，必须经由立法规定，或根据法律进行，此项法律应规定赔偿的性质与范围，赔偿决定应公平衡量公共利益与关系人利益，赔偿范围如有争议，可以向普通法院提起诉讼。"在英国，土地征收在法律中被称为"强制收买"（compulsory purchase）或者"强制取得"（compulsory acquisition）。1946 年，英国制定《取得土地授权程序法》（The Land Acquisition of Land Authorization Procedure Act），规定政府有关事业主管部门部长有权依照该法的规定，发布许可强制收买命令，事后再提请国会追认。1946 年，英国《新市镇法》(The New Town Act) 规定，新市镇开发公司可以强制收买新市镇开发所需要的所有土地。美国联邦宪法修正案第 5 条规定，“私有财产非经法定程序并给予合理补偿，不得征收为公共使用”，第 14 条又规定，“各州非经正当法律程序，不得剥夺人民财产”。美国没有统一的征收法，由各州立法机关自行制定。《日本宪法》第 3 章第 29 条规定，“财产所有权不得侵犯，财产之内容应符合公共福利，在公平补偿之下，为公共利益可以收用”，收用包括征收和征用。

综观各国土地征收立法，土地征收具有如下特点：一是都认为土地征收的前提是基于公共利益、公共需要或者公共使用；二是土地征收的法律本质是国家利用公权力强制剥夺土地权利人的所有权，并提供给需要者；三是土地征收必须先行公平补偿；四是土地征收必须经过正当程序。根据以上特点，我们认为，征收权的本质是不经权利人同意，强制剥夺其对财产的自由支配权的公共权力，是实现公共利益的工具，其正当性来源于公共利益优先于个人权利的权利位阶。这种观点可以称为“权利位阶说”。由于这种公共权力可能被滥用，背离公共利益的目的，因此需要设计正当的程序和公平的补偿规则，来保护私人财产权。在土地征收过程中，土地权利人受到贬损的仅仅是支配土地的自由意志，在财产价值上并不遭受损失。不给予公平补偿的征收，是披着合法外衣的强取豪夺，不是征收。

二、土地征收制度的核心内容

（一）土地征收中的公共利益

虽然世界各国（地区）都认为只有基于公共利益需要才能征收土地，但对于什么是公共利益，并没有统一的认识。在立法中，主要有三种方式：一是法律不对公共利益进行具体界定，而交由征收机关或者法院在具体案件中判断，如美国；二是在法律中对什么是公共利益进行穷尽性的详细列举，不设置兜底条款，如日本；三是在法律中对什么是公共利益进行概括式列举，并设置兜底条款，如我国台湾地区。下面分别做简单介绍。

1. 美国[①]

美国宪法修正案规定了征收必须基于“公共使用”的目的，但成文法没有对什么是公共使用进行界定。是否符合公共使用的要求，由法院在判决中认定。不同时期的法官们对公共使用条款的认识很不一致。在 18 世纪末和 19 世纪初，各个法院对征收权的运用都是严格限制的，基本上都遵循宪法的立法原意，将征收的目的限制于公共使用。大多法官主张只有当大众能普遍、真实使用被征收的财产时，政府才有权征收私人财产。最高法院曾有判决对公共使用作极为狭义的理解。伴随工业革命的兴起，为了实现促进经济发展，相当多的州立法机关认为建造铁路、水坝等促进商业发展的工具符合宪法规定的公共使用目的。同时，有些州法院也判决私人兴建工厂、铁路等符合宪法中的公共使用条款。法院认为即使有私人团体在征收中受益，但只要征收建立的设施能够使大多数人受益，也是应当被允许的。随着征收活动的增多，19 世纪中后期，由于担心征收滥用公共利益而满足事实上的私人利益，有法院作出了对公共使用狭义理解的判决。密歇根州最高法院首席法官托马斯・库雷曾撰文指出，当政府自己履行义务为市民提供一些设施、便利或福利设施时才符合公共使用标准。在 19 世纪末和 20 世纪初，很多州的最高法院在理解征收的公共使用条款上都持谨慎态度。

基于对公共使用条款宽严的不同认识，形成了两种不同理解标准。一种是把公共使用解释为公众能够现实有效地使用被征收的财产，即狭义理解。另一种解释是把公共使用与工业发展的需求和公共福祉联系在一起，包括促进工业发展、推动就业等，即宽泛的理解。20 世纪 30 年代的经济危机迫使美国政府把复苏经济和解决城市衰败现象作为中心任务。为清理

① 王红建:《土地征收立法研究》，郑州大学 2012 年博士学位论文。

贫民窟和商业性开发进行征收是否符合公共利益成了法官们争论的焦点。不少法院认为，贫民窟地区是城市疾病的繁殖区，通过建造公共住房消灭贫民窟是合法的公共目的。由私人开发商来建造公共住房作为清理贫民窟的举措也符合公共利益的需要。随着城市更新运动高潮的到来，商业再开发成了新一轮发展趋势。截至 1948 年，美国已经有 24 个州通过了再开发法案，普遍赞成在为公共建设留足土地后，多余的土地可以转让给私人开发商。不少州法院认为，谁执行这个计划都无关紧要，即便是私人开发商，这种结果完全是真实目的的附带产物。

作为美国最高司法机构的联邦最高法院曾在两个案件中判决认可通过征收权把财产从一个私人移转给另一个私人，即伯尔曼案与米德基夫案。

伯尔曼案是美国联邦最高法院审理的涉及公共使用的第一个判例。该案判决城市更新过程中的征收权并不违反联邦宪法第五修正案。在该案中，华盛顿特区为了消除旧城区的落后与脏乱，规划征收市区内破旧地区予以重整，征收后的土地除用于街道、公共事业、娱乐设施和学校外，将剩余的土地出租或卖给了开发公司。本身并不破落的百货公司由于处于整建计划区域内，因此，也随同一并被征收。上诉人提起诉讼认为，其土地被征收后供私人而非公共使用，违反美国宪法第五修正案的规定。联邦最高法院驳回了上诉人的起诉。最高法院判决认为公共福祉概念是非常宽泛的，它所实现的利益可以是物质上的，也可以是精神上的，还可以是美学上的，这些均属于立法权，而法院无权重新对其评估。在伯尔曼案中，法官不认为转让被征收财产给私人就违反公共使用条款。伯尔曼案发生后的几十年中，联邦法院和州法院都在一定程度上放宽了对公用目的的审查。

20 世纪 80 年代后，大规模的城市更新运动基本完成，如何促进经济发展、增加财政收入成了政府的重要任务，土地征收活动依旧继续开展。为了减少土地垄断在少数人手中造成的不公，1967 年夏威夷州制定《土地改革法》，规定征收出租人的土地移转给承租人。被上诉人不服此举措向法院提起诉讼。最高法院认为，法院不能代替立法者对公共使用进行判断，为实现公平重新分配土地是征收权的合理行使。另外，不能仅以被征收的土地移转给私人而责难该征收违反公共使用目的。受宪法公共使用限制的是目的，而不是技术。最高法院提出了极为宽松的米德基夫标准，即只要征收权的行使与公共目的相关，法院就应当判决征收符合公用目的。

进入21世纪以来，新伦敦案中关于公共利益的认定，引起了极大的争议。该案最大的争议是商业开发是否违背美国宪法修正案中的公共使用限制？商业利益与公共利益共同存在时如何判断公共使用？在该案中，认为征地行为符合公共使用目的者提出，公众使用的标准是模糊的气只要主观上是为了公共目的，至于公共利益是由公权力主体实现，还是私权主体实现则并不重要。另外，还提出，促进经济发展也是政府职能，更何况，也没有原则性的方法来把它的公共目的区分开来。社会各界，甚至包括联邦和各州政府纷纷表示联邦最高法院对宪法的解释有可能导致公民权利被肆意剥夺，因此反对最高法院的这一判决。布什政府2006年在第13406号行政命令中宣布，联邦政府限制仅仅基于促进私人的经济利益就动用财产征收权，美国50个州中的21个州议会通过法律或者修改州宪法，禁止政府适用新伦敦市案的判例征收土地，有22个州出台了有条件适用此判例的法律，9个州最高法院禁止政府为了发展经济而动用征收权。

2. 日本

日本《土地征收法》明确规定只有基于公共利益（公益事业）才能征收土地，该法第3条对公共利益的范围进行了“穷尽性列举”，没有兜底条款。该条规定，可以启动征收的公共利益包括49种。具体有道路、停车场、公共汽车客运设施、集装货物货运设施；水利设施；防砂、防滑坡、防陡坡崩塌、防汛设施；运河用设施；农业道路、水渠、排水沟、海岸堤防、灌溉等配套设施；铁路、轨道、石油管道；港口、海岸保护设施、航道标识、水路测量标志；机场及航空安全设施；气象、海象、地象、洪水等观测预报设施；无线电监视、电讯设施；广播设施；电力设施、煤气工作设施；自来水、供水设施；消防设施；学校、图书馆、博物馆；社会福利事业、复兴保护事业设施、职业培训设施；公立医疗机构；火葬场；畜场、死兽处理场；垃圾处理设施、公共厕所；中央批发市场、地方批发市场；公园、自然保护区、绿地、广场、运动场等公用设施；公共住宅；国家或者地方公共团体设置的官厅房舍、工厂、研究所、实验所及其他直接用于办公和事业的设施；原子能研究所研究设施、核设施；水资源开发设施、宇宙开发事业设施等。

在公共利益的界定中，日本并没有采用“公益性”和“经营性”的标准进行划分。日本法律规定的公共利益大体上可以分为以下几类：一是基础设施建设项目，如机场、道路、桥梁、水利设施等；二是社会公益事业建设项目，如学校、医院、公园等；三是政府办公设施；四是政府组织建设的公共住宅（相当于我国的各种保障房）；五是国家扶持的重要产业，如核能开发、宇宙开发。

3. 我国台湾地区

我国台湾地区的土地征收分为一般征收、区段征收和政策性征收三种不同类型，分别规定了不同的适用条件。

区段征收是指将一定范围内土地全部征收，并按照都市计划或者土地使用计划重新规划整理后，一部分土地划作公共设施用地由政府无偿取得后兴建公共设施，一部分土地作为征地补偿（称为“抵价地”）由土地所有权人按一定比例（40%—50%）领回，一部分土地出售或者出租以回收开发成本。根据“土地征收条例”第 4 条的规定，区段征收包括六种情形：一是新都市开发；二是旧都市更新；三是都市中农业区、保护区改变用途后的开发；四是非都市土地开发；五是农村社区更新；六是其他“法律”规定的情形。

区段征收是我国台湾地区土地征收制度中最具特色的一项制度安排，具有一般征收的强制性特征，但不需要像一般征收那样严格考量征收行为的公益目的。本质上，区段征收是一种“负担共摊、利益共享”的“自偿性整体土地开发方式”，即土地所有权人共同分担市镇建设需要的公共设施用地和开发成本，并共同分享市镇建设带来的土地增值收益，从而避免规划和土地征收过程中出现巨大的社会不公（规划用途不同，土地价值相差悬殊），促进征收和规划的顺利实施。

我国台湾地区“土地法”第209条还规定了政策性征收，“政府机关因实施经济政策，得征收私有土地”，但必须“以法律规定者为限”，以避免征收权的滥用，如“经济部”可以依照促进产业升级条例征收土地兴建工业园区。我国台湾地区“土地征收条例”中并未规定政策性征收，在实际操作中，实施经济政策的征收，要么认定为公益事业实行一般征收，要么实行区段征收。例如，新竹工业园区，是典型的实施经济政策，但征地时既有一般征收，也有区段征收。

从上面的分析可以看出，这几种典型的公共利益界定方式，无论哪种，均没有从“公益性”和“经营性”角度来界定公共利益，公共利益的范围都比较广泛，实施经济政策或者扶持产业、实施城市规划、开展城市更新等大量包含商业性开发的建设活动，也都被当作公共利益。这一点对于我国土地征收立法具有重要的参考意义。

（二）土地征收中的正当程序

如前所述，土地征收是对人民财产权利的重大限制与剥夺，非常容易被滥用。因此必须设置严格、正当的程序来限制征收权的行使。世界各国（地区）的征地程序不尽相同，大体而言，可以分为四个阶段：一是公共利益认定；二是确定征收范围；三是作出补偿决定；四是完成征收。

1. 美国

在美国，土地征收程序主要有两种：一是普通的财产征收程序，即司法程序，包括特殊的快速征收；二是行政征收。无论采用何种征收形式，征收程序都应当符合下列条件：一是在决定合理补偿时，应当由一个中立的机构主持进行听证或者审理；二是征收程序应当符合正当程序的要求；三是程序不得违反土地所有人的其他宪法性权利。

第一，司法程序。司法程序是适用最普遍的一种土地征收程序，无论联邦或者州政府实施的征收，还是由公用事业性公司实施的征收，基本上都采用这种程序。司法程序主要包括以下环节：（1）征收的前置程序。为了控制征收权的行使，提高征收的效率，许多州的法律都规定，在实施征收前，征收方应当与土地所有人进行协商，争取通过购买方式获得土地。如果双方能够签订买卖合同，征收方无须行使征收权；如果达不成协议，才进入正式的征收程序。在这一阶段，实施征收的政府部门、市政公司或者公共实体要向所有人发出一项购买的要约，并有义务向土地所有人本人送达要约。要约应当是正式的、诚信的和善意的。征收方应当尽最大诚信、善意的努力与土地所有人进行协商，如果双方能够达成协议，征收方则可以按照合同约定取得土地；如果征收方尽最大诚信、善意的努力后，仍不能达成协议，征收方可以终止前置程序，向法院起诉。（2）诉讼的准备。征收方向法院提起征收的诉讼应当有法律授权，否则诉讼将会被法院驳回。在诉讼中，征收方是原告，其必须将所有在拟征土地上有利益的人都列为被告。如果被告对征收没有提出反对，应当按照通知参加诉讼；如果被告反对原告征收其土地，可以向法院提出异议。如果原告忽略了某个权利人，这些人可以自行提出参加诉讼的请求。征收方除应当在报纸上发布公告外，还应当向被告本人送达参加诉讼的通知。征收方在向法院提交的材料中应当包括下列内容：征收方有实施征收的合法权力；拟征土地的客观情况；实施征收的必要性；拟征土地对公众重要性的说明。（3）案件审理。在此阶段，法院要审查原告实施征收是否有合法的授权以及征收是否为了“公众使用”。如果法院认为原告征收行为是合法的，则开始确定合理补偿的数额。其中，确定合理补偿的数额又可以分为三种情形：一是，由委员会确定补偿数额。委员会通常由律师或者具有财产评估专业知识的人士组成。委员会经过考察后，向法院提交评估报告，并载明评估方法和证据。二是，由陪审团决定补偿数额。陪审团在原、被告双方分别提出的证据中确定可信的证据，并以此为依据确定合理补偿的数额。三是，法院指定评估师或者专业审裁处确定合理补偿的数额。补偿数额确定后，法官可以直接确认评估结果。如果法官发现评估结果具有明显错误或者评估过程存在腐败，有权推翻评估结果，要求重新评估，也可以在证据基础上自行确定补偿数额。（4）判决的作出和上诉。法官作出判决后，如果双方都接受判决结果，那么征收方向土地所有人支付补偿，并取得土地所有权；如果有一方对判决不服，其有权在法定期间内提出上诉。

第二，快速征收程序。近年来，随着公共交通、道路运输、城市改造等公用事业的迅猛发展，政府征收越来越多。为此，美国联邦政府和各州也制定了一些法律，允许政府“立即”或者“快速征收”财产。总的来说，快速征收仍然属于司法程序中的一个特殊程序。快速征收的具体程序包括：（1）征收方向法院提出征收申请，内容包括征收的法律依据、拟征土地的客观情况、向法院缴纳押金的决定。（2）征收方向法院缴纳与拟征土地的补偿金额大体相等的押金。如果法院认为征收方有征收的权力，押金也满足要求，而且征收方确实有提前占有土地的迫切需要，将作出允许提前占有土地的预决定。（3）征收方应当向每一个土地所有人或者占有人送达法院的决定。（4）土地所有人接到征收方提前占有土地的决定后，如果认为提前占有将对其造成实质性困难，可以在合理时间内向法院提出免予提前占有的申请。（5）法院根据事实决定提前占有是否会对所有人造成实质性困难。如果法院认为提前占有财产“很有可能”会对所有人造成实质性困难，将停止执行提前占有的决定。如果权利人未提出申请或者法院认为不会对权利人造成实质性困难的，法院可以作出提前占有土地的决定。在快速征收中，合理补偿数额的确定仍然按照司法程序进行。当补偿的判决下达后，如果土地所有人认为征收是不合法的或者下级法院的判决存在错误的，有权利提出上诉，在上诉期间，征收方的土地占有行为不停止执行。

2. 日本

日本《土地征收法》规定了详尽土地征收程序。主要包括公益事业认定、土地及附着物调查、裁决前协商、征收裁决、实施五个步骤。前四个步骤的具体情况如下。

（1）公益事业认定。在批准土地征收前，需要由有关机关对起业者或者兴业人（以下称用地单位）准备举办的事业（即我国的建设项目，以下同）是否属于《土地征收法》第 3 条规定的公益事业进行认定。公共利益认定是一项独立的程序，只有在经过公共利益认定之后，才能启动后续的征收程序。日本《土地征收法》第 17 条将公共利益的认定主体分为两种情况，一是对于用地单位是国家或者都道府县的用地项目，涉及两个以上都道府县的用地项目以及一些重要的具有全国影响的用地项目，由国土交通大臣进行公共利益认定；二是其他的用地项目，由都道府县知事进行公共利益认定。

日本的公共利益认定程序分为五个步骤：一是事业说明会介绍事业目的与内容。《土地征收法》第 15 条之 14 规定，用地单位在提请公共利益认定前，要按照规定召开事业说明会，向与该事业认定有利害关系的人说明该事业的目的与内容。二是报送申请书与公众查阅。用地单位在召开事业说明会之后，应当制作并向认定机关报送事业认定申请书，其中必须附送事业说明会的情况。认定机关应当将事业认定申请书副本抄送事业所在地市町村长官（基层政府长官），由市町村长官向公众公开材料，进行展览，供公众查阅，时间为两周。三是召开公听会（即听证会）听取意见。2001 年修订前的《土地征收法》第 23 条规定“国土交通大臣、都道府县知事拟实施事业认定，在认为有必要时，必须召开公听会获得一般意见”，由于是否召开公听会由认定机关裁量决定，结果实践中没有召开该公听会的实例。2001 年修订的《土地征收法》对公听会的要求进行了调整，修改为“依申请召开”，即当利害关系人请求召开公听会时，应该召开公听会。四是听取第三者机关意见。为了增强事业认定的公正性，广泛听取各方意见，《土地征收法》要求国土交通大臣和都道府县知事在进行事业认定时，要听取第三者机关（相当于我国的专家咨询委员会）的意见。国土交通大臣的第三者机关是社会资本整备审议会，委员由法学界、司法界、都市规划、环境、媒体、经济界等领域的专家担任，原则上不任命持推进事业立场的中央省厅的（已退休的）前辈；审议事业认定时，与该事业认定有利害关系的委员不能参与审议。都道府县知事的第三者机关是依法成立的审议会或者其他合议制机关，具体组成由都道府县规定。对于第三者机关的意见，除了明显不合理之外，法律要求认定机关应该遵从第三者机关的意见。五是认定结果公示。《土地征收法》第 26 条规定，国土交通大臣或都道府县知事实施事业认定后，必须毫无延迟地通知用地单位，同时在政府公报（国土交通大臣作出的事业认定），或者以都道府县知事规定的方式（都道府县知事作出的事业认定）公告用地单位名称、事业种类、事业地、图纸阅览场所以及事业认定的理由。日本的公共利益认定程序实际上是能否征地的决定程序，一旦被认定为公共利益，所需土地“已经事实上被套上征收的命运”。认定之后的征收裁决程序不再对是否是公共利益进行判断，仅仅对补偿问题进行裁决。同时，日本的《土地征收法》规定，事业认定的时效为一年，一年内不申请征收裁决的，自期满的第二天自动失去效力。日本之所以在 2001 年修订《土地征收法》时将公共利益认定程序规定得如此详细和复杂，主要是由于以前土地所有权人很少能够充分理解事业认定对自己意味着什么，常常在事业认定阶段不知道自己的土地已经事实上被套上征收的命运，而只有到裁决阶段才体会到问题的重大性。虽然法律明确规定征收委员会仅审理补偿问题，不审理事业认定的合法性问题。但在实际的审理中，常常在裁决阶段才出现对事业认定不服的主张，这成为征收委员会审理长期化的一个重要原因。对此征收委员会即使尽力解释，也难以得到被征收人的理解。为此，在 2001 年修订《土地征收法》时，重点对公共事业认定程序进行了完善，充分保障了土地所有权人在公共利益认定中的知情权与参与权。

（2）土地及附着物调查。日本《土地征收法》规定，公共利益认定之后，用地单位应当开展土地和地上附着物调查，编制调查报告书。调查时必须让土地所有权人和关系人到场，并在调查书上签字盖章。如果土地所有权人或者关系人拒绝署名盖章者或无法署名盖章者时，用地单位可以请求基层政府长官（市町村长）到场和签名盖章；如果基层政府长官拒绝签名，用地单位可以请求上一级政府长官（都道府县知事）派遣公务员作证，并签名盖章。

（3）裁决前的协商与协议确认。为了鼓励用地单位与土地所有权人及关系人自行达成协议，日本《土地征收法》规定了裁决前的协商程序。日本将裁决前的协商作为一个选择性的程序。规定用地单位自公共利益认定之日起，可以在申请裁决前，与土地所有权人及关系人就全部或者一部分土地达成协议，并经土地所有权人及关系人同意后，向该土地所在地都道府县土地征收委员会申请协议确认。协议确认后，土地所有权按照协议约定进行转移。用地单位也可以不与土地所有权人进行协商，直接申请裁决。

（4）土地征收委员会与征收裁决。日本设置了土地征收委员会，由土地征收委员会对征收事项进行裁决。值得注意的是，日本的土地征收程序分为公共利益认定和征地裁决两个步骤。征地裁决作出，意味着土地征收行为正式生效。因此，日本的征地裁决不是争议裁决或者司法救济，而是是否同意征收的裁决。土地征收委员会相当于我国的征地审批机关，其裁决书相当于我国的征地批文。日本的土地征收委员会设在都道府县，征收委员会由七名委员组成，委员由法律、经济和行政方面有丰富经验和知识，并能够对公共福利事务作出公正判断的人士组成。委员不能由地方议员或者地方政府官员、职员兼任。委员经都道府县议会同意后，由都道府县知事任命，任期三年，可以连任。土地征收委员会独立行使职权，审议时实行票决制，由半数以上的出席委员表决决定。

日本的土地征收裁决程序分为三个步骤：（1）申请裁决。日本《土地征收法》规定，用地单位应当在公共利益认定之日起一年内向拟征收土地所属都道府县土地征收委员会提交裁决申请，并提交事业计划书、土地调查报告书等材料。土地所有权人及关系人也可以请求用地单位提出裁决申请。除申请的事业不同于公共利益认定的事业外，土地征收委员会必须受理并进行裁决。（2）公众查阅。除依法驳回申请外，土地征收委员会应当将有关材料抄送土地所在地基层政府长官（市町村长官或者区、市、郡长官），由基层政府长官向公众公开材料，进行展览，供公众查阅，时间为两周。（3）审理、和解与裁决。日本的《土地征收法》没有规定裁决时限，仅要求公众查阅期间结束后，土地征收委员会应当立即开始进行审理，不得拖延裁决。同时，日本要求土地征收委员会在审理过程中，可以随时劝告双方当事人达成和解。如能达成和解，即被认为已经完成裁决，并不能再提出任何异议。如果不能达成和解，土地征收委员会必须对征地区域，征地补偿（包括对土地所有权、相关权利及其他损失的补偿）的方式、数额及支付期限，土地移交及地上附着物迁移期限等事项进行裁决。裁决作出后，土地的所有权并不立即发生转移，裁决书会规定一个征地实施期间。在此期间内，用地单位应当支付或者提存补偿金或者履行其他补偿义务（如修造住宅、代替物过户）。如果用地单位在此期间内没有进行征地补偿，裁决即失效。如果用地单位在此期间履行了补偿义务，即可按裁决书取得所有权。

3. 我国台湾地区

根据我国台湾地区“土地征收条例”的规定，我国台湾地区土地征收的程序主要包括以下步骤。

（1）举行公听会。提出征收申请前，需用土地人应主持举行公听会，听取土地所有权人及利害关系人的意见（保密事项除外）。

（2）协议价购。因公共安全急需使用土地未及与土地所有权人协议的外，需用土地人申请征收前，应先与土地所有权人协议价购或以其他方式取得；所有权人拒绝参与协议或经开会未能达成协议，并且无法以其他方式取得的土地，需用土地人才能够向政府申请启动征收程序。协议价购应以市场正常交易价格进行，并以书面形式记明协议结果；未能达成协议的，应记明未能达成协议的理由，并将协议价购情况在申请征收时一并送交

"内政部"。协议价购为被征收人提供了更多的谈判权利，但据介绍，执行中由于需用土地人不愿意付出更多补偿，常常简单地以法定标准与被征收人谈判，达不成协议即上报征收，这使得协议价购有时候也流于形式。

（3）申请征收。需用土地人应拟订详细的征收计划书，对征收的必要性、公益性和合理性进行评估，并附具征收土地图册、土地改良物清册、土地使用计划书，送"内政部"，并通知市、县政府。"内政部"收到申请后，可以根据需要会同利害关系人进行现场勘查并制作勘查记录，记录作成后应于14日内寄送利害关系人。

（4）征收申请的审查与核准。"内政部"审议征收申请案件，应遴选专家学者、民间团体和相关机关代表组成审议委员会审议。其中，专家学者和民间团体代表不得少于审议委员总人数的1/2；专家学者应由地政、环境影响评价、都市计划、城乡规划等专业领域学者组成。"内政部"在批准征收时，应审查以下事项：是否符合征收的公益性、必要性以及是否适当合理；需用土地人是否具备举办该事业的能力；是否符合都市计划、区域计划等；申请的事业计划是否有助于土地适当合理使用；举办事业财务评估是否可行；无房户住房安置计划是否可行；其他应审查的事项。

（5）公告与实施："内政部"核准征收申请后，通知市、县政府。市、县政府接到通知后应立即公告，并以书面形式通知土地或土地改良物所有权人及他项权利人，公告期限为30日。需用土地人应在补偿地价及其他补偿费发给完毕或核定发给抵价地后，才能进入被征收土地内工作。但水利事业、因公共安全需要先行使用的，不受此限制。

美国、日本、我国台湾地区的征地程序在制度设计上有以下共同点：一是充分保障被征收人的知情权与参与权，在征地前需要反复向被征收人阐述征收的目的、范围等，并注重通过听证会等听取被征收人意见；二是鼓励用地单位与土地所有人达成协议，减少征地矛盾；三是注重程序公开，在整个征地过程中，所有的信息均进行公告，并可以公开查询。这些程序的设计，是对土地权利人自由意志的充分尊重。

（三）土地征收中的补偿标准

1. 关于补偿原则。各国（地区）关于补偿的原则主要有：公平补偿、合理补偿、充分补偿、正当补偿、等值补偿、公正补偿、相当补偿等表述。例如，美国宪法规定，无合理补偿，不得征收私有财产供公共使用。法国人权宣言规定，除非由于合法认定的公共利益需要，并且在事先公平补偿的条件下，任何人的财产不能被剥夺。德国基本法规定，公用征收，除联邦法律有特别规定外，应予相当补偿。俄罗斯宪法规定，为国家需要而征收财产，只有在事先等值补偿的情况下才能进行。荷兰宪法规定，若因公益所需而征收财产，需依照法律规定，并须事先保证给予充分补偿。澳大利亚规定，公正补偿权利人因土地权益被征收而遭受的损失。巴西宪法规定，为公共利益征收财产，必须由国家进行公平赔偿。日本宪法规定，私有财产在正当补偿下得收为公用。韩国宪法规定，因公共事业的需要，对产权进行征收、征用或者限制时，应根据法律对其损失给予正当的补偿。马来西亚宪法规定，政府可依法对私人土地进行征用，但要给予合理的补偿。菲律宾宪法规定，对被征收的财产，进行公平的赔偿。

2. 关于补偿标准。虽然各国补偿原则的表述有所不同，但落实到具体补偿标准，基本都是以"原用途市场价"为基准，在本质上并无大的区别。例如，德国《建设法典》第 93 条第 2 款规定，应对征收造成的权利损失和征收造成的其他损失进行补偿。补偿金额的确定，以作出征收裁决时的流通价格为准。法国《公用征收法典》第 L.13–13 条规定，补偿金应弥补因征收而造成的全部直接的、物质的和确定的损失。第 L.13–14 条规定，法院应根据所有权转移裁定之日的财产构成来确定补偿金的数额。第 L.13–15 条规定，评估确定补偿金的数额，"仅考虑调查程序开始一年前房屋或不动产物权的实际使用情况"。此外，该法第 L.13–12 条还规定，因工程建设而导致不动产所有权人的剩余地产直接价值升高时，增值数额将被用来部分或全部折抵征收补偿金。日本《土地征用法》第

71条规定，对被征收土地的补偿应“参考附近同类土地的交易价格进行计算，用公布公共利益认定公告时的相应价格，乘以到裁决时的物价变化校正系数，所得出的金额数。校正系数依据政令规定的方法进行计算。其他损失补偿按裁决时的价格进行计算”。韩国《土地征用法》第46条规定，对于“根据《国土利用管理法》的规定位于基准地价区域内的土地补偿，以公共利益认定时国家公告的基准地价为基准，但应参考该基准地价公告之日至裁决时该土地的利用计划、邻近土地地价变动、物价上涨等因素，确定补偿金额”。对于其他区域土地的补偿，“参考邻近类似土地的交易价格确定地价”。[①] 俄罗斯《联邦土地法》第55条规定，征收土地，应“等值赔偿地块价值”，第57条规定“确定对土地所有权人的损失补偿，应考虑在作出关于征收决定前一日的财产价值”。澳大利亚昆士兰州《土地征收法》第20条规定，征地补偿“应根据土地被征收时其地产和权益的价值进行评估”；“对补偿数额进行评估时，土地所有权人在邻近被征土地的其他土地上权益的增值的，应进行抵销或削减”。印度《土地征收与安置法》对城市和农村土地的补偿进行了区分，规定“农村地区征地最终补偿额：市场价值 ×2+ 地上附着物补偿 + 精神安慰金（精神安慰金的数额等同于土地市场价值）”；“城市征地最终补偿额：市场价值 ×1+ 地上附着物补偿 + 精神安慰金”。其中，土地的市场价值按照以下标准中较高的标准确定：（1）1899年《印度印花税法》确定的某个地区土地交易的最低土地价值；（2）附近地区同类土地的平均销售价格（征地通知发布之前3年的平均价格）。如果根据上述方法仍不能确定土地的市场价值，有关邦政府应根据最相邻地区近3年同类土地的平均销售价格来确定征收土地的价格。在美国司法实践中，确定“合理补偿”的标

① 韩国在全国范围内选定了20000个标准地块作为基准地价区域，每年由建设部进行地价评定，并将评定的地价作为土地交易的参考依据和土地收购补偿的计算基准。基准地价是在综合参照邻近类似土地的交易价格、租金等的基础上，经评估测算得出单位面积土地的正常价格。

准是土地的“合理市场价格”。“合理市场价格”是由土地本身的用途决定，与土地被征收后政府如何使用没有关系。土地的市场价格在实践中通常通过以下三种方法来确定：一是该土地在近期市场交易中的价格；二是与该土地相似的或者可以比较的另外一块土地在近期市场交易中的价格；三是根据该土地实际或者潜在的租金计算价格。

第二节 我国土地征收补偿安置制度的历史、现状、问题及其完善

一、我国征地补偿安置制度的历史沿革与现行制度

新中国成立以来，我国土地征收制度共出台了七个关键性的法律文件，分别是：1953 年《国家建设征用土地办法》（以下简称 1953 年《征地办法》）、1958 年《国家建设征用土地办法》（以下简称 1958 年《征地办法》）、1982 年《国家建设征用土地条例》（以下简称 1982 年《征地条例》）、1986 年《土地管理法》、1998 年《土地管理法》、1998 年《土地管理法实施条例》、2004 年《国务院关于深化改革严格土地管理的决定》。

从上述法律文件规定的补偿安置的特点来看，可以将我国的征地补偿安置制度分为两大阶段：一是以前四部法律文件（1953 年、1958 年、1982 年、1986 年）为代表的计划经济时期的征地补偿安置制度；二是以后三部法律文件（1998 年、2004 年）为代表的市场经济时期的征地补偿安置制度。

（一）计划经济时期补偿安置制度及其特点

之所以将前四部法律文件的规定称为计划经济时期的征地补偿安置制度，是因为它们都具有以下两大共同特点。

一是土地补偿费和安置补助费标准非常低，体现了农业支援工业、农村支援城市、农民支援国家建设的特点。计划经济时期，土地不能进行交易，没有什么市场价值（只有使用价值）。因此国家规定的补偿标准也非常低。例如，1953 年《征地办法》规定的土地补偿费标准为最近 3 年至

5 年产量的总值，没有规定安置补助费；1958 年《征地办法》规定的土地补偿费标准将为 2 年至 4 年产量的总值，甚至规定被征用土地者认为不需要补偿的，可以不补偿，也没有规定安置补助费；1982 年《征地条例》和 1986 年《土地管理法》规定土地补偿费都是前三年平均年产值的 3 倍至 6 倍，安置补助费为前三年平均年产值的 2 倍至 3 倍，同时每亩耕地的安置补助费最高不超过其年产值的 10 倍；特殊情况下可以适当增加安置补助费，但土地补偿费与安置补助费的总和不得超过被征土地年产值的 20 倍。

二是都规定了带有明显计划经济特点的安置方式。虽然这四部法律文件规定的补偿标准很低，但在当时征地矛盾并不突出。除当时人们的思想认识因素外，一个最关键的因素就是计划经济特点的安置方式为绝大部分失地农民提供了较好的安置途径。这四部法律文件除规定为被征地农民提供新的土地进行安置外，都明确要求：当地政府应当会同用地单位等有关方面尽量为征地形成的剩余劳动力安排工作；集体土地全部被征的，被征地农民可以转为非农业户口或者城镇户口，从而享有城市居民可以享有的粮食供应、就业保障等待遇。这些安置方式在计划经济时期对被征地农民具有极大的吸引力。

（二）市场经济时期补偿安置制度及其特点

随着我国经济体制逐步向市场经济的过渡，土地的市场价值逐步体现出来，人们的市场意识也逐渐觉醒，同时由于市场经济主体的多元化和经营自主性的确立，国家统一安排工作的安置方式也越来越困难。原有的补偿标准和安置方式越来越不适应新形势发展的需要，征收土地如何进行补偿安置成为立法机关需要进一步慎重考虑的问题。虽然后三部法律文件的规定总体上都可归为市场经济时期的补偿安置制度，但从具体特点上也可将其划分为两个阶段：

1. 符合市场经济要求的征地补偿安置制度初步确立阶段：1998 年《土地管理法》及其实施条例。

为了适应市场经济逐步发展的需要，1998 年《土地管理法》及其实施条例在 1986 年的基础上，对征地补偿安置制度进行了较大的调整。

一是对土地补偿费和安置补助费的倍数标准进行了大幅提高。土地补偿费由 3 倍至 6 倍提高到 6 倍至 10 倍；安置补助费由 2 倍至 3 倍提高到 4 倍至 6 倍，最高不超过 10 倍提高到 15 倍；特殊情况下土地补偿费总和不得超过 20 倍提高到 30 倍。根据当时的利率水平，被征地农民将获得的补偿存入银行，大体可以获得与从事农业生产相当的利息收入。因此基本可保证被征地农民生活水平不降低。

二是安置方式上弱化了招工、就业，强化了货币安置和保险安置。明确规定：对需要统一安置的人员，由集体经济组织通过调整土地等方式安置，或者其他单位安置（即安排就业）；对不需要统一安置的，安置补助费发放给被安置人员个人或者经其同意后支付被安置人员的保险费用。

2. 符合市场经济要求的征地补偿安置制度进一步完善阶段：2004 年《国务院关于深化改革严格土地管理的决定》及其配套政策文件。

1998 年制定《土地管理法》及其实施条例时，我国市场经济还处于市场经济体制建立初期，土地市场发育还不完善，土地供应主要以划拨方式为主，土地的市场价格还没有完全体现出来。随着市场经济的进一步发展，1998 年《土地管理法》及其实施条例的规定也逐步暴露出了一些问题。

一是随着银行利率的大幅降低和通货膨胀因素，征地补偿款的利息收入相应下降，难以获得与从事农业生产相当的收益。

二是我国迅速由计划经济向市场经济转轨，就业环境发生了变化，征地后就业安置难度越来越大，部分缺乏劳动技能的农民无法实现再就业；同时，随着 2002 年《农村土地承包法》的实施，中央文件多次明确强调土地承包关系的稳定性，实践中开始实行“增人不增地、减人不减地”的土地承包政策，这使得很多地区通过调整土地进行农业安置的方式也越来越困难。原有的就业安置、土地安置方式越来越向货币化方向发展。

三是城市土地市场迅速发展，特别是随着土地招拍挂制度的推行，级差地租和土地的增值收益越来越大，完全按原用途补偿的“年产值倍数法”没有充分考虑到被征土地的区位、经济社会发展水平、土地供求状况以及级差地租等因素，将土地因用途改变带来的增值收益完全排除在了补偿范围之外，补偿标准明显偏低。补偿标准低下再加上安置的货币化，使得被征地农民缺乏稳定的生活来源，难以实现其生产生活水平不降低、长远生计有保障。

四是在实际操作中，由于“年产值”及其“倍数”标准具有较大的主观性和任意性，出现了许多不规范现象，也引发了大量的社会矛盾和纠纷。

五是现实中一些经济发达地区尤其是城乡接合部的征地补偿费用实际上已经远远超过法律规定的最高限额（如杭州、成都城市郊区的征地补偿费用已达到20—30万亩），年产值倍数法无法满足这些地区尤其是城乡接合部的补偿需要。

为了进一步适应市场经济发展需要，国务院于2004年出台了《国务院关于深化改革严格土地管理的决定》（国发〔2004〕28号），在年产值倍数法的基础上提出了“统一年产值标准或区片综合地价”。2005年原国土资源部发布了《关于开展制订征地统一年产值标准和征地区片综合地价工作的通知》（国土资发〔2005〕144号），规定：东部地区城市土地利用总体规划确定的建设用地范围，应制定区片综合地价；中、西部地区大中城市郊区和其他有条件的地区，也应积极推进区片综合地价制定工作；其他地区可制定征地统一年产值标准。

根据国土资发〔2005〕144号文的规定，统一年产值标准是在综合考虑被征收农用地类型、质量、等级、农民对土地的投入以及农产品价格等因素的基础上，以前三年主要农产品平均产量、价格为主要依据测算的综合收益值。征地补偿费用在统一年产值标准的基础上，根据土地区位、当地农民现有生活水平和经济社会发展水平、原征地补偿标准等因素确定相应的土地补偿费和安置补助费倍数进行计算。区片综合地价是指在城镇行政区土地利用总体规划确定的建设用地范围内，依据地类、产值、土地区位、农用地等级、人均耕地数量、土地供求关系、当地经济发展水平和城镇居民最低生活保障水平等因素，划分区片并测算征地综合补偿标准（不含附着物和青苗补偿）。其他有条件地区，也可以制定区片综合地价。

2010 年原国土资源部下发的《关于进一步做好征地管理工作的通知》（国土资发〔2010〕96 号）进一步明确，各省、自治区、直辖市要全面实行征地统一年产值标准和区片综合地价，并每 2 至 3 年对标准进行调整，逐步提高征地补偿水平，未及时调整的，不予通过用地审查。

目前，全国绝大多数省、自治区、直辖市都已经公布实施了综合区片价或者统一年产值标准。其中，天津、河北、黑龙江、上海、山东、河南、广东、重庆、辽宁等地方规定全部按照综合区片价补偿；山西、福建、海南、四川、江苏、湖南等地方规定全部按照统一年产值标准补偿；内蒙古、陕西、青海、浙江、安徽、江西、湖北、广西、贵州、云南、甘肃等地方则分近郊区、远郊农业区分别按照综合区片价和统一年产值标准补偿。

二、当前征地过程中反映的突出问题

从各方面反映的情况看，当前征地过程中存在的突出问题主要集中在征地范围、补偿安置、征地程序和违法违规用地四大方面。

（一）征地范围方面

目前，理论界对于我国征地制度最大的诟病，就是认为我国征地制度没有严格界定公共利益，导致除集体外几乎所有的生产建设活动，都必须通过征地来获得土地。《土地管理法》第 43 条关于“任何单位和个人进行建设，需要使用土地的，必须依法申请使用国有土地；但是，兴办乡镇企业和村民建设住宅经依法批准使用本集体经济组织农民集体所有的土地的，或者乡（镇）村公共设施和公益事业建设经依法批准使用农民集体所有的土地的除外”的规定，使得宪法和土地管理法关于“国家为了公共利益的需要，可以依法对土地实行征收或者征用并给予补偿”的规定成为空文。

（二）安置补偿方面

一是征地补偿标准过低。《土地管理法》第 47 条规定，征收土地的，按照被征收土地的原用途给予补偿。征收耕地的补偿费用包括土地补偿费、安置补助费以及地上附着物和青苗的补偿费。其中，土地补偿费和安置补助费的总和不得超过土地被征收前三年平均年产值的 30 倍。我国平均土地年产值标准大约在 1500 元 / 亩左右，按照此标准，全国平均每亩土地的征地补偿费用仅仅在 4.5 万元左右。这不仅难以实现保证被征地农民“原有生活水平不降低、长远生计有保障”的要求，甚至还不足以保证被征地农民的原有生活水平。

二是拖欠和截留征地补偿费用或者征地补偿费用分配不公。个别地方政府和基层组织不及时、足额向被征地农民支付征地补偿费用，而是想尽种种办法予以拖欠和截留。此外，征地补偿费用在集体经济组织内部分配不公也引发了不少矛盾。

三是失地农民的安置保障不到位。个别地方政府忽视对失地农民的安置保障工作，导致产生大量“无土地、无工作、无社保”的“三无农民”。在社保方面，有的违背农民意愿将征地补偿费用用于社保；有的社保办理不透明、不公开，一些村干部及其家属往往享受较高的保障标准。

四是补偿标准的不一致引发不满。大中型水利、水电工程建设与普通建设项目的征地补偿标准、社保安置不一致，一些线性工程跨行政区域的补偿标准不一致，在某些地方引起了被征地群众的上访；此外，实行统一年产值或区片综合地价以来，有的地方征地补偿标准调整前后差距太大，也引发相邻区域一些原被征地农民的不公平感，要求补足征地补偿差额。

（三）征地程序方面

一是征地程序不公开、不透明，剥夺了被征地农民的参与权和知情权。例如，有的群众反映，在未召开村民大会，也没有发布征地公告的情况下，其承包地即被强行征收。

二是征地工作简单粗暴，在未达成补偿协议的情况下即暴力拆迁、征地，造成被征地农民的人身伤亡和财产损失。如有的群众反映，政府在夜里老百姓不知情的情况下，动用推土机将地方附着物强行推掉，有的还出动武警和公安民警，强行征地，甚至唆使流氓地痞殴打群众。

（四）违法违规用地方面

一是以租代征，通过出租（承租）、承包等方式非法占用农地搞建设；二是少批多占，擅自扩大项目占地规模、扩大开发区面积，以各种名义新设各类开发区、工业集中区等；三是未批先占先用，未取得建设用地的审批手续就先行征地、供地、施工建设；四是私改土地地类，违法报批；五是违反程序审批征地；六是被征土地长期荒芜不让农民耕种，以及以旧村改造为名，强行征占农民房屋的新型违法情况等。目前的问题是对征地实施过程中这些违法违规用地问题的监管还不到位，需要从执法和立法两个方面进一步强化执法监察和处罚力度。

三、完善土地征收制度的各项争论

有人说，立法就像走钢丝，手里的平衡杆稍有不平衡就会跌落下来。《土地管理法》的平衡杆一头是“保障经济发展，推进城镇化、工业化”，另一头是“保障被征地农民利益，维护社会和谐稳定”。稍有不慎，要么是保护私权过度影响我国经济发展，要么是保证了经济效率却损害了群众利益。因此，如何在二者之间寻求合理平衡，非常艰难。这一难题具体表现在征地制度设计的以下方面。

（一）关于征收农村集体土地的范围

关于征收农村集体土地的范围，涉及公共利益的界定问题，这个问题争论了多年，特别是在《物权法》制定过程中反复讨论最终也没有明确规定。对此，全国人大法工委在《物权法释义》一书中解释说：“在不同领域内，在不同情形下，公共利益是不同的，情况相当复杂，物权法难以对公共利益做出统一的具体界定，还是分别由土地管理法、城市房地产管理法等单行法律规定较为切合实际。”对于如何界定公共利益，目前主要有三种观点。

第一种观点认为，公共利益没有办法界定清楚，应当向《物权法》一样作原则规定，是不是公共利益应当在具体情景中去分析。例如，美国法律就没有界定公共利益，而是由法院根据具体经济社会背景、具体项目情况去论证。

第二种观点认为，应当详细列举，明确界定公共利益，以限制有的地方政府滥用征收权力，侵害农民群众的利益。

第三种观点认为，应当通过规划加用途来界定公共利益范围比较合理，即在土地利用总体规划确定的城镇建设用地范围内（俗称圈内），对征收土地的目的作原则性规定；在土地利用总体规划确定的城镇建设用地范围外（俗称圈外），对征收土地的目的作具体列举规定。理由是，对于圈内土地，根据宪法关于“城市土地属于国家所有”的规定，规划圈内的土地要建为城市，必须国有化，因此实施规划就可以征收土地。而对于圈外的土地，根据党的十七届三中全会关于允许集体建设用地流转用于非公益性项目的精神，应当明确只有进行军事设施、国家机关办公用房、社会公益事业、市政公用设施、能源交通水利等基础设施等公益性项目才可以征收土地。

目前看来，根据《物权法》将公共利益的具体界定交给单行法律规定的初衷，第二种观点或者第三种观点似乎更为可取。但在具体列举哪些事项上，又存在很大争议。一种观点认为，应当仅将纯公益性或非经营性的军事设施用地、国家机关用地、社会公益事业用地、市政公用设施用地、能源交通水利等基础设施用地等用地项目列举为公共利益；另一种观点认为，按上述意见界定公共利益范围太窄，将对我国工业化、城镇化造成重大影响。我国目前作为发展中国家，工业化、城镇化对国家发展来说非常重要，工业化、城镇化的需要至少在现阶段还不能被排除到公共利益的范围外，因此，应当将“因公共安全、环境保护、区域发展等需要，对城镇建设用地范围内的土地进行成片开发建设”，也视为公共利益。

因此，成片开发是否作为公共利益，是确定土地征收范围的关键。反对的意见认为，成片开发中有大量的非公共利益，如商业、房地产项目，在理论上无论如何也不能称其为公共利益；同时，如果成片开发视为公共利益，那么这样的公共利益界定事实上与之前没有任何差别。支持的意见认为，成片开发应当视为公共利益，主要理由：一是利益难以平衡。成片开发中公共利益项目与非公共利益项目呈现出网络形态的互相交叉，如果严格区分，那么将导致公共利益项目用地和非公共利益项目用地存在巨大的利益差异，这将使得公共利益项目无法获得所需土地。二是城市化成本无法承担。有人也许提出，公共利益项目征地可以参照非公共利益土地的价格，这样就可以解决利益悬殊的问题。但这样的结果，意味着政府需要另外从税收收入中拿出巨额的资金，来实施公共利益项目征地。这样的征地成本，在快速城市化进程中，没有哪一个政府能够承担。

（二）关于征地补偿安置

征地补偿安置是征地制度的关键。在补偿标准的核定基准、同地同价的落实、补偿计价时点、补偿标准调整的幅度、征地补偿费用分配、留地安置等问题上，各方存在很大分歧。

1. 关于补偿标准的核定基准

制定补偿标准，首先要论证以什么为基准计算补偿。对此目前有三种观点：第一种观点认为，应当以土地被征收后的新用途为基准计算补偿标准，以解决补偿标准过低的问题，同时还能防止地方政府“以地生财”；第二种观点认为，应当以原用途为基准计算补偿标准，目前最高不超过30倍的补偿标准过低，可以通过提高补偿的最高倍数来解决；第三种观点认为，简单按原用途补偿或者按新用途为基准计算补偿都不可行，应当综合考虑地类、产值、土地区位、农用地等级、人均耕地数量、土地供求关系、当地经济发展水平和城镇居民最低生活保障水平等因素来核确补偿标准。每种观点都有一定道理，但也都有其缺陷或者困惑。

（1）对于第一种观点，按新用途补偿可以大幅提高经营性土地的补偿标准，减少经营性用地项目土地征收的矛盾。但也会造成新的问题：一是按新用途补偿不符合公益性用地和非公益性用地征地同地同价的原则，会出现同一地块的不同部分或者相邻地块因用途不同补偿悬殊的情况（例如，某一地块一部分用来建市政公用设施，一部分用来建商品房，按照新用途补偿将会出现巨大差距），将引发更大的社会矛盾；二是被征收土地的用途可能因城市规划的调整而发生变化，使得补偿标准更加难以确定化。反对按新用途补偿的意见还认为，土地与粮食等商品不同，土地是不动产，是稀缺资源，其涨价是级差地租造成的，与区域开发投入和整个社会经济活动的影响有关，与劳动投入关系不大，土地涨价完全归土地所有者会造成极大的社会不公，而且按照原用途补偿是世界各国的通行做法。再加上我国实行土地用途管制，任何人不能随意将农用地变为建设用地，征收农用地应当主要按照农地用途给予补偿。

（2）对于第二种观点，补偿标准的计算基准比较明确，符合马克思关于按照年收入的若干倍计算土地价格的地租理论，而且以原用途为计算基准提高倍数可以在一定程度上解决补偿标准过低的问题，但也有两个困惑：一是马克思关于按照年收入的若干倍计算土地价格是地租资本化的另一种表现的论述，是以不改变土地用途为前提的。土地征收常常要改变土地用途，与马克思论述的情况不同。二是要提高到多少倍合适呢？全国经济发展水平虽然差距很大，但在农业用途上，耕地的年产值差距并不是很大，大体都在 1000 元 / 亩—2000 元 / 亩。然而一些中心城市的征地补偿费用最高已达到数十万元（例如，杭州最高为 27 万元，广州最高为 25.9 万元，昆明最高为 25.1 万元，天津最高为 22 万元，青岛最高为 19.3 万元），即使是 2000 元 / 亩，也是上百倍。《土地管理法》如果将最高倍数明确提高到 100 倍，那将对不发达的地区土地征收和公共建设产生多大影响还有待论证。

（3）对于第三种观点，综合考虑多种因素确定补偿标准试图在原用途与新用途之间找到一条中间道路，这个思路符合《国务院关于深化改革严格土地管理的决定》的规定，也是当前各地正在推行的实践做法，但在具体操作中也有相当难度，如何在多种因素的综合平衡下算出一个公平合理的标准很不容易，而且缺乏一个明确具体的计算土地价格的基准，其不确定性就会较大，在实践中容易被人钻空子，从而导致被征地农民权益受损。因此，如何解决其随意性较大问题，是个困惑。

2. 关于同地同价的落实

党的十七届三中全会决定提出，依法征收农村集体土地，要按照同地同价原则及时足额给农村集体组织和农民合理补偿。同地同价通常被解读为在相同条件或者类似条件的区域范围内，无论公益性用地，还是经营性用地，应当执行相同的补偿标准。这里有两个问题：一是“相同条件或者类似条件的区域范围”如何确定，是多大的范围；二是相同的补偿标准应当是按经营性用地价格规定一个高标准，还是按公益性用地价格规定一个低标准。第二个问题属于补偿标准的核定基准问题，前面已经阐述，这里主要讨论一下第一个问题。

同地同价在逻辑上有个难以回避的矛盾，除非全国所有地区都规定相同的补偿标准，那么在人为划定的地域范围交界的地方，必然会出现同地不同价的情形。实践中遇到有的上访群众反映，同样是征地，他们村每平方米补 60 元，而隔条马路对面的另一个村却每平方米补 80 元，凭什么？你可以解释说他们的地“不同”，可老百姓不理解了，就隔一条马路，能有什么区别。这一问题在线性工程跨行政区时表现得尤为明显。

其实这是所有以一定地域范围界定某种标准时都无法回避的难题，如死亡赔偿、工伤保险，其标准界定都面临同样的难题（同命不同价）。只能通过让相邻“区片”补偿标准平缓过渡，不要大起大落的方式来缓和矛盾。

3. 关于补偿标准的计价时点

征地过程是一个比较漫长的过程，从动议到最终实际占用，一般需要一两年，有时甚至可达四五年，在此过程中，征地补偿标准可能会发生调整。因此，应当按照什么时间节点的补偿标准为准进行补偿，也存在争议。第一种观点认为，应当以土地征收决定生效之日的标准为准，因为这个时候土地征收才发生效力；第二种观点认为，应当以征地补偿协议签订之日的标准为准，因为在协议中就需要明确补偿的具体标准；第三种观点认为，应当以土地实际占用之日的标准为准，因为土地未占用前，可能一直由农民使用，以土地实际占用之日的标准为准可以减少矛盾。《土地管理法》按照什么时点的标准计价补偿，还需要进一步研究。

4. 关于补偿标准调整的幅度

大家都承认要提高补偿标准，提高标准当然是好事，可一下提高太多，也可能引发矛盾。实践中有的地区（如苏州）因为突然提高太多，结果引发了相邻区域内以前被征地农民的强烈不满。因此，虽然提高标准是方向，但也应当渐进提高调整，通过每两三年的轮动逐步提高。

5. 关于征地补偿费用的分配

从实践中了解的情况看，征地补偿费用在分配上也存在不少矛盾，主要可以分为三种类型：第一种是村集体经济组织与被征地农民之间对土地补偿费的归属问题的矛盾；第二种是村集体经济组织内部分配不公引起的矛盾；第三种是村委会成员贪污、挪用征地补偿费用等腐败行为引起的矛盾。

《土地管理法实施条例》规定土地补偿费归农村集体经济组织所有。《物权法》第 132 条、《农村土地承包法》第 16 条规定，承包地被征收的，土地承包经营权人有权依法获得相应的补偿。根据全国人大法工委在《物权法释义》（第 301 页）一书中的解释，土地补偿费是给予土地所有权人和用益物权人（承包人）的投入及造成损失的补偿，应当归土地所有权人和用益物权人所有。问题在于，土地补偿费到底多少应当归集体，多少应当归承包人，法律并无明文规定。实践中交给村集体经济组织内部通过村民自治的方式解决，结果产生了不少矛盾。

对于第二个问题，目前《土地管理法》没有规定，但实践中我们也遇到很多这类情况，征地补偿款足额支付给村集体了，在内部分配的时候，由于分配不均，产生了矛盾。但《土地管理法》如何对集体经济组织内部的分配进行规定，涉及与《村民自治法》的关系，也是很困惑的问题。

6. 关于留地安置

留地安置是部分地方随着征地制度改革的推进，在实践中逐步探索出来的一种新的征地补偿安置的补充方式。具体做法是将一定面积比例的征收土地的建设用地使用权划拨给集体经济组织或者被征地农民，将其作为被征地农民的生产安置用地，用于发展二、三产业，用于工业或其他经营性项目，如建设标准厂房、农贸市场、商铺、餐饮酒店、商业用房、综合大楼等。留用地使用权确认给集体经济组织的，可以将留用地折算成股份量化到集体经济组织的每个成员。通过留地安置，农民可以获得租金、薪金或者股金。

留地安置问题也存在争议，对于使用权返还给村集体或者农民的这部分土地，政府是否需要支付土地补偿费和安置补助费，或者说能否用这部分建设用地使用权的价格抵扣土地补偿费和安置补助费。一种意见认为，不应当抵扣，虽然这部分土地还是集体或者农民在使用，但土地所有权发生了转移；另一种意见认为，应当抵扣，理由：一是这是国外的通行做法（如日本）；二是从法律关系上看，虽然留用土地是划拨给村集体或者农民使用，不需要收取土地出让金，但征地成本仍应当由用地单位支付，一进一出正好抵扣。

（三）关于征地社会保障

将被征地农民纳入社会保障体系，是2004年《国务院关于深化改革严格土地管理的决定》下发以来逐步探索和完善的新型安置措施。目前，全国已有29个省、自治区、直辖市下发了专门的征地社保文件，建立了征地社保制度。有的地区直接将被征地农民纳入城镇职工养老体系（如北京），有的则参照城镇职工养老保险的最低档（大约每月500元）为被征地群众参保（如四川、重庆），大部分地区则参照城镇低保水平（大约每月200元）为被征地农民参保。

为被征地农民建立社会保障体系解决了被征地农民的长远生计和后顾之忧，但如何建立被征地农民社会保障体系，目前在以下几个方面的问题上还存在争议：一是征地社会保障的对象如何确定；二是征地社会保障的资金应当如何筹集；三是征地社会保障作为征地审批的前置条件，如何在法律中体现。

1. 关于征地社会保障的对象

《关于做好被征地农民就业培训和社会保障工作的指导意见》（国办发〔2006〕29号）规定，被征地农民社会保障工作的对象主要是因政府统一征收农村集体土地而导致失去全部或大部分土地，且在征地时享有农村集体土地承包权的在册农业人口，具体对象由各地确定。

对此，一种意见认为，将征地社保对象限定在失去全部或者大部分土地的被征地农民是合理的，对于剩余土地还比较多的农民，不应当纳入征地社保范畴。另一种意见认为，首先将失地最多的这部分农民纳入征地社保体系没有问题，但这种方法对于那些部分土地被征的农民而言不太公平，特别是还差一点点达到“大部分”标准的情况（如一半土地被征），容易引发矛盾。因此，应当将征地社保标准系数化，按照被征地数量的比例，为被征地农民建立社保（如果全部被征的是500元标准，那么征一半的则为250元标准）。

2. 关于征地社会保障的资金来源

国办发〔2006〕29号文规定，开展被征地农民社会保障所需资金从当地政府批准提高的安置补助费和用于被征地农户的土地补偿费中统一安排，两项费用尚不足以支付的，由当地政府从国有土地有偿使用收入中解决。

对此，一种意见认为，征地社会保障资金主要从土地补偿费和安置补助费中安排是有道理的，土地补偿费和安置补助费已经对土地的所有权和农民的安置进行了补偿，建立征地社会保障只是将其中的一部分钱提取出来作为农民未来生活的保障，并不是额外的补偿。另一种意见认为，征地社会保障所需资金不应当从土地补偿费和安置补助费中支付，应当由国家或者用地单位另外拿出资金为被征地农民支付。

3. 关于征地社保的程序保障。

党的十七届三中全会提出，要做好被征地农民社会保障，做到先保后征，使被征地农民基本生活长期有保障。对于如何落实“先保后征”的要求，主要有两种意见：一种意见认为，有征地审批权的人民政府应当在作出批准决定前，对被征地农民社会保障落实情况进行审查，没有落实的，不予批地；另一种意见认为，应当明确社会保障部门在征地程序中对征地社会保障落实情况的审查职责，避免出现弄虚作假。

（四）关于征地程序

目前，在征地程序问题上，主要有两个方面的问题存在争议：一是成片开发的征收程序要不要作特殊规定；二是要不要规定土地征收行政强制执行。

1. 关于成片开发的征收程序

一种意见认为，因公共安全、环境保护、区域发展等需要，对城镇建设用地范围内的土地进行成片开发建设征收农村集体土地，与城市政府组织实施的旧城区改建征收国有土地上的房屋性质类似，其中都可能既包含公益性项目，也包含经营性项目。因此，也应当对成片开发建设征收农村集体土地的程序进行特别限制，明确规定必须经一定比例（如 2/3 以上）的被征收人同意，才可以征收。另一种意见认为，《国务院关于深化改革严格土地管理的决定》及其相关配套文件已经对征地程序进行了完善，包括征地批准前的书面告知被征地农村集体经济组织和农户拟征收土地的情况，对拟征收土地进行调查并由农村集体经济组织和农户确认征地调查结果，告知被征地农村集体经济组织和农户有权要求听证；征地批准后的在被征地乡村公告征地方案；办理征地补偿登记；公告补偿安置方案，听取被征地农村集体经济组织和农户意见，即现行土地管理法的“两公告一登记”制度等，已经能够在程序上保证被征地农民的知情权、参与权。而且，农村集体土地所有权主体不是农民个人而是农村集体经济组织，征求被征地农村集体经济组织的意见实质上已包含了 2/3 以上农村集体经济组织成员或者村民代表同意的问题。

2. 关于行政强制权

一种意见认为，应当规定国土资源主管部门在征收农村房屋和构筑物时的行政强制执行权；另一种意见认为，目前在司法强制执行的情况下，仍引发不少矛盾和诸多问题，再新设国土资源主管部门在征收农村房屋和构筑物时的行政强制执行权需要慎重研究。

总之，在征地这个问题上，有国家发展的利益、地方政府的利益、开发商的利益、集体经济组织的利益，还有被征地农民的利益，被征地农民内部因不同区域、不同时段、不同用途等因素利益诉求又不同。如何将这些利益摆布平衡，是我们必须认真研究的重大课题。

四、中国土地征收问题的特殊性

关于土地征收的争论非常多，在讨论问题的解决方案之前，我们首先需要对中国土地征收问题所面临的特殊性背景加以认识，只有从中国实际出发，才能找到解决中国实际问题的具体办法。这些特殊性背景包括以下三个方面。

一是快速工业化、城镇化的历史阶段。我国目前仍处于快速工业化、城镇化的发展阶段，作为后发国家，我国实行的是国家主导型的发展战略。这一历史背景决定了目前在公共利益问题上，不能过于狭隘。事实上，各国在高速发展阶段，都将整体的城市建设和发展、更新作为公共利益。

二是土地公有制的宪法前提。我国宪法规定，城市土地属于国家所有，农村和城市郊区的土地属于集体所有。这种土地公有制不可能调整、改变，是土地征收制度改革的底线。集体由于其成员的封闭性无法容纳非集体外来人口，集体经济组织需要与社区脱钩，因此必须进行股份制改造方可继续存在。因此，传统意义上作为土地所有权主体的集体在城市化过程中必然趋于消亡。另一方面，土地公有制下，土地所有权不能进行买卖，因此不能简单参照国外按照土地原用途市场价进行补偿。

三是人均土地资源的巨大差异。不同地区之间，农村与城市郊区之间，人均土地资源差异巨大。多的人均土地可达数十亩，少的只有人均几分地。这意味着不能简单按土地价格补偿，要让农民分享发展成果，长远生计有保障，必须重点构建被征地农民社会保障制度。

五、完善土地征收制度的基本思路

根据以上分析，完善我国土地征收制度，可以从以下几个方面入手。

（一）关于公共利益

可以参照《国有土地上房屋征收与补偿条例》第 8 条“为了保障国家安全、促进国民经济和社会发展等公共利益的需要，有下列情形之一，确需征收房屋的，由市、县级人民政府作出房屋征收决定：（一）国防和外交的需要；（二）由政府组织实施的能源、交通、水利等基础设施建设的需要；（三）由政府组织实施的科技、教育、文化、卫生、体育、环境和资源保护、防灾减灾、文物保护、社会福利、市政公用等公共事业的需要；（四）由政府组织实施的保障性安居工程建设的需要；（五）由政府依照城乡规划法有关规定组织实施的对危房集中、基础设施落后等地段进行旧城区改建的需要；（六）法律、行政法规规定的其他公共利益的需要”的规定，将其中第 5 项的“旧城区改建”替换为“城市规划区内成片开发建设”。

（二）关于征地补偿安置

征收土地应当对被征地农民集体和农民给予公平补偿，并对被征地农民的住宅、就业、社会保障作出妥善安排，保证被征地农民的生活水平有提高、长远生计有保障。

在土地补偿方面，既要考虑被征收土地原用途年产值的因素，又要综合考虑土地区位、供求关系、经济社会发展水平等多种因素，特别是被征地农民社会保障的因素。

在住房补偿方面，在住房及地上附着物的补偿上，可以遵循市场原则。对城市规划区内的被征地农民提供国有土地上的房屋并发给房屋所有权证书，无法提供国有土地上房屋的按照市场价给予货币补偿；城市规划区外安排宅基地重建住房并按照新建房屋成本给予补偿。

在社会保障方面，给就业困难的被征地农民享受城镇就业困难人员在就业指导、技能培训和就业介绍等方面的优惠政策；在补偿资金中增加社保补贴资金，记入被征地农民养老保险个人账户，使他们享受更高水平的养老保障，有条件的地方应当将被征地农民纳入城镇职工养老保险体系。

（三）关于征地程序

应当依照合法、公正、公开的原则制定严格征地程序的规定。明确补偿资金不落实的，不得批准和实施征地。加强对政府征地行为的约束，保证被征地农民在征地批准前和实施过程中的参与权、话语权，坚持“先补偿安置，后实施征地”。其中，由于成片开发不同于一般纯公共利益征地，可以增加多数决的同意规则，即达到2/3或者80%以上的被征地农民同意，方可实施。明确被征地农民申请行政复议或者提起行政诉讼的权利，建立对市县级政府违法违规征地行政问责制度，切实保障农民的合法权益。

第六章

土地税收

第一节 | 土地税收的性质和功能

一、土地税收的性质

（一）税收的法律特征体现为强制性、无偿性和固定性

税收强制性一般均理解为国家征税是依据国家主权，以法律、法令形式加以规定，纳税人必须依法纳税，税务机关必须依法征税，否则就是违法；税收无偿性是指国家征税后，税款便为国家所有，不再直接归还给纳税人，也不直接支付任何代价；税收的固定性是指国家在征收税收前就以法律形式规定征税对象和征税比例或数额，任何人不得随意改变。土地税收也具有税收“三性”的基本性质。

（二）土地税收的行为性质

对于土地税收的行为性质，现有文献主要有三种不同的观点：行为税、资源税、兼有行为税与资源税的属性。此外，还有文献将土地税收界定为财产税、农业税等。

1. 行为税观点

部分学者认为土地税收属于行为税。行为税是指以某些特定行为为征税对象的一类税。在我国，凡不能列入流转税类、所得税类和财产税类并且针对某种特定行为所征收的税，都归为行为税类。目前，在我国属于行为税类的主要有：印花税、耕地占用税等。以耕地占用税为代表的土地税制具有行为税的特点。此外，土地税收以占用土地资源的行为作为征收对象，体现“寓禁于征”的设税目的，应属行为税。按照税收分类属性，属

于对单位和个人建房或者从事其他占用土地的行为征收的税。

此外，还有部分学者将土地税收界定为特定目的税，实际上也属于行为税的范畴。我国税收体系中除流转税、所得税、资源税和财产税外，还有一些在税收收入中所占比重很小，居于次要地位的税种，如专门为特定目的而征收的土地增值税、城市维护建设税、耕占税等。认为特定目的税类主要是为了达到特定目的，对特定对象和特定行为发挥调节作用而设置，以便于利用税收的作用达到调节的目的。

2. 资源税观点

还有部分学者认为，土地税收属于资源税。在我国现行的税制下，资源税的课税对象仅包括六类矿产品和盐。而不少学者根据资源课税的特性，主张将耕占税等土地税收其他税种也并入广义资源税的范畴中。其认为资源税是对自然资源征税的税种的总称。城镇土地使用税、土地增值税、耕地占用税等土地税收，这些税种主要是对土地资源征收的税种，应属于资源税。从广义上来讲，主要包括土地使用税和土地占用税，土地使用税和耕占税是对土地资源征税。我国目前对资源产品的税收调节范围窄、税负轻，除对矿产品、盐征收资源税外，仅对房地产转让收入征收土地增值税，对城镇土地资源的使用征收土地使用税，对农村耕地占用征收耕占税。征收资源税可以保护特殊土地资源，如国家通过征收耕占税，运用税收手段，加强土地管理，减少占用耕地行为，以保护农用土地资源。

3. 兼具行为税与资源税的观点

除了上述两种对土地税收的明确定位之外，部分学者认为土地税收兼具资源税与特定行为税的属性。以耕占税为例，耕占税以所占用的耕地为课税对象，属于土地资源税范畴，具有资源税性质；耕占税又是对占用耕地建房或从事其他非农业建设的特种行为征税，具有行为目的税性质。其对占用耕地建房或从事其他非农建设的单位和个人，按其实际占用的耕地面积征收的一种税，它属于对特定土地资源占用课税。它以约束纳税人占用耕地的行为，促进土地资源的合理运用为课征目的，除具有资源占用税的属性外，还具有明显的特定行为税的特点。从资源税调节级差收入的功能定位分析，我国土地税收以建房或从事其他土地资源为课税对象，具有一定的行为税课税性质，同时它又可有效调节不同地区土地资源级差收入，兼具资源课税的性质。

（三）土地税收改革的时代背景

1. 适应经济发展方式转变

伴随着经济增长、产业结构调整，我国土地利用结构发生了巨大变化，大量土地从农业部门转移到非农产业部门，耕地资源急剧减少。改革开放以来高速的农地资源非农化，一方面，会增加建设用地和非农劳动力的供给，从而成为经济增长的推动力量；另一方面，会造成粮食减产和生态环境退化等问题，威胁国家的粮食安全和生态安全，成为我国经济社会可持续发展的重要障碍。2013 年 12 月 30 日发布的《关于第二次全国土地调查主要数据成果的公报》中明确指出："人均耕地少、耕地质量总体不高、耕地后备资源不足的基本国情没有改变。同时，建设用地增加虽与经济社会发展要求相适应，但许多地方建设用地格局失衡、利用粗放、效率不高，建设用地供需矛盾仍很突出。"因此，我国应切实转变大量浪费和占用耕地、粗放利用土地资源的经济发展方式，大力推进资源节约、环境友好的生态文明建设。

作为土地资源利用的税收，土地税收在转变当前我国粗放型经济发展方式的过程中扮演着重要角色。改革和完善我国现行的土地税收制度，是资源环境瓶颈制约日益加剧的形势下，加强土地资源的合理利用和有效保护、转变粗放利用土地资源的经济发展方式、推进生态文明建设的客观要求。

2. 城市化发展转型的需要

中国正在积极推进的城市化无论对于中国还是对于世界都具有非常重

要的意义。城市化吸纳了大量的农业劳动力转移就业，提高了城乡生产要素的配置效率，中国的城市化不仅伴随着经济结构的巨大变化而且还伴随着社会结构的深刻变革。中国需要推进城市化转型发展，走新型城市化的道路，以解决城市化进程中存在的一些问题。

走新型城市化之路必须“四化同步”，即工业化、城市化、信息化和农业现代化同步推进，必须深入推动信息化与工业化深度融合，工业化与城市化良性互动，城市化和农业产业化相辅相成。从具体措施角度考虑，在改革完善城市化发展体制机制上，指出推进新型城市化必须统筹推进人口管理、土地管理、财税金融、城镇住房、行政管理、生态环境等重点领域和关键环节，要逐步破除城乡二元结构及城市内部的二元结构矛盾，通过改革释放发展的潜力，为新型城市化注入活力和动力。

因此，实现土地城市化，要让城市规模扩张速度与人口增速相协调，集约用地。社会城市化，要让社会结构和管理方式适应社会阶层结构变化，化解社会矛盾，要使农村也享受到城市文明。发挥土地税收在城市快速扩张与集约用地、集体土地入市与耕地保护、土地利用效率与公平、土地溢价的归属等方面的重要作用。

3. 财税体制改革的客观需要

1994 年分税制改革初步理顺了中央和地方的财政关系，形成了中央政府主导型的财政体制。其将税收分为三大类：中央税、地方税和共享税，税源稳定、税基广、易征收的税种大部分划归中央，而地方税源一般则较为分散，征管难度大，征收成本高，同时还规定税收立法权集中于中央。

分税制改革使得税收收入大幅度向中央倾斜，同时，由于税收立法权的集中，以及中央对地方非税费用收入的规范与管制，地方政府的财政收入来源减少，其相对收入呈现出下降的趋势。由于在改革中央与地方政府之间财政收入分配的过程中，并未对各级政府间的事权划分进行相应的改革，造成了各级政府之间事权的越位与缺失，大量的基本公共服务被下放，基层政府承担着与其财力不相匹配的事权。面对财政收支缺口，地方政府会以各种不同的方式实施“非正式”的收入自主权，借助预算外收入来补充，尤其是归地方所有的土地出让金收入，由此催生了“土地财政”。出让土地带来的相关收入，在一定程度上缓解了地方政府财力不足的问题。但是，随着土地相关收入占地方财政收入比重的不断增加，地方政府对土地的依赖越来越强，地方财政收入结构发生了显著的变化。“土地财政”的发展，影响到地方财政的稳定及经济社会的有序运行，并带来高房价等社会经济问题。

党的十八届三中全会，提出了一系列深化财税制度改革的措施，为破解当前“土地财政”的困局指明了方向。党的十九大以来的中央系列文件指出，财政是国家治理的基础和重要支柱，科学的财税体制是优化资源配置、维护市场统一、促进社会公平、实现国家长治久安的制度保障。必须完善立法、明确事权、改革税制、稳定税负、透明预算、提高效率，建立现代财政制度，发挥中央和地方两个积极性。要改进预算管理制度，完善税收制度，建立事权和支出责任相适应的制度。

明确提出要加快房地产税立法并适时推进改革，加快资源税改革，推动环境保护费改税。推进税收制度改革，清费立税，推动消费税、资源税改革，做好房地产税、环境保护税立法相关工作；抓紧研究调整中央与地方事权和支出责任，逐步理顺中央与地方收入划分，保持现有财力格局总体稳定。

在深化财税体制改革的过程中，土地税制的改革和完善占有重要地位。首先，需要考虑土地税制内部如何优化、组合。例如，作为我国现行土地税制的重要组成部分，耕占税改革如何与房地产税的改革和立法工作相协调，对顺利稳妥推进整个财税体制改革意义重大。其次，作为地方税种，土地税在地方税体系中扮演何种角色，关系到中央与地方财政收入的划分等问题。

二、土地税收的功能

（一）政策功能

税收政策功能范围是税收政策作用能够得以发挥、税收政策能够取得成效的领域。税收政策不是无所不能的，相反，超出政策功能的有效范围，政策举措是没有收效的，反而可能产生不良效果。税收原理研究发现，税收政策对投资、产出水平、资源配置、结构调节以及社会再分配有直接的、显著的调节作用。土地税收在土地保护过程中发挥着重要的理论杠杆调节作用，这种理论杠杆作用表现为两方面：一是行为调节作用，即通过特定税额对占用土地行为进行约束；二是转移支付作用，即税收收入主要用于耕地保护工作及相关支出。

（二）行为调控功能

地方政府通过土地一级市场的开发、建设、储备和供应来实现城市化全流程的参与和控制，并通过土地用途转变和配套设施建设带来的增值溢价完成财富的积累。所以，地方政府已经成为土地用地主体，土地税收成为约束其占用行为以及规制其依靠“土地财政”发展城市建设这一不可持续行为的重要制度手段。在分税制下，土地税收实为中央政府与地方政府之间合约关系的主要体现。

土地税收过程中中央政府和地方政府具有的“委托—代理”关系的核心是交易费用导致的信息不对称，由于全流程监督这一交易费用太高，中央政府不能有效地对地方政府保护耕地的努力程度进行完全掌握。土地税收中合约的执行者是地方政府，所以，地方政府通过推理也可得知其比中央政府更具信息优势，导致其倾向于追逐具有明确性和便意性的考核指标，如地区生产总值和耕地保护数量。但经济发展和耕地保护在一定程度上是相互矛盾的，在内部消费动力不足的情况下，经济发展水平的提升需要依靠持续的资金，土地储备机制下形成的土地财政正是持续资本投入的重要组成，而这会促使地方政府进行土地占用。“占补平衡”的耕地保护刚性规则虽能确保数量指标，但却无法实现质量监督，这在一定程度上对地方政府的土地占用行为形成正向反馈，土地税收制度中现存的合约关系不但不能实现耕地的有效、切实保护，而且为地方政府提供了寻租空间。

（三）资金筹集功能

长期以来，我国地区经济发展不平衡，税制的设计应在统一税制的前提下，考虑到这种地区之间的发展不平衡，不能在税负水平、税种安排等方面都强求一致。税收政策的选择、税制的设计应有助于区域经济的协调发展。因此，对于土地税收，不能简单地从税源的大小来决定其价值。更要把它看作税源调控、财政收入、保护耕地的调节器和稳定器。

据统计，在经济发达的地区和不发达的地区，与土地有关的税收在地县级收入比例较高，分别占到了 42% 和 33%。但就具体所占的比例来看，出现了细微的区别。以耕占税为例，耕占税在县级政府和乡镇级政府的比例最高，分别达到了 49% 和 25%，地级和省级的该项占比显著减少。这说明，耕占税是基层政府的主要土地收入来源。在完善地方税制和减轻农村负担、费改税的过程中，县级政府以及乡镇政府责任加大，收入减少。此时，耕占税是一个保证政府基本财政收入，保证政府履行公共服务产品提供职能和管理职能的基本要求。

即使是在西部经济欠发达地区土地税收占收入比重低，也绝不能因为比重低而否定土地税收的制度价值。需要看到，土地税收比重低，主要是因为欠发达地区经济发展滞后，土地价值不高导致的征税基数小。随着国家开发西部，东部沿海地区进行产业升级，将会有越来越多的企业将目标转向西部。未来可预计的时间内，西部地区将面临土地价值持续增值和耕地保护压力增大的双重任务。因此，已有的土地税收将会在未来发挥更重要的调控作用和收入保障作用。

（四）维护社会公平与规范税制体系功能

在现代税收理念中，公平通常是指社会公平。而在现实中，税收原则事实上不仅包括社会公平，还包括经济公平。税收的经济公平包括两个层次的内容：首先是要求税收保持中性，即对所有从事经营的纳税人相同情况同等同待，创造一个公平竞争的环境。增值税的流行、公司税税率以比例税率为主等都是这种公平的体现。其次是对于客观上存在不公平的因素，如资源禀赋差异等，需要通过差别征税实施调节，以创造大体同等或说大体公平的客观的竞争环境。这两个层次，也相当于社会公平中的横向公平和纵向公平。

从纵向公平来看，将纳税能力作为公平标准，即应该按照一个人所能承受的负担来对该纳税人征税。对于土地而言，占有土地资源的主体，其收益和财富就越多，就应该缴纳更多的税。另外，拥有土地者，同样享受了政府提供的公共服务。也就意味着，拥有或占有土地越多的人，享受了越多的利益，享受到了较高的福利水平。因此，应该承担较高的税收，以实现纵向公平。

从税收横向公平的原则考虑，对财富课税并且课以重税才是合理的，均分土地财富是土地税收的一个最典型社会功能。同时，不动产税收可以承担的一个很重要的功能是不动产价值的溢价回收。政府将土地用途改变，导致土地价格上升。进而通过征收土地税，将一部分溢价归政府所有，并以公共产品的方式支付给农民。城市化和政府投资带来的土地价值增值是非常巨大和显著的，这也是土地税收独特的价值所在。

科学合理的税制设计是地方税制度运行的核心。一般而言，地方税制度要求设置多少地方税种，基本由两大因素决定：一是分税制量的规定，即地方政府承担的支出责任越大，要求地方课征的税种越多。换句话说，要由地方税收入规模来确定地方税种的设置。二是分税制质的规定性，即决定税种的性质，凡是不影响到全国经济稳定、全社会收入分配以及生产要素全国性流动的税种均适合作为地方税课征。由此，分税制的本质决定了地方税税基具有高度固定性特点。

总而言之，税制改革是有增有减的结构性改革，不是单纯的减税。新一轮税制改革在主体税种或主要税种减税的同时，还对辅助性税种实施增税措施，以及通过扩大某些税种的税基来增加税收收入，这是土地税收制度完善的理论基础和路径指引。正是这种有增有减的结构性调整，可以在促进经济结构优化，保证税收收入稳定增长的同时，实现公平。

税收是政府掌握的最适宜于市场经济环境的调节贫富差距的手段，应该将税收调节功能融入税制体系建设，让税制体系真正担当起调节贫富差距、构建和谐社会的重任。应区分收入差距产生的具体原因，对体制不合理造成的收入差距，关键是以政策和制度建设推动深化改革、机制转变，再配以必要的再分配调节手段，只讲调节，不注重制度建设是不行的。流转税比重过大、所得税比重过小的税制结构缺陷是造成税收公平分配功能弱化的直接原因，限制了税收公平分配职能的发挥空间。现行土地税制在调节收入分配方面过于注重对流转环节的调节，忽视对持有阶段的调节，这种重视交易、忽视持有的模式突出表现在土地税收制度上税目设置不完整、税率低、减免规定过多、级距小等特点。

第二节 | 土地税收的结构

土地税是财产课税体系中最重要的税种之一，亦是最早的税收形式。土地税是以土地为征税对象，对土地进行占有、使用、收益的主体缴纳的一类税的总称。而土地税法是调整国家与土地的占有者、使用者、受益者之间税收关系的法律规范的总称。

一、土地税的分类

由于时代的不同和经济发达程度的差异，各国土地税制各有不同。从计征标准和税种属性划分，可以将土地税分为三类：一是土地财产税，即以土地为课征对象，按土地的数量或价值为计税标准征收的土地税。分为从量课征和从价课征两种。前者分为面积税与等级税，后者分为土地原价税和土地增值税两种。二是土地收益税，是以土地收益额为计税标准的土地税。三是土地所得税，即对土地所有者、使用者因土地而产生的所得课征税收。现今各国的土地税，以土地财产税为主，且多是对土地价值征收的地价税；对地租课征的收益税也由国家征收；对土地所得课征的税，多将其归入所得税一并征收。因此我们所称的土地税主要是指土地财产税。

二、土地税制的内容

土地税制是以土地为课税对象的税收制度。从世界各国来看，土地税制包括三方面的内容：一是土地保有课税制。土地保有税是一定时期或一定时点上对个人或法人所拥有的土地资源课征的税。其目的在于平抑地价上涨，确保土地保有的负担公平，降低土地作为资产保有的有利性。二是土地有偿转移和增值课税制。对土地所有者的土地增值额课征的税称为土地增值税。土地增值可分为土地有偿转让增值与土地定期增值两种。其课税范围包括两种，一种是包括土地及建筑物增值的课税，另一种是只对土地的增值课税。三是土地取得和无偿转移课税制。土地取得税是对个人或法人在通过购买、接受赠与或继承财产等方式取得土地时课征的税。对于因购买换等有偿转移取得土地的情况多设置不动产购置税；对接受赠与或继承遗产等无偿转移取得土地的情况多设置财产移转税，包括遗产税、继承税和赠与税。

（一）国别间土地税收制度概览

1. 英国的土地税收政策

作为欧洲老牌资本主义国家，英国的城市化水平达到了 82%（2013 年），其国土面积有限，2005 年人均耕地面积仅为 0.095 公顷（1.42 亩）[①]，与我国人均耕地面积相近。在资源约束如此明显的背景下，英国在经济、社会及文化等多方面依然取得了骄人的成绩。在诸多原因中，土地税收制度应该算一个重要决定因素。

英国是世界上较早建立土地税收制度的国家，目前已经拥有比较完善的管理体系，在其管理方面有着许多成功的经验值得学习和借鉴。

（1）英国土地税收主要税种

英国的土地税制是一个包括许多税种的复杂体系，其中主要包括地方议会税（家庭财产税）、营业房产税、遗产税、印花税，以及所得税、

① 中国农业部农村经济体制与经营管理司农村合作经济经营管理总站：《英国和德国的农村土地制度》，http://www.jgs.moa.gov.cn/gjjl/201009/t20100914_1656530.htm，2010 年 9 月 14 日访问。

增值税等。上述税种中地方议会税属于地方税，其他均为中央税（营业房产税虽然由地方政府征收，但需要全部上交中央政府处置分配，因此也将其列入中央税）。总的来说，土地税制是以土地为课税对象的税收制度。土地包括农业用地、住宅用地、经营用地、林地等。英国的土地税制主要包括两个方面的内容：（1）土地保有课税；（2）土地有偿转移和增值课税。

①地方议会税

作为目前英国涉及土地的最重要税种，该税在英国地方财政收入中所占的比例常年保持在 25% 左右，足见其重要性。地方议会税的纳税人是年满 18 周岁的住房所有者或租住人（包括永久地契居住者、租约居住者、业主等）。其征税对象是居住房屋（自用住宅和租用住宅）。住房包括平房、楼房、公寓等。其课税依据就是房产的评估价值，其税率由英国各地方政府自行决定，具体的做法是，将管区内所有住宅根据其价值进行分类，整理出各价值等级内应交税住宅的数目，地方议会再依照当地政府财政收支情况和应课税住宅数目决定该税的税率。

②营业房产税

营业房产税是根据地方政府金融法在英格兰和威尔士征收的新税种。其纳税人是非住宅用房屋的所有权持有人（自然人和法人均包括）。其课税对象即为所有不用于住宅的房屋（包括工厂、商店、写字楼和仓库）。其课税依据为房屋租金收益。房屋租金收益由国税与海关局下属的评估办公室负责，每五年评估一次。

③土地印花税

土地印花税是针对土地及相关房产转让、抵押、租赁等事务开征的税种，税基是房地产价值和租金数额，住宅和非住宅用地及房屋的税率又有差别。购买住宅用地的土地印花税的起征点是 17 万英镑，应课税率采用 0—4% 的累进税率。出租住宅租金在 0—17 万英镑是免征该税，当租金额超过 17 万英镑的时候，要缴纳 1% 的土地印花税。

（2）英国土地税收的主要作用

①中央以及地方政府税收收入的重要来源

土地保有阶段的税收是英国地方税收收入的重要来源，2015 财年，地方议会税收入为 269 亿英镑，占地方政府总收入的 71.4%。[①]

②土地税收是调节收入差距的关键手段

遗产税就是明例，通过对富人的遗产开征遗产税（31.2 万英镑以下免征遗产税），使得财富能够再次进入分配领域，使得社会收入的差距得以减小。

③有效遏制土地利用中存在的浪费现象

作为在不动产保有阶段开征的税赋，地方议会税和营业房产税能够有效遏制土地利用中的浪费现象。在英国，业主一旦拥有土地或房屋，他们通常会想方设法进行经营，让它给自己带来收益。由于业主总要为自己所拥有的不动产缴税，所以房地产一旦闲置下来，就无法给自己带来任何收益，所以业主们就必须不得不从其他收入中转移缴税，这样做势必会增加其经济负担，纳税的压力迫使很少有英国人会让自己的房子闲下来，而不租出去。

2. 韩国的土地税收政策

作为典型的政府主导型的市场经济，[②]韩国自建国以来就一直将税收作为对经济进行宏观调控的主要手段之一。不可否认的是，税收在承担宏观调控任务的过程中也对韩国经济的快速发展中起到了不可替代的重要作用。同时，韩国所执行的综合不动产税制度也对韩国有效打击国内囤积土地、增强土地资源合理配置、消除国内各地区经济发展不平衡状况以及消除房地产泡沫等方面有着重要借鉴意义。

---

① 数据来源：Local Government Financial England 2015 的数据统计而来。

② 所谓的政府主导型的市场经济，就是由政府制定各项经济和社会发展规划，通过运用税收等宏观调控手段，对企业实施诱导，使其经济行为乃至整个产业走向都能向着政府规划的经济和社会目标前进。

自 1948 年以来，韩国政府就一直积极致力于建立并健全其税收制度（尤其是不动产税收制度），从 20 世纪 80 年代经济高速发展期到 2008 年的金融危机所导致的经济下滑，韩国经济每一阶段的发展目标的变化都与税收制度有着密切的关系。

（1）韩国财产税简介

按照韩国法律规定，财产共分三大类，十余个税种。第一类涉及不动产取得阶段，其中包含所得税、契税、登记税、继承税以及赠与税；第二类涉及不动产保有阶段，其中包含财产税、城市规划税、共同设施税、综合不动产税；第三类涉及不动产转让阶段，主要是法人税。这三类税赋中体现税收在合理配置土地资源方面重要意义的应属第二类税中的综合不动产税。下面主要针对综合不动产税进行分析。

（2）综合不动产税产生的历史背景

韩国奉行土地私有制，在经历 20 世纪 80 年代的经济高速发展期后，该国进入土地高度垄断期，有数据显示，全国不到 5% 的人口控制着全国 60% 以上的土地资源，[①] 这时的韩国国内到处蔓延着土地囤积的现象。当局逐渐意识到，单纯从土地流转交易方面设置税收法规是远远不足以保护土地资源并遏制土地囤积问题的，于是立法机关决定将土地税收的重点慢慢转向土地保有阶段。为此他们采用了一系列的具体措施：其一，全国范围内实行土地综合税制度，作为针对所有土地保有阶段开征的一种财产税，土地综合税是作为土地闲置税和土地财产税的一种有益补充，不仅如此，这种税赋的主要目的是打击韩国当时日益猖獗的土地囤积问题；其二，建立健全全国范围内的土地估价系统，目的是全面客观地调查国内所有房地产项目的基本情况；其三，本着“土地涨价归公”的思想理念，在全国范围内开征土地增值税；其四，强化政府机构对土地登记的法律制度监管力度，为税收的征管提供完整和全面的统计数据。这些法律制度的出台确

① 涂琳芳：《物业税法基本法律问题研究》，暨南大学 2011 年硕士学位论文。

实对平抑当时及随后几年里高涨的地价和房价起到了重要的作用。

早在 2005 年 8 月，韩国政府出台名为《综合不动产对策》的不动产税制法律，该法规定，政府为达到实现不动产市场透明化、抑制投机冲动和增加土地供给三个重要目标要对土地市场进行大规模的改革。综合不动产税的主要目的是推进社会财富的再分配，为了实现这个目的政府开始在财产税之上额外征收，主要针对高端住宅（如别墅等），目的就是解决开发商囤积居奇待价而沽造成的土地资源浪费问题。在韩国，尽管综合不动产税属于国税，但韩国政府将税款分派到各个地方政府，目的是希望借此举能够缩小全国各地区间经济发展的不平衡性。在开征综合不动产税的同时，韩国政府当局还把住房交易税率从 4% 下调到 2%。[①]

（3）综合不动产税中促进土地资源节约集约利用的相关规定

根据《综合不动产对策》，韩国在 2005 年正式开征名为“综合不动产税”的一项物业税（或称房地产税），这是一项旨在抑制土地囤积和倒卖房产，以土地和房屋等不动产为课税对象的一种税项。事实证明，自从 2005 年该税开征以来，国内的房地产过热现象得到很大程度的缓解，而且也扭转了以往韩国税收体制中存在的重视不动产流转阶段征税，而忽视不动产保有阶段的征税，导致财产税无法起到应有的资源调控的作用。

具体地讲，该税通过以下三点来达到以上目的。

首先，为打击土地和房屋囤积的现象以及遏制民众对高档高价以及大面积住宅的非理性需求，中央政府每年要对全国所有个人名下的房产或地产价值进行评估，并对评估价格进行公布，之后以此为根据向房地产所有者征收不动产税（地产税和房产税）。综合不动产税规定，拥有房地产越多的家庭和个人每年需要缴纳的不动产税越多。此规定一出造成拥有多处房地产的人不得不承受繁重的赋税负担，因此在短时间内，土地和房产囤

① 金瑛:《韩国房地产税制对我国开征物业税的经验借鉴》，载《经济研究导论》2007 年第 12 期。

积现象很大程度上得到了缓解。

其次，为防范不动产交易市场发展出现的泡沫，政府规定凡是拥有两套以上住房的个人或家族，如果其不动产交易价格超过国家规定的各地房产基准价 10 万美元后，政府有权对其不动产交易收益课以重税，将其所得税税率由过去的 9%—36% 提升至 50%，对于高档豪华住宅的转让所征收的所得税税率会更高。这条规定出台之后，很多拥有多套住房的个人和家庭在出售不动产时，为了减少上税的数目不得不压低出售价格，从而成功控制了房地产价格过热问题。

最后，为了使房地产交易变得更加透明公开，从而从根本上杜绝偷漏税和钻政策空子的行为，综合不动产税还规定，不动产交易双方在进行买卖的时候，有义务向当地警察局和地方政府的国税厅申明其购置不动产资金的来源，此举有效地打击了企图以匿名身份或他人身份进行不动产交易的做法。

3. 日本的土地税收政策

土地税收政策的制定不仅关乎国家的土地资源能否得到高效合理利用，还会影响到国家的经济是否健康发展，如果实行不恰当的税收政策甚至会导致房地产泡沫从而引发更严重的经济衰退和倒退，日本作为一个土地资源稀缺的发达资本主义国家，在土地资源管理和房地产市场的管制方面有丰富经验，但是这些经验得来不易，是经过惨痛的教训而换来的。

20 世纪 90 年代初日本上演房地产泡沫破裂惨剧，由此引发世界人类史上迄今为止破坏规模最大、持续时间最长以及影响程度最深的一次房地产危机，至今当谈到那次由房地产诱发的经济衰退时，人们仍为之色变。在各国经济学家追问其中原因的时候，常常会将其归咎于银行贴现率过低、资金滥发、盲目扩大信贷等项措施以及房地产投资投机成风导致股市楼市联动和政府监管失效等问题。但也有有识之士指出此次房地产泡沫破灭另有致命元凶——失误的土地税收政策。

房地产泡沫破灭前日本政府在房地产市场已经建立一套完整的涵盖房

地产取得、保有和流转三阶段的税收体系，所有土地税可以分为国家税收和地方税收两大类，在涉及房地产各项税收中，除了所得税和印花税属于国税之外，其余全部属于地税。涉及房地产税收的涵盖土地和房产的取得、保有和转让各个阶段。其中在取得阶段主要包括登记许可税、遗产继承税以及不动产取得税三种；在保有阶段主要包括城市规划税、固定资产税和特别土地保有税三种；在流转阶段包括住民税、法人税和所得税。

20 世纪 80 年代，出于刺激经济发展和社会安全的考虑，日本政府采取了减轻固定资产税负担的措施，这项措施的确在很大程度上减轻了企业和个人的固定资产税的负担，但同时也助长了土地投机行为，导致哄抬地价的现象。

房地产泡沫破灭之前日本一直实施“轻保（有）重流（转）”的土地税收政策。作为土地保有阶段中一个重要税赋——固定资产税的实际税率在整个 20 世纪 80 年代常年都保持在低位徘徊（0.2%—0.3%），到 1990 年更是降至最低谷——0.1%。1985 年全日本土地的固定资产税总额超过 17000 亿日元，根据国民经济计算的土地价格总额，1985 年年底为 935 万亿日元。按此价值计算，固定资产的实际有效税率还不到 0.19%。1985 年以后的日本地价疯涨导致实际有效税率进一路下跌。土地资产较低的实际税率诱使投资人将大量资金转向土地投资。不难看出这种低保有费用严重妨碍了土地的有效利用、极易造成土地利用不充分或干脆被闲置的问题，同时也是社会滋生房地产投资投机的温床。

除固定资产税税率过低外，另外还有两点成为日本房地产市场破灭的重要原因。

首先，房地产流转阶段所得税存在纰漏。从 1988 年 10 月开始，关于保有期不到两年的土地转让收益，日本政府征收的税收最高能达到 96%。尽管流转阶段的所得税的高税率可以起到一些遏制土地投机的影响作用，但土地投机并不总是以短期内的频繁转手为特点的，尤其是当市场上的地价持续快速上涨时，土地保有者更愿意长时间地保有土地来赚取保有期内土地增值收益，而不是在短期内频繁地买卖土地。这样做既可以避免缴纳高额的土地转让所得税，又可以坐等土地升值。因此在日本房地产泡沫急速膨胀时期，高税率的转让所得税会抑制土地交易，但同时也会相应地减少了土地的供给，造成地价暴涨，得到了适得其反的政策效果。

其次，继承税过于优惠。房地产泡沫破灭之前，日本国家税务局规定继承税定价金额为官方公布地价的 70%，考虑到土地市场价比公布地价高，因此政府又规定继承税定价金额要比市场价的比例还要更低，到房地产危机爆发前的 1990 年该比例已经降到了 50%。此外，面积不到 200 平方米的居住用地的继承税的定价金额还要再减免 50%。这些优惠政策使得土地所有者倾向于保有土地，而且还会促使更多的人将闲置资金投入不动产市场，在限制土地供给的背景下，这种政策导向实质上是扩大了土地的需求，不仅造成地价暴涨，同时也因土地及房产大量囤积诱发惊人的土地资源浪费现象。

综上，我们讨论包括英国、韩国和日本在内的国外促进或阻碍土地节约集约利用的例子，通过这些国家的例子可以得出一个结论，即促进土地节约集约利用，尤其是提高土地保有阶段的税率是国家改善土地使用现状、提高土地使用率、规避房地产乃至整个经济风险的重要手段之一。2010 年 3 月曾经在网上流传一份名为《房地产崩盘时间表》的文章。该文回顾了日本从 1985 年到 1991 年房地产市场走势，通过与我国从 2005 年到 2008 年房地产市场走势十分接近，除货币政策宽松、消费率低、储蓄率高以及对外货币面临升值压力等内容类似之外，两国在土地税收政策方面也有着重“流”轻“保”的问题，文章的作者最后更预言中国房地产会在 2011 年全面崩盘。所幸我国房地产市场并未如该文所欲言的那样出现所谓“崩盘”，但是现阶段不论从稳定房地产市场的角度，还是从提高土地节约集约利用水平的角度上讲，深化土地保有阶段的税收改革均是我国各级政府迫切需要解决的问题。

在本节，我们分别针对英国、韩国和日本三个国家的土地税收制度的优缺点进行重点分析。通过比较可以发现促进土地节约集约利用，尤其是适当提高土地保有阶段税收在整个税收收入中的比例是提高土地资源利用率、减少土地浪费的重要手段。

（二）国别间土地相关税种比较分析

世界各国在税收制度建设中，均十分重视全面发挥土地税的调节作用。在土地税制建设中，很多国家不仅从保障财政收入角度来完善，而且从土地资源配置全过程，即从占有、使用、转移、收益等各个环节来建立和完善土地税制，以达到充分发挥土地税收对土地资源合理使用、保障国土资源安全的调节作用。因此，比较研究各国土地税制、从中发现土地税制建设的一般规律和经验，对完善我国土地税制有着十分积极的意义。

在土地税运行的一般规律制约下，各国的土地税制在总体结构上基本是相同的，都是由土地保有课税、土地开发利用课税、土地取得和转让课税 3 个方面的课税所构成。但由于各国的历史文化积淀，以及经济社会发展的差异，各国的土地税制体系也各有特色。下边仅就各国土地税制的特色进行比较分析。

1. 土地保有课税制度比较

（1）税种设置

当代各国在土地保有课税制度设计上可分为广义和狭义两种。

①采取广义的土地保有课税制的各国，多把纳税人保有土地与其他财产合并设置税种。其具体合并方式也各有不同，主要的可归结为以下几种：

一是合并在一般财产税内征收。一般财产税是对有选择的几类财产综合征收的一种税。如美国、新加坡等国的财产税，就是把土地等不动产和动产合并征收的税。

二是合并在不动产税内征收。由于土地是一种主要的不动产，加拿大、法国、英国、荷兰等，都把土地归入不动产税内征收。加拿大不动产税的税基包括两个部分：一部分是土地，另一部分是建筑物和其他不动产。法国不动产税的征收对象又划分为已建筑土地税和未建筑土地税。我国香港特别行政区的差饷税，对拥有土地、房屋、其他建筑物等不动产的所有人课征。

三是合并在财产净值税内征收。财产净值税的课税对象是纳税人拥有的全部财产的净值。财产净值是从财产总额中扣除纳税人债务后的余额。印度、挪威、秘鲁、墨西哥等国，都把土地合并在财产净值税中征收。

四是合并在房地产税中征收。房地产税是土地税和房屋税的总称。因为房屋附着于土地之上，密不可分，有些国家和地区将土地与房屋合并成房地产税征收，如泰国对房屋及其占用的土地征收房地产税；巴西对城镇土地连同上面的房屋建筑物征收城市房地产税。

五是合并在其他税种中混合征收。日本的土地保有税是混合征收的典型，它是由地价税、固定资产税、城市规划税和特别土地保有税 4 个税种组成，其中固定资产税和城市规划税两个税种是对土地与其他不动产合并征收的税种。固定资产作为课税对象，是把土地、房屋及折旧资产等固定资产作为课税对象，土地在其中占有非常重要的地位。城市规划税是为了确保城市，特别是城市规划事业所需资金而课征的税。课税对象是位于被指定为城市规划区域内的市街化区域内的土地和房屋。法定纳税人是此类土地和房屋的所有者。城市规划税与其他土地保有税的区别在于，它是专门用于城市规划事业或土地规划整理事业开支的目的税。而固定资产税和特别税则属于普通税。

②采取狭义的土地保有课税制的各国，则是将保有土地作为课税客体，单独设置税种进行了征税。据不完全统计，目前把土地保有单列税种的国家和地区大约有 30 个，所用税种名称也多种多样。

土地资源比较丰富的巴西，一直征收土地税，包括对农业土地征收农村土地税，对城市土地及房屋建筑物征收的城市财产税。印度的州政府对农业耕地征收土地税。

泰国对所有土地征收地方发展税。韩国征收综合土地税。新西兰的土地税，是对非农业用地征收，由土地所有者缴纳。日本的土地保有税税种，除合并在其他税种中征收的固定资产税和都市规划税外，还有单列税种征收的地价税（国税）和特别土地保有税（地方税）。

（2）计税依据

各国土地税的计税依据，基本上可以分为从量计征和从价计征两种。

①从量计征的土地税，是按土地面积、土地生产物的产量课征。这种从量计征的土地税，因为计征简单，税额确实，在古代曾被普遍采用。但随着商品经济的发展和级差地租的扩大，如果再按土地面积或生产物的产量征收，不但有失公平，且不合理。所以，近代各国多以从价计征取而代之。

②从价计征的土地税，是以土地的价值或价格为计税依据的土地税。1873 年首先由加拿大采用，后来各国相继仿行。从价计征的关键是土地的计价。各国的土地计价方法不尽相同，大多数国家是根据土地的估价计征，也有少数国家按年度租金价值课征。

美国的土地税一般是根据专门机构确定的“估定价”为标准课征。德国也是根据“估价法”确定。瑞典财产净值税中土地等不动产的净值由官方评估确定。日本作为国税征收的地价税，对土地的价额是以征税期的“时价”计算的。作为市町村征收的“特别土地保有税”（保有部分）的课税标准为该土地的取得价格。

（3）税率设计

各国土地税采取的税率形式很不一样，多数是采取比例税率和累进税率两种。少数国家则采取定额税率。

美国、德国、日本等多数发达国家，对土地课税一般采用比例税率。美国的税率由各地方政府逐年自行规定，税率一般在 3%—10% 之间。德国对个人和公司分别适用 0.5% 和 0.6% 的比例税率。日本的地价税税率为 0.3%，特别土地税税率为 1.4%。新西兰的土地税税率为 2%。

也有一些国家和地区，根据以下不同情况分别采用不同税率。

①根据土地用途不同，采用不同税率。比如，有些国家和地区对农业用地税率低于城市用地税率，工业用地税率低于商业用地税率，住宅用地税率低于营业用地税率，宗教、社会福利、教育、体育用地税率低于其他用途的土地税率等。

②根据土地所处的位置不同，采用不同税率。比如，美国不仅各州税率不一样，同一个州内大城市与中小城市税率也不一样，如纽约、芝加哥等地的税率比其他地区要高。丹麦则依土地位置的不同，将税率定为1%—5.5%，首都哥本哈根的税率最高。

③根据土地开发程度不同，采用不同税率。我国香港特别行政区的不动产税税率，原则上是17%，新开辟地区为11%；但对供应不过滤水的地区为16%，无水道的地区为15%。新加坡为了适应经济开发政策的需要，将全国地区分为发达地区、半发达地区和不发达地区三类，采用不同的税率：分别为36%、18%和12%。

④对空地或闲置土地，采用高税率。例如，日本对闲置土地的所有人征收特别土地保有税，奥地利征收闲置土地价值税。

⑤发展中国家的土地税多数采用累进税率，这主要是因为累进税率对限制私人占有土地数量有重要意义，在土地公有情况下，可防止土地盲目占用和浪费土地资源，有利于提高土地利用率。例如，巴西的农村土地税实行22个级次（从0.2%—3.5%不等）的累进税率。泰国的土地发展税税率按土地中间价值大小，课以一定税额，分34个级次。

⑥韩国综合土地税税率比较复杂，分为一般税率、特别税率和个别税率三类：一般税率适用于法律规定的作为一般课税对象的土地，一般税率和特别税率都设有9个级别，最低级次的税率0.3%，最高级次的税率为7%；个别税率的应税土地为旱田、水田、果园和森林，税率为0.1%；工厂厂址、牧场、电力公司用地、土地开发公司出售、出租的土地，税率为0.3%；高尔夫球场、别墅、娱乐用高档设施用地的税率为7%。

2. 土地取得和转让课税制度比较

土地转让和取得存在两种情况，一是无偿转让和取得；二是有偿转让和取得。前者是通过赠与和遗产形式实现，后者是通过土地买卖和租赁等形式实现。各国的土地取得的转让课税，通常都是针对这两种情况分别设税。

（1）无偿转让和取得课税

对无偿转让和取得的课税，绝大多数国家都通过开征遗产税或继承税和赠与税来实现。这两个税种中，遗产税是主税种，赠与税是辅助税种，两者是相互配合同时开征。这里有税种上的配合和税率上的配合。

①税种的配合方式，各国做法不同。通常有三种方式。

一是单一税制，即将遗产课税和赠与课税归为一个税种实施课征，比如新加坡、伊朗、冰岛、马来西亚等国只设遗产税（继承税），将死者生前赠与的财产归入遗产额中一并征税。加纳、秘鲁等国只征收赠与税，将遗产税并入赠与税中征收。

二是分设两税并行征收，这是大多数国家采取的方式，比如美国、瑞典、德国、法国、日本等发达国家都采取这种方式。

三是分设两税，但交叉合并征收，即对死者生前赠与财产，在发生时按年或按次当即征收赠与税，在财产所有人死亡后，再将生前赠与（或受赠）总额并入遗产总额中一块课税，原先已纳的赠与税额可在遗产税中扣除，意大利、新西兰等国就采用这种方式。

除这三种方式外，也有个别国家不单独设无偿转让和取得土地财产税，而是将其并入其他税种中征收，比如法国就没有单独的遗产税和赠与税，而是将其纳入财产转移税中征收。

②税率配合方式各国也有差异。归纳起来有：分税分率、合税分率、分税合率等。

分税分率，是遗产税和赠与税分设，其税率也各自分设，如日本则是遗产税和赠与税都采取超额累进税率，但分别设立税率表。

合税分离，是遗产税与赠与税合并成一个税，或称遗产税、或称继承税，但分别设置不同税率，比如德国虽然实行的是超额累进税率，但又按继承人与死者之间、受赠者与死者之间的亲疏关系分别设置不同税率。

分税合率，是遗产税与赠与税分设，但两种的税率却是统一的超额累进税率。

（2）有偿转让和有偿取得土地课税

在有偿转让和取得土地的情况下，转让与取得乃是同一事物两个侧面，土地卖出者为转让方，而买入者则为取得方，为避免重复征税，在国外，多数国家采取只对一方征税办法，通常是以不动产转让税形式实施课税。

①为了增加税收调节作用，又常常采取有差别的比例税率，比如加拿大对一般土地转让征收普通比例税，而对把土地转让给居民和非居民控股公司者，则要加重征收；再比如希腊则依转让土地总价值多少，设置高低不同税率，转让价值在 400 万德拉马克的税率为 9%，超过者税率为 11%，另外附加征收 3%。

②当然也有采用单一比例税率的，比如瑞典、荷兰的不动产税，就是单一比例税率。

③除多数国家征收土地转让税外，也有一些国家不征收不动产转让税，而是向买方征收不动产购置税，比如日本征收购买价格 3%—4% 的不动产购置税；以色列则按价格的 5% 向不动产购买者征收购置税。

此外，许多国家对土地转让行为除征收前述各税外，还要征收印花税、契税、登记许可税等。

3. 土地开发利用课税

当今世界各国除少数国家，如荷兰直接对土地使用行为课税外，大多数国家都不直接对土地开发利用行为课税，而是对土地开发利用的成果，主要是房地产商品和收益征税。其主要税种有所得税、增值税、印花税等。

（1）征收所得税和增值税

主要是为了调节土地开发使用收益分配。

①征税办法

从各国的土地税制的总体来看，土地开发利用的所得与土地增值收入的征税办法，可归结为两种：一种是综合征收，即把土地增值收入纳入所得税中征收，不单设土地增值税，如美国、英国、法国等国家，就是采用这种办法，把土地增值收益并入个人或法人总所得中，征收个人所得税或法人所得税。另一种是分别征税，即把土地开发利用的利润所得与土地增值收益区分开来，对利润所得课征所得税，对土地增值收益课征土地增值税。

由于土地增值有两种原因又有两种表现、两种原因：一是由于土地持有人对土地进行投资开发利用而增值；二是由于社会发展，土地需求的增长而形成的升值。

无论哪种原因引起的升值，在日常经济生活中，又都有两种表现形式，即在土地有偿转让时，表现为价格超过原来取得时的价格；在非转让时，因土地价格上升而形成土地的升值。

在经济理论研究中，有人认为，非土地持有人投资的原因导致的土地升值，仍是社会的功劳，应当将其全部收归公有，而由于投资原因导致土地升值，这实际上是属于资本的范畴，可通过所得税来调节。

此外，关于土地增值的两种表现形式，也存在不同认识，有人认为土地有偿转让时表现出的增值是现实的，实现了的增值，应当课税，而由于在土地持有期间土地价格上升所表现的土地升值，对持有者来说，只是一个潜在的收益，并非实现了的增值，如果以后土地价格出现下降，就会失去增值，因此不应收税。

正因为是这样，各国的土地增值税课税范围的设计，就存在着很大差别。有的国家将两种原因的土地增值，都纳入土地增值税中征收，取其征收上的简便，比如德国、英国、意大利的土地增值税的征收范围，就既包括对土地转让时发生的增值，又包括土地非转让而因地价上升引起的增值。

有些国家，如日本等国家，则只对土地有偿转让时发生的增值课税；有的国家，如韩国则只对土地持有者的闲置土地或非经营性用地因土地价格上升而升值课税。

②土地增值税税率

各国的土地增值税税率设计上也各有千秋，不仅有比例税率与累进税率之别，而且，同是比例税率，或累进税率在使用上也各有不同。

在使用比例税率的国家中，只有少数国家，比如韩国是实行单一的比例税制，大多数国家是采用差别税率，依不同情况采用高低不同的比例税率。

比如，日本、法国等国家，对土地持有期长的实行低税率，持有期短的实行高税率。例如，法国低税率为5.5%，高税率为20.6%。

日本对个人的土地转让，分为长期转让、短期转让和超短期转让3种，“长期转让”是指自获得土地使用权至出让土地的时间超过5年的；“短期转让”是指持有的时间2年至5年的；“超短期转让”是指土地拥有期在两年以下的。对这3种长短不同转让收入分别实行10%—20%、40%和50%的不同税率。

日本对法人土地转让收入除征收普通法人税外，另征附加税，如从1973年起，对拥有期在5年以下的短期转让收入，加征20%的法人税。1987年规定，对土地拥有期2年以下的超短期土地转让收入，加征10%—30%的附加税。目的在于抑制土地投机和促进土地合理配置。

在使用累进税率的一些地区，多是按土地增值幅度采用不同的累进税率征收，即不论土地面积大小，土地价格在转移时提升多少，都按超过原价倍数，实行三级超额累进征收。

土地涨价总额超过原规定地价或前次转移时申报现值但未达100%者，就其涨价总额按税率40%征收；超过100%而未达200%者，就其超过部分按50%的税率征收；超过200%以上者，就其超过部分按60%的税率征收。

在计征土地增值税时，对以前转移时申报的土地现值，都按物价指数进行调整，以体现税负公平。

再比如意大利的不动产增值税也是按照价格增长幅度采用六级累进税制，按 3%—30% 的税率征收。价格涨幅在 20% 以下部分其税率为 3%—3%；涨幅在 20%—50% 部分税率为 5%—10%；涨幅在 50%—100% 部分税率为 10%—15%；涨幅在 100%—150% 部分税率为 15%—20%；涨幅在 150%—200% 部分税率为 20%—25%；涨幅在 200% 以上部分税率为 25%—30%。

第三节 | 中国土地税制的改革

一、现行土地税法的缺陷

尽管我国耕地占用税、城镇土地使用税、土地增值税的开征取得了巨大的成绩，但现行土地税立法仍存在一定缺陷，影响了房地产市场的健康快速发展。

（一）土地税立法分散、层次低、权威性不高，且条文粗泛，可操作性差

现行的几部涉及土地税的法律如《耕地占用税暂行条例》《城镇土地使用税暂行条例》《土地增值税暂行条例》均是由国务院颁行的行政管理法规而非人大颁布的法律，权威性不高。此外，条文粗泛，在内容上均留下了很多空白，需要各地方政府补充立法，导致各地区法律适用的不统一，可操作性差。

（二）税种多且设计不合理，导致征收面过窄

目前对土地征收的各种税收繁多，对同一块土地重复课税的现象相当严重。城镇土地使用税仅对城市、县城、建制镇、工矿区范围内土地征收，而对农村的非农业用地并不征收；耕地占用税仅对耕地和其他农用地征收，而对占用滩涂、草地、荒地等不征收；土地增值税只对土地有偿转让的土地增值征税，而不对土地使用权的出租、房产折价入股征税，仅对土地移转增值额征税，而不对土地租赁过程中的增值征税。此外对集体所有的土地征税基本是一片空白，这些都导致土地税的税基窄，税

收收入少。

（三）税、租、费杂乱重复，界定不清

主要表现在以税代租，即税中含有租的因素，如城镇土地使用税便存在着部分以税代租现象；以费代税，如有的地方征收土地闲置费，实际上是一种罚税，即空地税；以费代租，至今仍然有人将土地使用费与地租并行提出。由于租、税、费界定不清，致使房地产收益极不明确，造成严重的乱收费现象，影响了税收的严肃性、规范性。不仅如此，由于房地产租、税、费混乱，还导致产权模糊，权能职责不清。

（四）税率设置与税收优惠不能适应现实需要

城镇土地使用税对土地闲置现象不能起到抑制作用，其对土地资源合理利用的调节作用有限；土地增值税由于税率设计过高，因而逃税避税现象严重，致使税收流失过多；耕地占用税实行幅度税率，税率较低，保护耕地资源的作用已不复存在。此外三者都存在减免范围过宽的现象，导致大量土地的流失与破坏。

（五）税收征管中存在诸多问题

表现为两类所有权土地纳税主体难以确定；房地产交易价格缺乏有效的监控手段，加大了税收征管难度；房地产交易中存在“隐形市场”，逃税避税，导致国有资产大量流失；土地增值税征收多采用预征收制，且税率较低，与房地产行业的高利润明显不符。

二、土地税收改革的原则

我国人多地少，人地矛盾尖锐，十分珍惜和合理利用每寸土地已确定为重要国策。世界上很多国家都有为促进土地高效合理利用而制定的土地税收体系。我国目前土地税费混乱，没有一个成型的体系，土地管理工作主要靠行政命令，结果土地资源浪费、低效利用和土地投机现象严重。所以，我国很有必要制定一个完整的土地税收体系，以促进低效益土地使用者让出土地，并使土地转移和出租法律化、市场化，促进土地的合理流动；同时抑制土地投机活动，鼓励正常的土地开发行为。要达到此目的，就必须坚持如下原则。

（一）土地税收体系的建立要考虑各种同土地利用有关的市场行为

根据土地在交易过程中（包括房地产开发、经营、销售）各种利益关系设置一定的税种，这样既可以将整个过程统一考虑，使税收能对土地交易起调节作用，不产生遗漏；同时，也会减少部门间的扯皮争论。

（二）任何土地、任何土地交易都应交税

任何土地（除法律规定免税外）无论是划拨土地，还是出让土地，只要处在中华人民共和国国土范围内，受制于我国法律的地区都有纳税义务。同时，除其他规定外，税率不因土地使用人而不同（不管使用人是中国人、外国人，或集体、个人和国有企业）。

依土地利用类型，制定不同税率。国家制定土地税收的一个重要目的就是控制土地利用方式或类型，只有根据土地利用类型制定不同的税率，才能实现这一目的。同时，不同的土地利用类型也具有不同的经济效益。

（三）坚持土地税收的分配正义

土地税的分配正义问题主要涉及两个层面，第一个层面的问题是国家与企业、公民之间对于权利（力）义务等的分配的正义问题。前已述及，广义的分配包括对权力、权利、义务和责任的分配，广义的分配正义概念

考量对权力、权利、义务和责任的分配是否合乎正义。国家与企业公民之间的关系显然不是平等主体之间的关系，国家为自身生存的需要必须向企业和公民征收税收或收取费用。换言之，国家依靠其强权参与到企业和公民的财产分配中，将企业和公民的财产的一部分转化为国家的财政收入。这种转化实际上是对企业与公民的财产权的一种侵犯，而这种侵犯在任何国家却又都是合法的和必需的。既然征税不可避免，或者说国家可以强行介入企业与公民的财产分配不可避免，那么，现在的关键问题就不是能不能征税的问题而是如何征税的问题，即如何征税才是合乎正义的。国家税收的正义性问题实际上主要涉及税收法定原则。按传统观点，税收法定大致包括税收要件法定原则和税务合法性原则。前者要求对有关纳税主体、课税对象、归属关系、课税标准、缴纳程序等，应尽可能在法律中作明确详细的规定。后者则要求税务机关严格依法征税，不允许随意减征、停征或免征，更不能超出税法的规定加征。税收法定从形式上满足了国家征税的正当性问题。

因此，正义的税法必须是能够保障人民基本权利的税法。土地税的正义性也必须从上述两个层面观察：首先要看其是否符合税收法定原则。我国的土地税大多是以条例甚至暂行条例的形式规定的，而国务院的条例或暂行条例在我国只是行政法规而非法律，如果对税收法定之“法”做狭义理解，则我国的土地税在形式上是不符合税收法定的。考虑到立法法规定全国人大可以授权国务院立法的情况，似乎国务院制定的条例及暂行条例还勉强可以认定符合税收法定原则。但在实践中，在税收减免权方面，除了立法机关外，我国各级政府甚至各级财政税务部门都有非常宽松的权力空间，国务院减免税收法律所设定的纳税义务，财政部或国家税务总局税收行政法规所设定的纳税义务，这在很大程度上都被视为正常的现象。其次要看土地税的制度设计对人民基本权利的保障是否有促进作用。此点要求土地税的设计应遵循这样的原则：对有关为生存所必需的生存权性质财产应不征税；为了确保在现代市民生活中人们的生存权，对投机性财产

（作为商品的土地、企业购买占有的土地）、资产性财产（大企业生产所用地），自然不能不予以限制。

土地税的分配正义涉及的第二个层面的问题是，土地税收在企业与公民间的分配是否公平的问题，这实际上涉及"量能课税"的原则。量能课税原则要求个人的税收负担，应依据税收义务人可以给付税收的能力加以衡量。在正义的观点下，量能课税原则所把握的给付能力系与所得、收益、财产、获得所得、所得使用（消费）等外部特征相联结。一般认为，可作为表现纳税人经济上给付能力的指标，主要是所得、财产以及消费三个方面。

具体到土地税领域，在我国，土地税的征收大量集中在土地房产的流转环节，而在土地房产的保有环节税收较轻。这种畸轻畸重的税制设计显然有悖于税收的分配正义，应引起我们的重视并采取相应的措施加以解决。另外，我国非常注重对个人所得征税，但在当今社会，财富的形式不仅仅体现为所得，不动产形式的财富在公民拥有的财富中所占比重越来越大，因此对这部分不动产财富应相应地予以征税，才能体现量能课税原则，才能更好地实现财富分配的正义目标

三、修改与完善土地税法的基本思路

对土地税的修改与完善，直接关系到对土地资源的保护与利用，关系到可持续发展战略的实施。

（一）加强土地税的立法，提高法律的效力层次与可操作性

在现行三大土地税暂行条例的基础上，我国应由全国人大制定一部统一的《中华人民共和国土地税法》，法律条文应增强可操作性。此外，制定土地税法时要注意与《土地管理法》《城市房地产管理法》《城镇国有土地出让和转让条例》等法律法规衔接配套，尽量避免矛盾和重复现象。

（二）科学界定租、税、费的内涵，建立合理的土地租、税、费体系

土地税反映的是一种法律关系，是国家凭借政治权力，通过立法强制、无偿、固定取得的一部分国民收入。地租反映的是房地产所有者与使用者之间的租赁关系或经济关系，是房地产所有者依据经济原则，向房地产使用者索取的一种收入，只要存在所有权和使用权的分离，就必然存在地租。土地费则是对政府提供的有关土地行政服务的一种补偿，反映的是一种等价的服务关系，但由于政府行为的特殊性，执行中发生偏差，很可能成为一种变相的强制行为。三者都具有增加财政收入的作用，但侧重点不同。税具有宏观调控作用，租只是区域性的调控，费则不应作为宏观调控的手段。因此，应该正税、明租、少费，建立科学合理的土地租、税、费体系。具体由三个层次组成：第一层次，由土地所有者法人代表（或委托机关）向土地使用者收取地租（出租或批租）；第二层次，科学的土地税收结构，包括土地增值税、耕地占用税、土地交易税（契税）、土地闲置税（空地税）和农业土地税等；第三层次，收取土地费，对涉及补偿性质的服务收取土地费（设施补偿费、劳务补偿费、工本补偿费）。

（三）理顺房产税与土地税的关系

关于房产税与土地税的关系问题，学术界存在两种截然不同的观点。一种观点认为应该在现行房产税、城市房地产税、城镇土地使用税和耕地占用税的基础上，房地合一征收统一的房地产税。理由一是为了充分体现世贸组织的国民待遇原则，促进市场经济条件下内外资企业的公平竞争，同时防止部分企业利用虚假出资手段、变换企业经济性质、骗取国家税收优惠政策，进而损害国家税收权益行为的出现。理由二是城镇土地使用税本身属于财产税而非资源税，“房依地存、地随房走”，房屋、土地的规划、评估紧密相连，城镇土地的国家所有不影响房产税与地产税的合并和

统一。理由三是房价的上涨多半缘于地价的上涨，因此，房地产税的统一有可行的理论基础，统一后的房地产税将基本消除我国现行财产税制的相关“有别”问题，有利于税制的简化、高效。理由四是不动产交易习惯上讲房屋与土地的价值合并计算，分开课税显然与交易习惯不符，而且造成在评估、登记、核准、稽征等操作上多一套程序，多消耗人力、物力，于稽征成本而言不够经济。

另一种观点认为房产税不宜与土地税合并。理由一是我国的土地与房屋的所有制形式不同。土地是公有，房产为私有，且私有化程度会进一步提高。不必硬性将两种不同所有制形式的课税客体放在一起，增加征收中的麻烦。理由二是土地和房屋的财产性质不同。土地和房屋虽都是不动产，但土地具有无法增加扩大的性质，房屋则可以扩展增加。因此土地税和房屋税的政策不一定完全一致，对土地征税以抑制土地投机和平均地权为目的，对房屋征税则多以应能课税为原则。理由三是土地和房产的估价依据不一致。理由四是土地和房屋，并非完全由一人同时拥有，常常是一块土地上建有分属几个不同所有人的房屋，合并征收会带来具体征收中的操作困难，使看似简便的合并征收，变成税目分开、税率分别使用的更为麻烦的名合实分制。

我国对房产与土地征税是从不同的产权角度出发，房产税是对房屋产权的征税，土地税是对土地产权的征税，这两种税收应该建立在私有产权基础之上，目前我国的房屋已具备或正在具备私有产权性质，而土地只能为国家和集体所有，且土地所有权不能以任何方式交易，除了国家为了公共利益的需要而对集体土地实施征用外，土地所有权的归属状态不能改变。由于房屋与土地产权形式不同，所以不宜将两者放在一起合并征税。

（四）建立健全房地产市场征收管理制度，保证土地税的顺利征收

国家税务总局于 2006 年 12 月 28 号公布，自 2007 年 2 月 1 日起实施

的《关于房地产开发企业土地增值税清算管理有关问题的通知》，改土地增值税原有的预征为主的模式为清算式缴纳，以累进税形式强行均衡奢侈性房地产消费和房地产暴利，利用税收政策压缩房地产业的利润空间，以便有力打击囤积土地的行为，加快土地流转和快速商品化，从而增加商品房的供给。此外，建立地产管理机构与税务机关的信息沟通制度和人员培训制度。同时，建立以房地产估价、咨询、工程监督、代理交易等内容的房地产服务体系，为税务机关提供客观的征税信息和专业化服务，协助税务机关搞好房地产税收的征管工作。

四、土地税制改革的路径

（一）改革土地财政，积极推进房地产税改革

房地产税改革、试行土地年租制、发行债券等方式都可以为地方政府提供财政收入来源，成为替代土地财政的资金融资手段。但以市场价值为基础的房地产税，更适合作为地方财政收入中一项长期的、可持续的收入来源，是最理想的选择。房产税属于财产税，具有区域性强、税源稳定可靠等特点，具有不可替代性，自其产生以来就是地方政府筹集财政收入的主要手段。

从世界各国的经验来看，房地产税在税收体系中处于重要位置，在各国的税收体系中，大部分国家都设有对房地产保有环节征收的房地产税。进行房产税改革可以给地方政府提供财政收入来源，这样既可以在一定程度上缓解地方财政困境，也可以降低其透支有限土地资源的强烈动机，减轻地方政府对土地财政收入的依赖，并且能调控房价、调节收入分配。

作为推动土地财政转型的第一阶段，要围绕全面推进房地产税改革，推进集体建设用地直接入市改革试点，合理控制土地出让节奏和政府性债务规模，由主要依赖土地出让收入向出让收入与税收收入并重的阶段过

渡。在此基础上，按照精简税种、拓宽税基、优化税率、科学征管的原则全面推进房地产税改革，实现税基全面覆盖，统筹考虑房地产相关税费负担，合理确定税率结构，健全财产登记管理系统和定期评估制度，实行科学化、规范化的征收管理，最终开征真正意义上的房地产税。实际当中有效推进这一改革，需要解决好立法程序、民众认同、地方政府配合、技术准备等具体问题，以真正形成改革合力，顺利推进和落实改革举措。

改革房地产税，需要注意以下几点。

（1）加快推进技术准备工作。从房产税、城镇土地使用税到房地一体计征的房地产税，从技术上至少要解决三个问题：一是土地与房产权属性质的确认；二是免税与征税房地产的范围界定；三是房地产市场价值评估技术能力与社会认可度。如果这三个问题没有很好解决，那么再完美的方案设计也很难得到有效执行。只有扎实做好相关技术准备工作，全面掌握房地产权属信息，科学合理核定征税范围、税基、税率以及抵扣标准等，才能有效推进房地产税改革，把理论上的完美推演转化为利国利民的改革实践。

（2）均衡控制土地资本化进程。增强土地资源利用的均衡性和可持续性，关键是要在加强和规范土地管理的过程中，控制好土地资源利用节奏和资本化进程。土地出让实行五年总量控制、年度弹性供地，保持合理的供地节奏，相对均衡地获取土地出让收入。探索建立城乡统一的建设用地市场。将集体建设用地入市总量纳入年度供地计划，统筹安排集体和国有建设用地的配置比例，控制农村集体建设用地流转节奏，逐步形成统一、开放、竞争、有序的城乡建设用地市场体系。全方位进行土地利用监管。通过当地人大、政协和社会公众进行有效监督，强化土地规划、利用计划管理和用途管制，提高土地资源的开发利用效率。通过改变土地财税激励结构，弱化各方拉升土地财政的不良冲动，促进土地资源的均衡利用。

（3）推进税收法定。考虑到开征真正意义上的房地产税，对部分公众特别是先富阶层的利益触动比较大，技术基础等配套条件要求比较高，一些地方政府在算收支账的同时，可能会存在畏难情绪。因此，建议采取“先立法、后实行”的办法，在法律出台后，预留一段缓冲时间给各地做好相关准备工作。可以考虑先由中央层面制定房地产税法，授权国务院或省（市、区）级人大制定实施细则，各地方政府具体实施。个别特殊地区可以申请适当延后实施。房地产税改革涉及多部法律法规的调整，在启动房地产税法立法进程的同时，宜同时启动《土地管理法》和《城市房地产管理法》等相关法律法规修订工作。这样做既有利于加快房地产税改革步伐，推动完善房地产税制，在调节收入分配、稳定房价方面迅速发挥导向作用，又留有充足时间研究解决执行中可能遇到的困难和问题，凝聚社会共识，有效落实房地产税改革成果，是一种积极而稳妥的做法。

房产税改革为地方财政提供了自我改正的机会。通过科学的制度设计与改革安排，将房产税逐步发展为地方主体税种，能够从根本上破解财源枯竭及由此引发的困境，引导地方财政收入走上可持续的发展轨道。同时，由于房产税的税源与本地区的基础设施和公共服务紧密相关，日益激烈的区际竞争压力能够为地方政府带来正向的制度激励，使其自觉用好财政资金，切实承担起提供区域公共品的职责。

（二）完成保护耕地目标，改革耕地占用税制度

从 1987 年国务院颁布实施《耕地占用税暂行条例》（已失效）至今的 30 余年，我国的经济社会发展取得了令世人瞩目的成绩，GDP 从 1987 年的 12058 亿元增长到 2017 年的 827122 亿元，增长了约 70 倍之多，但耕占税制度也经历了 2008 年《耕地占用税暂行条例》修改和 2018 年《耕地占用税法》修改。耕占税制度已经严重滞后于我国经济社会的发展，其在合理利用土地资源、保护农用耕地以及组织财政收入等方面的作用得到削弱，在计税依据、税额方面还存在问题。

1. 存在的问题

（1）计税依据不完整，没有考虑到耕地质量

2018 年通过的《耕地占用税法》，计税依据不完整，只是根据占用耕地的数量来征收，没有考虑到耕地质量以及经济社会发展水平的不断提高。

（2）相对于土地出让金，税额依然偏低

耕地占用税出台的初衷是抑制占用耕地的行为，然而，由于该税从量定额征收，在单位税额确定的前提下，税收主要与占用的耕地面积相关，而与耕地自身的等级质量和市场价值无关，于是造成价值较高的土地耕地占用税的相对负担反而较低，形成了逆向调节。

（3）征收范围有缺陷

根据 2007 年《土地利用现状分类》与《土地管理法》"三大类"对照表。现行耕地占用税征收范围不仅包括了全部农用地，还包括了建设用地（如水库水面）及未利用地中的一部分（如养殖水面和滩涂），同时规定养殖水面和滩涂是用于或专门用于养殖或种植的，在实际中，税务部门无法取得相关信息准确判定是否曾经或正在用于养殖、种植。建设用地中的水库水面也无法在农转用环节取得相关信息进行征收，同时也与占用耕地行为有矛盾。

（4）税源底数不清

耕占税实际上是只要把农用地转化为非农用了，都要征税，而不只是占用耕地，由于名称的问题，地税部门和国土部门认识不统一，加大了征收难度。同时，耕占税税源大多零星分散、结构复杂，有农民群众、个体私营企业、乡镇集体企业、国家机关企事业单位，还有各类经济开发区、公路铁路建设等，且有一部分税源地处农村偏僻地区，地税部门不能及时掌握情况，再加上地税部门与国土部门对税源认识不清，进一步造成地税部门征收被动。

（5）税率不具有全国统一可比性，不便于操作与管理

目前耕地占用税的税率是国务院财政、税务主管部门根据人均耕地面

积、基本农田和经济发展情况确定各省（区、市）平均税额。各地根据情况核定区域内各区县具体耕地占用税税额。虽然有利于各地结合地方实际，从税率制定的程序上看，国家和各省（区、市）财政、税务部门就各需要一次测算，各需要在其管辖范围内作一次协调平衡；从税率结果看，各省（区、市）平均税额在全国省级层面上具有统一可比性；各区县的耕地占用税仅在省域内具有可比性，在全国范围内不具有可比性。这在税收征管中将带来一定的麻烦，尤其是对分属不同省份的相邻区县的耕地占用税的征管上，也没有体现出我国税收中经济能力或纳税能力相同的人应该缴纳相同的公平原则。

（6）存在税费重叠

虽然《财政部关于耕地占用税具体政策的规定》(〔87〕财农税字第206号，已失效）中第1条规定："……对菜地开征耕地占用税以后，部分城市对国家建设征用郊县菜地，已开征新菜地建设基金的，可以保留。……全国统一开征耕地占用税以后，过去少数省征收的耕地垦复费，应一律停止征收。"然而，1998年修订和2000年修改的《土地管理法》中却又规定可以征收耕地开垦费。另外，根据《国家物价局、财政部关于发布土地管理系统部分收费项目与标准的通知》(价费字〔1992〕597号），征地管理费是指"县以上人民政府土地管理部门受用地单位委托，采用包干方式统一负责、组织、办理各类建设项目征用土地的有关事宜，由用地单位在征地费总额的基础上交一定比例支付的管理费用"，标准为征地费总额的1.5%—3%。按照现行法律法规的规定，建设单位在土地征用过程中需要支付耕地占用税、耕地开垦费、新菜地开发建设基金、征地补偿费和征地管理费共"一税四费"。同一行为税费同征，明显不合理，存在多重税费重叠的情况。

（7）征收环节滞后

《耕地占用税法》规定：在中华人民共和国境内占用耕地建设建筑物、构筑物或者从事非农业建设的单位和个人，为耕地占用税的纳税人。耕地占用税的纳税义务发生时间为纳税人收到自然资源主管部门办理占用耕地手续的书面通知的当日。纳税人应当自纳税义务发生之日起三十日内申报缴纳耕地占用税。但在实际操作的打包审批项目中，农转用环节的申请用地人往往是政府相关部门机构（如土地储备中心）而非实际用地人，存在项目报批人与实际用地人不一致问题。实际用地人只有在审批供地环节才能明确，而在审批供地环节土地性质已转为建设用地。

2. 耕地占用税制度的完善

（1）耕占税征收范围的适度扩围

《耕地占用税暂行条例》中，明确规定了本条例适用的范围为种植农作物的土地。同时，对于占用林地、牧草地、农田水利用地、养殖水面以及渔业水域滩涂等其他农用地建房或者从事非农业建设的，比照本条例的规定征收耕占税。本条规定，属于法律规范中的准用性规范，赋予了除种植农作物的土地之外的其他自然资源法律上的客体地位，这是耕地占用税征收的法律基础。但从制度设计来看，仍须做以下改善，以更好地发挥耕地占用税的功能。

第一，明确耕地范围，覆盖全农用地。耕地是指用于种植农作物的土地，包括种植粮食作物、经济作物的土地，菜地，园地；也包括新开荒地、休闲地、轮歇地、草田轮作地；临时种植药材、草皮、花卉、苗木等的耕地，以及其他临时改变用途的耕地。同时，对于占用曾经用于种植农作物的土地、占用鱼塘和其他农业用地建房或者从事其他非农业建设，应该考虑结合一定的期限，将其视同为占用耕地。

第二，扩大税源覆盖范围，协调海域资源利用。全国共有 14 个沿海开放城市，同时还有几十个沿海小城市，丰富的海洋资源成为沿海城市资源利用的新趋势。这种情况越来越多且缺乏税收管制，不但会对海域资源的利用、海洋环境的保护起到负面作用，更会冲击土地税收的基本框架，影响税收调控作用的实现。因此，需要将占用海域资源的行为作为耕占税的征税对象，构建起覆盖集体土地以及周边海域的耕占税制度。

（2）耕地占用税税率的适度调整

根据耕地的地点、用途和性质的不同，耕占税可实行差别税率。在大多数国家，工商业土地要比居住用土地适用更高的税率。在耕占税的税率设置方面，可以按耕地未来用途，即转变成工业用地、商业用地、农业用地和生活用地设置差别税率，其中农业用地的有效税率原则应该低于非农业用地的有效税率。同时，国家规定各种用途土地的税率幅度，具体适用税率由地方决定。税率宜采用比例税率，我国是一个资本市场并不成熟的国家，耕占税设置累进税率的主要目的是使占用高价耕地的主体负担更高的税收，以增强税制的累进性并实现社会公平。但设置累进税率可能会抑制对土地的改良，因为累进税率相比比例税率更会降低耕地转变用途后的价值增值率，并会缩小价值之间的差距。

（3）耕地占用税征管体系的构建

完善税源动态监控。加强动态管理和调查核实，充分运用现代化税收管理手段，将已普查清楚的税源底数包括应税耕地面积、耕地坐落地、应纳税款等输入征管系统，建立健全台账，对数据库加强监控。从源泉控管的角度出发，在立法层面上明确国土部门对耕占税负有征管义务或者借鉴车船税征管经验直接明确其代扣代缴义务，在办理土地占用审批手续或办理土地使用证等环节完成耕占税的征收，进一步明确和细化监督考核，明确国土部门与地税部门的法律责任。

（4）规范水利工程的减免税范围，统一执行标准，封堵税源漏洞

根据《耕地占用税法》有关规定，占用园地、林地、草地、农田水利用地、养殖水面、渔业水域滩涂以及其他农用地建设建筑物、构筑物或者从事非农业建设的，依照本法的规定缴纳耕地占用税。占用前述规定的农用地建设直接为农业生产服务的生产设施的，不缴纳耕地占用税。由于缺乏直接“专为农业生产服务”的界定，各地在征收耕地占用税时有不同理解，征收范围也不同。对于水利设施而言，除了农田水利和专为农业生产服务的部分水利设施不征收耕地占用税，其余防洪、除涝等大量的水利设

施全额征税，增加了工程建设投入，降低了工程社会筹融资能力，制约了水利发展。因此，在改革设计中，既要合理运用相关减免税的规定，降低基础设施建设成本，保证水利工程的顺利推进。同时，又要细化水利工程的具体范围，防止“搭便车”行为，借兴建农业基础设施的名头，偷逃税款。

（三）结合我国的土地国情，科学地设置税种税率

城镇土地使用税在实际征收过程中能够加大对建设用地的税收调节力度，抑制建设用地的过度扩张。2006 年 12 月 31 日发布的《国务院关于修改〈中华人民共和国城镇土地使用税暂行条例〉的决定》中，提高了城镇土地使用税税额标准，将城镇土地使用税的征收范围扩大到外商投资企业和外国企业。但现行城镇土地使用税调节土地级差收入的功能，明显具有地租的性质，而且计入房产价值的土地既从价征收了房产税，又从量计征城镇土地使用税，存在重复征税的问题。因此从长远出发，应取消城镇土地使用税，改由土地产权法人代表收取地租，将集体用地也纳入征收范围，明确产权关系，同时设置城镇地价税，调节城市地租级差收入，以此达到正税明租的作用。土地增值税在实施过程中既能抑制房地产投机行为，又不挫伤房地产投资者的积极性，在房地产行业持续走高的情况下，土地增值税的增长态势良好。

在确定具体征收范围和课税对象时，既应对土地有偿转让时的土地增值征税，又应对土地使用权出租、房产折价入股时的土地增值征税。在税目设计上，应设置土地转移增值税、土地租赁增值税与定期土地增值税。此外在税率设计上应拉开级距，以抑制非正常投机；在增值额的计算上应将土地原值与转让收入的差额按物价指数调整后方可视为增值额。

图书在版编目(CIP)数据

当代中国土地法若干重大问题研究 / 甘藏春等著.
—北京：中国法制出版社，2019.6

ISBN 978-7-5216-0276-0

Ⅰ.①当…　Ⅱ.①甘…　Ⅲ.①土地法–研究–中国
Ⅳ.①D922.304

中国版本图书馆CIP数据核字（2019）第099011号

策划编辑：马　颖　　责任编辑：王雯汀　　封面设计：周黎明

当代中国土地法若干重大问题研究

DANGDAI ZHONGGUO TUDIFA RUOGAN ZHONGDA WENTI YANJIU

著者 / 甘藏春等

经销 / 新华书店

印刷 / 三河市紫恒印装有限公司

开本 / 710毫米×1000毫米　16开　　印张 / 21.5　字数 / 275千

版次 / 2019年6月第1版　　2019年6月第1次印刷

中国法制出版社出版

书号ISBN 978-7-5216-0276-0　　定价：86.00元

北京西单横二条2号　邮政编码100031　　传真：010-66031119

网址：http://www.zgfzs.com　　**编辑部电话：010-66060794**

市场营销部电话：010-66033393　　**邮购部电话：010-66033288**